La culture hip-hop

Hugues Bazin

La culture hip-hop

Habiter
DESCLÉE DE BROUWER

Remarque : Les parties de texte en retrait dans un corps de caractère plus petit indiquent qu'il s'agit de passages d'entretiens réalisés entre 1992 et 1995 ou, lorsque ces caractères sont en italique, de fragments de texte de rap dont les vers sont séparés par des « / ».

REMERCIEMENTS

Ceux qui ont donné sens à ce travail : Stéphane, Arnaud, Jean, Vincent du groupe d'Anthony, EJM du groupe EJM-État-2-choc, Philippe et Sylvain du groupe Tout Simplement, Ousmane, Teddy, Démocrate du groupe Inspiration de l'Est, B.love et son ami Olyve, Stéphane, Éric, Jean-Luc, Rudy, Fanou, Julien, Dom du groupe la T.R.I.B.U., Gabin, Karima, Karim, Majid, Storm, Swift, Ibrahim du groupe Aktuel Force, Daoud M.C. et Pascal Z.F. du groupe Salem Khoya, BDB, AYE des groupes VAD et MFC, Louis et François du groupe GBF Lords Corporation, Ibrahim et Ange du groupe O. Posse, Phy, Rodrigue, Greg, Jeax, Hondo, Kooce, Sidney, Candy, Foudil Achour, David Smite, Thierry Gotin, Olivier Megaton...

Ceux qui m'ont entouré de leur aide technique, conseils ou soutiens : Marie-Laurence, Nadia, Mehdi, Françoise, Radhia, Raymond, Maryse, Damien Mabiala, Doïna Piper, Guy Jouannet, Georges Lapassade, Alain Vulbeau, Michel Taléghani, François Raveau... et la longue liste de ceux que j'ai rencontrés sur le chemin du hip-hop.

© Desclée de Brouwer, 1995
2, passage de la Boule-Blanche, 75012 Paris

ISBN 978-2-220-05966-2
ISSN 1159-9642

« *La culture est pour nous, avant toute chose, un acte de création. C'est à travers cet acte fondamental que s'enracine toute prise de conscience (et tout prise en main de son propre destin).* »

Armand Gatti, 1984

Introduction

Le hip-hop regroupe des arts de la rue, une culture populaire et un mouvement de conscience. Les arts se rassemblent autour de trois pôles : musical (rap, ragga, Djing, beat-box), corporel (break-dance, smurf, hype, double-dutch), graphique (tag, graff). Le tout est englobé par une culture urbaine (mode de vie, langage, mode vestimentaire, état d'esprit, économie...) inspirée par des jeunes dont la majorité est issue de l'immigration. Un cadre moral et l'expression d'un « message » inspirés par ses fondateurs donnent au hip-hop une dimension universelle.

Les racines sont multiples. Le rap, « paroles scandées », puise à la fois dans la richesse de la parole et de la musique noire américaine et dans les rythmes jamaïcains. S'appuyant sur le même support musical, la danse suit un parcours identique. L'expression graphique murale s'inscrit dans une tradition millénaire mais le graff porte cet art à un niveau inégalé.

Au milieu des années 1970, ces expressions prennent une densité particulière en se regroupant sous le label « hip-hop » (voir chapitre « Les débuts du hip-hop »). Des États-Unis le hip-hop arrive en France comme un « tout ». Il sera d'abord imité, puis digéré, enfin reconstruit.

Il connut en France un premier développement entre 1982 et 1984 grâce aux relais des médias audiovisuels. Qualifié aujourd'hui de « première génération », ceux qui y participèrent, les danseurs et les Disc-Jockeys en particulier, se souviennent de la ferveur qui les animait. En restituant cette mémoire collective ils posent maintenant des points de repère, un cadre de référence : la culture hip-hop.

Après une période de gestation difficile liée au retrait du soutien des médias audiovisuels, un second mouvement, graphique puis musical, explose en de multiples directions à partir des années 1987/88 pour atteindre la dimension que nous lui connaissons actuellement où, par exemple, plusieurs groupes de rap se placent parmi les meilleures ventes de disques. L'onde de choc de cette seconde vague est bien plus large que la précédente. Elle trouve un écho dans une couche sociale plus étendue, s'inspire de parcours culturels variés et s'étend en province dans les villes moyennes.

Enfin le milieu des années 1990, la période que nous vivons, annonce l'arrivée d'une nouvelle vague. Si la première est celle d'une effervescence juvénile, la seconde celle de la professionnalisation et de l'expérience parfois douloureuse avec le système médiatique et l'industrie culturelle, la troisième serait celle de la maturité artistique et économique. Ceux de cette « nouvelle génération » bénéficient de l'expérience de leurs aînés tout en étant nés dans la culture hip-hop. Ils sont mieux armés pour répondre aux défis que pose la société actuelle.

Il semblerait cependant que le regard de la société globale sur le hip-hop n'ait pas suivi ce cheminement et soit resté quelques années en arrière. Nous essaierons de retracer cette histoire à travers les trois dimensions du hip-hop : une culture, un mouvement, des expressions artistiques.

La double filiation de la rue et de la culture nord-américaine présente en France un handicap plus qu'une chance. Présentée comme un vieux pays, fière de sa tradition et de sa spécificité culturelle, la France a toujours eu des rapports ambigus avec les « grands enfants » d'outre-Atlantique. Un mélange de fascination et de répulsion crée un mouvement de balancier au gré des périodes historiques ou des situations sociales vues par les médias ou le discours politique.

Le hip-hop sera donc affublé du terme « mode », selon le sens habituellement attribué : celui de superficialité. Le temps passant, plus de dix ans après son apparition en France, il devient de plus en plus difficile de tenir ces propos. Il n'en reste pas moins que le hip-hop garde toujours les traces de ces stigmates.

Effectivement le hip-hop est traversé par des styles où l'influence américaine est importante mais loin d'être la seule. Il n'est pas réductible cependant à un effet de style ni à une simple expression d'un « malaise » social ou d'une révolte juvénile, mais révèle une adaptation originale face aux problèmes rencontrés par les sociétés modernes.

La force particulière du hip-hop se trouve dans le *sens* qu'accordent des groupes ou des minorités aux expressions artistiques qu'elles développent. La culture hip-hop se forge et évolue dans la construction perpétuelle de cette alliance entre des arts et des « messages ». Cette articulation centrale est l'objet d'une *tension créative* que nous chercherons à révéler tout au long de nos propos.

Le hip-hop se distingue des autres mouvements culturels qui ont parcouru la jeunesse durant ce siècle (voir chapitre « Phénomènes de mode et hip-hop »). Nous verrons comment il utilise, s'inspire, récupère ou détourne à son profit les relations sociales, les instruments de communication, les espaces de la ville pour les recomposer, les reconstituer en y développant des stratégies particulières d'intégration ou de résistance. En cela le hip-hop est plus le révélateur des modes de fonctionnement ou de dysfonctionnement de notre société que son contre-exemple.

A l'image de la complexité du monde moderne, de l'univers urbain, le hip-hop n'est pas monolithique, il instaure de façon déroutante de multiples interfaces et différents niveaux de relations. Contrairement à ce qui est habituellement dit sur ce sujet, il ne forme ni un bloc communautaire rigide, ni une culture éclatée faite de bricolages. Il se love dans un *espace* particulier qui reste à saisir comme indicateur d'une post-modernité.

Le hip-hop ne se laisse pas comprendre de l'« extérieur ». Il s'agit d'entamer un voyage « intérieur » par la rencontre de parcours singuliers mais aussi un voyage à l'intérieur de son propre parcours.

Les entretiens qui jalonnent cet écrit accompagnent à la fois un récit et une analyse, l'histoire d'un mouvement et le mouvement d'une conscience. Ils induisent la question du sens du travail qui est le nôtre et nous ne pouvons le concevoir autrement que dans une réciprocité, un échange de savoir, où, d'une certaine manière, chacun aide l'autre à comprendre sa propre expérience. En cela le hip-hop ne cesse de se découvrir et amène à se découvrir.

11

Trouver ce sens, c'est aller contre le « bon sens », prendre à revers la marche des idées d'autant plus admises qu'elles paraissent refléter « l'évidence » de l'observation.

L'origine populaire des expressions artistiques du hip-hop n'aide pas à reconnaître ce phénomène comme mouvement culturel à part entière. Un mépris insistant touche ce qui n'appartient pas à « l'art noble ». Bien que Paris ait participé autant à l'éclosion du hip-hop que sa périphérie, ce mouvement est assimilé à la « banlieue » qui reste pour bon nombre d'observateurs, journalistes, intellectuels et chercheurs, un no man's land, une face obscure du social.

Luc Basier et Christian Bachmann découvrent pendant une recherche ethnographique menée sur la fameuse Cité des 4000 à la Courneuve (banlieue Nord de Paris) l'explosion d'un mode d'expression de la jeunesse urbaine : la break-dance et le rap. Ils notent dès 1984, c'est-à-dire au début de son apparition, les caractéristiques d'un phénomène qui ne peut se réduire à un simple épiphénomène : « Quant aux formes émergentes, le smurf, le break ou le rock, autour desquelles se joue une nouvelle identité de jeunes générations — celle des galériens dont les racines sont dans le béton —, elles sont subtilement niées[1]. »

D'autres chercheurs s'intéressèrent au hip-hop, comme Georges Lapassade qui fut un précurseur dans son domaine. Il ouvrit, en 1989, l'université Paris VIII à cette mouvance en rappelant que le milieu estudiantin ne peut être séparé de son environnement urbain. Il contribua à une meilleure connaissance de ce mouvement à travers son ouvrage, *Le rap ou la fureur de dire*[2], co-écrit avec Philippe Rousselot, bien que celui-ci traite principalement du rap américain.

Alain Vulbeau[3] fit un travail apprécié sur la signification des tags, ainsi que Michel Kokoreff grâce à une étude sur le métro parisien[4].

1. BACHMANN C., BASIER L., *Mise en images d'une banlieue ordinaire*, Paris, Syros, Alternatives sociales, 1989.
2. LAPASSADE G., ROUSSELOT P., *Le rap ou la fureur de dire*, Paris, Loris Talmart, 1990.
3. VULBEAU A., *Du tag au tag*, préf. G. Lapassade, Paris, Desclée de Brouwer, 1992.
4. KOKOREFF M., *Le lisse et l'incisif. Les tags dans le métro*, Paris, Institut de recherche et d'information socio-économique, 1990.

Nous venons de présenter les principales démarches scientifiques. Peu d'ouvrages, à notre connaissance, abordent de façon approfondie le hip-hop comme phénomène global dans ce pays.

Cette absence tranche avec la somme, paradoxalement importante, d'articles et de propos tenus ces dernières années sur les bandes de jeunes, la banlieue, l'immigration. Réduire le hip-hop à l'une de ces composantes serait amoindrir la portée de sa signification et la richesse de ses expressions artistiques et culturelles. Le hip-hop est toujours abordé de façon parcellaire, sous un angle particulier. Œuvres d'observateurs extérieurs, ces écrits exposent des faits déformés, parfois hélas des a priori ou des préjugés, parce qu'ils ne s'appuient pas sur un travail au plus près de la réalité vécue.

D'aucuns crurent bon de ne voir, dans la mise en images cyclique du hip-hop par les médias, que confirmation de son caractère superficiel. « Tout ceci ne serait-il qu'un engouement mimétique, importé des USA, habilement manipulé ou récupéré ? Peut-on parler de culture hip-hop, de Mouvement, d'expressions artistiques ? »

Tel que nous l'avons présenté, nous prenons l'option inverse et pensons que le hip-hop est un indicateur de l'évolution profonde que connaît notre société, le révélateur d'une voie possible pour de nombreux jeunes (et bientôt moins jeunes) de ce pays. La principale difficulté de notre travail réside dans le fait qu'il ne soit jamais appréhendé comme entité globale.

L'intérêt de cette approche globale porte en elle-même ses limites. Pour ne prendre que la dimension artistique, chacun des arts du hip-hop mériterait à lui seul un ouvrage complet. Nous nous efforcerons de circonscrire notre domaine tout en évitant le réductionnisme ou la simplification.

En conclusion nous reviendrons sur les enjeux, portés par le hip-hop, qui touchent l'ensemble de la société. Ce qui pourrait s'énoncer comme une *question culturelle dans l'espace public*.

Une culture de la rue

Le « hip » est un parler propre aux ghettos des Noirs américains (vocabulaire, sonorité, rythme de parole). Il est dérivé de « hep » qui signifie dans la « jive talk » (argot de la rue) « être affranchi, à la cool ». Il atteste de la virtuosité du locuteur cherchant l'admiration de l'auditeur. « To hop » veut dire danser ; allié au « hip », cette indication nous révèle que la danse fut la première composante artistique à rendre visible le hip-hop. Le « hip » et le « hop » traduisent le défi lancé à soi-même et aux autres. Le défi est une impulsion qui anime l'ensemble des expressions artistiques du hip-hop. Il s'agira toujours d'atteindre le sommet : « Hip-hop, don't stop, till you reach the top ! » (« N'arrête pas le hip-hop jusqu'à ce que tu aies atteint le sommet ! »)

Le hip-hop a un langage, une manière de vie, un état d'esprit, des signes de reconnaissance, le sentiment d'une appartenance revendiquée ou attribuée, une histoire, une mémoire et une prospective, une économie.

Cette énumération propose des indicateurs[1], la partie visible d'une culture que nous pouvons préciser en posant un regard sur ces quinze dernières années. Mais peut-être est-il important de rappeler que le hip-hop comme toute culture vivante est un ensemble d'interactions, autant de visages que l'on ne peut embrasser d'un seul regard. Accéder à sa compréhension exige de participer à sa vie, sa construction, ou pour le moins, en approcher l'« esprit ».

---

1. Nous reprenons ici les indicateurs de l'ethnicité proposés par François RAVEAU in *L'autre et l'ailleurs, hommage à Roger Bastide, ethnicité et mécanisme de défense*, Paris, Institut d'études et de recherches interethniques et interculturelles VII, 1976, p. 476-479.

Les débuts du hip-hop[1]

Le hip-hop est indissociable du contexte urbain. Il se conçoit comme une réponse à un environnement plus ou moins hostile, celui des grands centres urbains marqués par la crise ou la désagrégation. Il appartient aux « cultures de la rue » qui impriment un « mouvement » de réaction face aux conditions de vie imposées par ce milieu. Aux États-Unis nous parlerions de lutte pour la survie, en France d'« intégration », mais dans les deux cas le hip-hop répond à une fonction particulière vis-à-vis du milieu social dans lequel il est plongé : celle de pouvoir s'adapter, se protéger et modifier un contexte social et culturel.

Aux États-Unis

Le cheminement commença vers 1975 aux États-Unis. Toute fondation d'un mouvement sécrète ses propres légendes. Nous exposons ici la version la plus répandue et la plus plausible.

Les luttes font rage entre groupes rivaux dans le Bronx, une voix s'élève, celle d'Afrika Bambaataa. Un de ses meilleurs amis, Soulski, appartient au même gang que lui, les Black Spades. Il est abattu en janvier 1975 par des policiers. Bambaataa refuse de considérer ces conditions de vie (ou plutôt de survie) comme une fatalité et quitte le gang.

1. Ce chapitre est une introduction générale au hip-hop. Pour plus de précisions sur les débuts du hip-hop aux États-Unis et en France, se référer aux introductions des expressions artistiques : la danse p. 137, le graff p. 165, le rap p. 211 et le Djing p. 264.

Il se lance dans l'expression Disc-Jockeys (voir chapitre « Technologie et animations D.J.'s »), mixe les musiques avec les beat[2] de batterie. Il est reconnu par la maîtrise de cet art. Fort de cette expérience, il cherche à poser des codes moraux qui pourraient soutenir des rapports non-violents basés sur la créativité. Pour cela, il crée un mouvement et lui donne le nom de « Zulu Nation ».

« Afrika Bambaataa » est un nom d'emprunt, celui d'un chef Zulu qui s'opposa à la colonisation anglaise mais surtout qui contribua à l'unification des tribus d'Afrique du Sud. Il était habituel de la part des colons de séparer les populations pour mieux asseoir leur pouvoir. Ainsi le concept d'« ethnie » (voir chapitre « Immigration et intégration ») servit la cause coloniale, qui, sous le couvert d'une approche culturelle, permit de différencier les groupes. Si l'Apartheid est aujourd'hui aboli, les discours d'exclusion se fondent toujours sur le même principe d'une « reconnaissance » de la différence comme absolu infranchissable.

Afrika Bambaataa, en puisant dans l'histoire de cette Nation Zulu trouva les symboles d'une nouvelle forme d'unification contre les conflits territoriaux et inter-« ethniques » qui sévissaient dans les zones urbaines. Il adopte les Portoricains et toutes les nationalités en refusant toute discrimination de couleur, de religion ou de politique. La Zulu Nation permet — à la différence des gangs qui remplissent la même fonction de mode de survie —, de s'identifier à des valeurs positives. Les jeunes des ghettos purent renforcer un sentiment d'appartenance, détourner la violence à travers des « défis » artistiques.

Dans les années 1977/79, Bambaataa, les autres deejays (D.J.), les breakers, les premiers rappeurs affinent leur art et font le lien avec celui du graffiti. Les expressions artistiques, musicales, graphiques, corporelles, le long de ce cheminement, constituent le phare, le point de référence et de ralliement. Elles vont poser et éclairer un cadre de référence culturel qui prit le nom de hip-hop.

« Le terme hip-hop désigne la culture qui englobe la breakdance, la danse freestyle, l'art des graffitis, le style vestimentaire, le langage argotique ou celui de la rue, le look B.boy et

---

2. Tempo, rythme, battement, mesure.

B.girl et le rap, c'est la tchatche rappin[3], sa musique et ses disques[4]. »
C'est par la musique que cette culture en premier lieu se diffusa et c'est par elle qu'elle s'instaura en France.

En France

En 1981/82, le développement des radios libres telles que Radio Nova ou Carbone 14 favorise la diffusion des musiques noires américaines. Dee Nasty comme Sidney découvrent le rap à cette époque. Des manifestations comme le « New York City Tour » organisées au Bataclan avec Bambaataa, D.S.T., Mr Freese, Rock Steady Crew... permirent de faire connaître l'art D.J. et des danses de la rue (smurf, break).

Les précurseurs du mouvement hip-hop en France, sans en avoir peut-être conscience à cette époque, participaient à la création du vaste espace que nous connaissons actuellement : un espace particulier où s'élaborent une philosophie de vie et une perception du monde, un jaillissement individuel et collectif, capable de détourner, créer et évoluer, divulguer un message grâce à différents langages.

« On a grandi dans la culture ensemble. On n'avait pas de points de repère, ni points de départ, ce qui est beau dans cette culture, c'est qu'elle est née d'elle-même. Et quand on n'a pas de points de repère, en même temps c'est magnifique, mais on ne se rend pas compte, on ne pouvait pas se rendre compte à l'époque de ce que ça deviendrait demain ou pas. Mais on ne pensait pas au lendemain, on se dit il y a un truc nouveau, c'est un souffle, qui vous arrive comme ça dans lequel vous êtes propulsé ou attiré, vous entrez dedans. On n'avait pas de bagarre, tout partait d'une énergie complètement naturelle, surtout positive[5]. »

Le secteur public suit le mouvement et Sidney, animateur sur Radio 7 (Radio France) crée une émission musicale ouverte où

---

3. Parler en rimes et en rythme.
4. Afrika BAMBAATAA, in *Free Style*, DESSE, SBG (interviews réalisées par), Paris, Florent Massot & François Millet éditeurs, 1993, p. 3.
5. SIDNEY, musicien. Préside l'association de production « Les incorrigibles », entretien, Paris, 1994.

il invite de nombreux représentants des mouvances culturelles nord-américaines. Langue internationale, la musique a favorisé l'implantation du hip-hop en France.

Tous les soirs l'émission proposait des styles musicaux différents représentatifs d'un mouvement que l'on n'appelait pas encore hip-hop mais rap. On ne rappait pas encore en France mais les titres musicaux attiraient une audience jeune. Le reggae aussi avait sa place à travers l'invitation de toasters jamaïcains et anglais (voir « toasting » dans le chapitre « Rastas et Zulus ») qui impulsèrent un nouveau rythme plus rapide mélangé au hip-hop et qui devint le « ragga hip-hop ».

« C'était tellement fort, un nouveau son, une nouvelle musique, un autre langage, une nouvelle façon de parler, de rapper, on pouvait animer une émission sans trop la préparer, c'était vraiment spontané[6]. »

Sidney est musicien, son oncle était batteur de jazz. Bercé depuis son enfance dans un milieu de musique américaine, il devint, à la fin des années 1970 le bassiste de l'un des rares groupes de funk français, les « Black, White & Co », porteur, ne serait-ce que dans son intitulé, d'un message universel.

Ouvert à tous les styles de musiques, il fut l'un des premiers à évoquer la Zulu Nation et Afrika Bambaataa sur les ondes de Radio 7. Il l'invita en 1984, lui permettant ainsi de jeter les bases de la Nation Zulu française.

Dee Nasty, quant à lui, se forme à l'art D.J. sur les radios. Ce fut d'abord Carbone 14 puis R.D.H. « L'émission a commencé à être connue, surtout en banlieue Est et Nord […] toutes les semaines on faisait des textes en français […]. Pour moi, c'est un peu les débuts du rap français[7]. » Il auto-produit en 1984 le premier disque de rap français.

« Victime » du succès radiophonique, Sidney décide de transposer l'expérience à la télévision en 1984. C'est l'émission sur TF1 « hip-hop » sur la danse qui fit exploser cette expression (voir chapitre « Le rôle précurseur de la danse »). La culture hip-hop était ancrée. En accédant aux expressions artistiques, les Français découvrent l'histoire des cultures de la rue qu'ils intègrent et dont ils se sentent aussi responsables.

6. SYDNEY, op. cit.
7. DEE NASTY, interview in Get Busy, n° 8, 1993, p. 7.

L'arrêt de l'expérience TF1 en 1985, au bout de quarante-deux émissions, crée un certain désarroi auprès de ceux qui avaient le sentiment qu'enfin leurs aspirations étaient prises en compte par les médias. Sidney pensait avoir fait le tour de la question et voulait passer à autre chose. Il n'a pas pris conscience que l'espace d'expression qu'il avait créé était devenu un lieu de référence pour beaucoup.

« On ne pensait pas que ça ferait autant de mal aux jeunes, ils m'en ont voulu : "Comment tu t'arrêtes, c'était notre seul truc." Je ne pensais pas que j'étais tant le meneur de toute cette mouvance. J'ai dit simplement, il n'y a plus de leçon, je suis parti travailler sur d'autres émissions où d'ailleurs je me sentais très mal. Ils m'ont vu dans une autre émission et ça été la guerre : "Non t'as pas le droit de nous faire ça." J'ai essayé de leur parler, de les convaincre, mais ils avaient une telle rage, une telle foi dans le hip-hop, je ne voulais surtout pas leur enlever ça. C'était trop tard, soit je devenais un vulgaire animateur de télé, soit je retournais moi aussi dans la rue. J'ai décidé de retourner dans la rue voir les gens, partir en tournée un petit peu, amener la danse hip-hop là où elle n'y était pas, ou là où les gens voulaient me voir[8]. »

L'année 1985 signe donc la fin d'une période mais pas la fin du hip-hop qui va mûrir discrètement, à l'abri des caméras. « C'était l'époque, 1984/85, où les disquaires te disaient que le RAP n'existait plus[9]. »

Dee Nasty poursuit un travail de longue haleine mais qui va porter ses fruits : Radio Créteil, Radio Ship, Radio 7, les zulu-party et free-jam dans les terrains vagues de Paris assurent une continuité du Mouvement.

Le hip-hop réapparaît publiquement en 1987/88, sur les murs de la capitale cette fois-ci, grâce à l'art des graffitis qui ouvre de nouveaux espaces de rencontres et d'échanges multi-arts et multi-cultures. Pendant la même période, les premiers groupes de rap se forment ou s'affirment. Les émissions de Radio Nova et les soirées au Globo (night-club) accompagnent ce retour. A partir des années 1990, les rappeurs accèdent à une reconnaissance pour créer ce que nous appelons aujourd'hui la « scène rap française ».

8. SYDNEY, op. cit.
9. DEE NASTY, op. cit..

Le hip-hop prendra ainsi des directions variées mais la notion de « mouvement culturel » reste centrale. Elle se comprend dans sa double acception, celle d'une dynamique et celle d'une appartenance qui se définiraient comme :
— communauté d'esprit, une manière d'être et de penser, de voir et de percevoir (« Philosophie ou état d'esprit ») ;
— école de la vie, inscription dans une histoire, transmission d'un savoir-faire et d'un savoir-être, aide à la production (« École ») ;
— institution de certaines règles et principes plus contraignants, constitution d'une éthique autour de valeurs fondamentales (« Zulu Nation ») ;
— regroupement de pratiques artistiques validées par un label (« Arts du hip-hop »).

Entre la France et les États-Unis

Aux États-Unis, le rap signe la renaissance d'une génération de Noirs américains qui a été étouffée dans les années 1970 et qui a éclaté sous la domination reaganienne des années 1980. Sur ce « terreau » de décomposition sociale (enclavement géographique, destruction de la cellule familiale, violences urbaines et marché de la drogue, institution culturelle de la ségrégation raciale...) naît le hip-hop.

Son amorce, c'est la dégradation des conditions de vie des minorités pour lesquelles il constitue une réponse. Son creuset, ses racines sont composés de deux grands mouvements :
— Un mouvement de la négrité[10] : le travail pour une restitution d'une mémoire collective, « le cri oublié de la cale[11] » qui, après l'espérance d'un éveil des consciences, cherche de nouveau le moyen de s'exprimer. En cela le hip-hop s'inscrit

---
10. Albert MEMMI définit la négrité comme « la manière de se sentir et d'être Noir, par son appartenance à un groupe d'hommes et par fidélité à ses valeurs [...]. C'est le degré de participation de chaque Noir à la personnalité collective du groupe ». MEMMI A., *L'homme dominé, Le Noir-le colonisé-le prolétaire-le juif-la femme-le domestique*, Paris, Gallimard, 1968, p. 44.
11. CHAMOISEAU P., CONFIANT R., *Lettres créoles, tracées antillaises et continentales de la littérature, 1635-1975*, Paris, Hatier, 1991, coll. Brèves Littérature, p. 120.

dans les grands mouvements pour la dignité des minorités qui associe aspirations politiques et courants artistiques tels la Négritude avec le surréalisme (1930/1960) ou le « New Negro Mouvement » avec le renouveau de la littérature (« Renaissance de Harlem », 1920/1930).

— La lutte pour l'égalité des droits : le « Black Power », le mouvement impulsé dans les années 1960 contre la ségrégation raciale, dont les deux principales tendances sont représentées par les figures emblématiques de Martin Luther King et Malcom X. Ravivées par le mouvement hip-hop, elles restent toujours des références dans les luttes actuelles. En effet, les victoires acquises entre 1960 et 1970 semblent être reléguées. Les Noirs sont de nouveau confrontés à des problèmes sociaux graves[12]. Les idées de Malcom X, qui s'étaient estompées durant les années 1970, ont commencé à resurgir en 1980 en même temps que l'émergence d'une nouvelle culture des ghettos. Le rap sera l'amplificateur d'un nouveau message.

L'histoire des banlieues françaises n'est pas comparable à celle des ghettos américains. Elle est cependant émaillée de révoltes déclenchées essentiellement à l'occasion de morts violentes dont les heurts avec les forces de l'ordre peuvent constituer aussi bien la cause que la conséquence. Si elles sont sporadiques et inorganisées, ces révoltes n'en révèlent pas moins l'absence de *médiation*[13] politique face aux aspirations d'une frange de la jeunesse confrontée à l'incapacité du système éducatif et formatif à les conduire à une insertion sociale et économique. Elles libèrent aussi une « soupape d'expression » qui soulève la chape de la stigmatisation, ou de la relégation médiatique agissant sur les banlieues populaires.

« L'ascension sociale est de plus en plus difficile à l'heure actuelle et les jeunes le comprennent, et prennent conscience de ça et ne se font plus avoir par les politiques, par leur campagne, les jeunes principalement ont perdu totalement confiance en eux et confiance en les personnes qui

---

12. Les Noirs représentent 12 % de la population des États-Unis mais 47 % des personnes incarcérées et 40 % des victimes d'un meurtre (l'homicide est la première cause de décès parmi les jeunes Noirs), 32 % vivent en dessous du seuil de pauvreté contre 11 % pour les Blancs (1990).
13. Nous entendons par médiation, la capacité de définir un conflit, c'est-à-dire créer les conditions de son émergence et de sa résolution dans un but progressiste.

dirigent la France. C'est des problèmes de chômage, chômage de longue durée. C'est vrai, c'est [...] une décadence, c'est là que le Mouvement [hip-hop] essaie de comprendre. Le hip-hop, c'est d'aller à l'éducation, d'y croire, parce que de toute façon c'est le moyen pour sortir[14]. »

Nous décelons dans le hip-hop français une même énergie de survie, la volonté de puiser la force de se battre, de ne pas subir.

« Dans le rap, on essaie de faire avancer les choses et ne pas se laisser aller. Bon après si tu te laisses aller, c'est vrai que la société ne va pas te chercher ; elle te laisse couler. Alors tu dois avoir foi en quelque chose, et trouver la force de relever la tête, d'avoir de la pudeur par rapport à la chose qui peut t'arriver, comme le chômage, comme des galères familiales, comme la toxicomanie. Moi je ne vais pas me laisser faire, il faut essayer de lutter contre ça et le rap il m'aide à faire ça[15]. »

En France le hip-hop procède d'un mouvement différent. Alors qu'aux États-Unis il révèle un développement séparé du « creuset américain », en France, il est au contraire l'indicateur de la création d'un creuset culturel nouveau mêlant multi-appartenances et valeurs universelles qui se forgent dans une société à « double vitesse ». Il bouscule le modèle classique d'intégration républicaine en assignant une dimension culturelle à l'espace public.

Ces divergences n'excluent pas des correspondances, un appel et retour, entre l'affirmation des identités qui animent constamment le geste et la parole des membres du mouvement hip-hop et les débats qui agitent depuis le début du siècle la diaspora noire aux Caraïbes et en Amérique du Nord. Cet espace jouera pour les Français ou les personnes vivant en métropole, le rôle d'inter-face entre l'Europe et l'Afrique (qui se comprend comme lieu de l'authenticité, voir « Afrocentrisme »).

Mais que nous partions des États-Unis ou de la France, ces recherches se rejoignent par la tentative de donner aux conditions de vie actuelles une réponse et un sens dont une Histoire serait la mémoire et le témoin.

14. PHILIPPE, rappeur du groupe Tout Simplement, entretien, banlieue est de Paris, 1993.
15. *Id.*

Aussi bien pour les Afro-Américains que pour les groupes immigrés français, c'est un ensemble d'histoires reconstruites, puisque la domination colonialiste, esclavagiste ou ségrégationniste a bâti sa force dans la destruction méthodique de l'histoire des peuples opprimés. Ainsi s'ouvre pour des minorités la possibilité de construire un champ d'intervention. Autrement dit, l'appropriation d'un mode de connaissance leur permet de définir un rapport de domination et de développer des stratégies.

En France cette recherche et cette construction ne s'appuient pas sur une vie communautaire mais dessinent des trajectoires de vie individuelles. C'est une *ethnicité*[16] sans ethnie ou multiethnique (en sachant notre réticence à employer le terme ethnie, voir « Immigration et intégration »). Les expressions du hip-hop, en ouvrant la parole, ouvrent un espace privilégié pour déclarer cette recherche et tenter d'y trouver un écho.

16. Dans le cadre de notre travail, nous proposons de définir l'ethnicité comme un espace de conception et d'action ouvert par des stratégies identitaires rassemblées dans le rapport de minorités à une société dominante.

Un « état d'esprit ».

« Il y a de moins en moins d'endroits définis, moins de modèles abstraits, qui forment la structure, le squelette psychique sur lequel se fonde la personnalité. Ces valeurs humaines étaient en quelque sorte des outils, et à la fois les matériaux qui permettaient à l'homme de se construire une personnalité dans son champ défini[1]. »

Face à cette « dissolution » de l'individu, le hip-hop participe à la recréation de normes, de valeurs, à la production de modèles de fonctionnement réglant le rapport des groupes avec leur environnement. Mais il crée aussi, comme toute culture, un pouvoir d'intervention en définissant un champ d'action possible.

Ces dimensions de la culture hip-hop ont été assimilées progressivement par le biais des expressions artistiques. Par exemple, ce n'est pas le choix de la non-violence qui guide telle personne vers la break-dance, mais son exercice conduit à une prise de conscience d'une alternative à la violence par un mode de vie différent. Ainsi se crée un état d'esprit propre au hip-hop, basé sur des principes fondamentaux dans une interaction continuelle entre expression artistique et mode de vie.

Les tâtonnements du début, tel un puzzle, prennent place, morceau par morceau, dans un mode de représentation. La force toute particulière du message et des pratiques artistiques du hip-hop vient de la cohérence entre : la maîtrise d'un art, un mode de vie, un discours, un état d'esprit. Chacun de ces éléments

1. MÉGATON O., *Écrits dactylographiés*, 1994.

se révèle aussi important. Ainsi quand nous parlerons de maître (ou M.C., Master of Ceremony, King, Queen...), il représente celui qui cherche à atteindre le plus parfaitement possible cette cohérence, souvent après un long parcours semé d'embûches dans l'école de la vie qui est celle du hip-hop.

C'est dans ce sens qu'il faut comprendre que le hip-hop ne possède pas de leaders mais des maîtres dont le respect ne tient pas de la déférence hiérarchique mais de la reconnaissance d'un cheminement.

Attitudes positives

La notion d'attitudes positives englobe un ensemble de comportements, une manière d'être et de penser. Outre une façon de se saluer, de se conduire en groupe, de parler des autres, etc., elle s'articule autour de plusieurs aspects.

Le *défi* est une manière positive de détourner les luttes violentes et l'idéologie de la réussite dans un engagement constructif. Le défi développe sa force dans les expressions artistiques, aussi bien le rap, la danse ou le graff. Il s'agira de se révéler le meilleur dans sa discipline par la maîtrise de l'expression. L'agressivité est canalisée dans une recherche de la perfection. Le défi constitue ainsi un moteur, une motivation qui catalyse les émotions.

« Dans une transe intense et poursuit la cadence / Montre à toutes ces personnes ta valeur, ta puissance[2]*. »*

La reconnaissance par les membres du groupe et du mouvement hip-hop ne s'obtient pas par la force, l'argent ou les jeux de pouvoirs mais par la qualité de l'œuvre artistique et la virtuosité avec laquelle elle fut accomplie. « C'est la base même du hip-hop que de vouloir constamment aller plus loin vers la perfection, repousser ses limites pour que le temps d'un instant au vu des autres et de soi-même on soit quelqu'un[3]. »

2. M.C. SOLAAR, *L'histoire de l'art*, in *Qui sème le vent récolte le tempo*, CD 5111332, PG, 1990.
3. DEE NASTY, in *The Zulus's Letter* (fanzine polycopié non paginé), n° 2, 1987.

L'esprit de défi dans le hip-hop diffère de l'esprit de compétition tel qu'il est appris très tôt dans la société, dans le sens où il n'est pas lié à un statut social et économique, mais à la créativité. En cela, l'esprit de défi est l'indicateur d'un ensemble. Il révèle une effervescence qui ne semble pas connaître de limite. Il est le signe de la vitalité et de la richesse des relations qui s'établissent au sein du mouvement hip-hop.

« C'est toujours essayer de perfectionner, aller toujours plus loin pour pouvoir interpeller les gens[4]. »

Dans les chapitres consacrés aux arts, nous détaillerons les différentes formes que prennent ces défis.

La notion de *respect*, à la fois valeur et attitude, occupe une place centrale. L'attention se dirige avant tout sur les membres du hip-hop et les exclus, ceux qui sont atteints dans leur dignité.

« Mais y'a quelque chose que je te rappelle / C'est que le respect des autres commence par celui / Qu'on a pour soi-même[5]. »
« Moi je me mets à l'échelle première, c'est qu'on est tous des êtres humains[6]. »

Le respect se traduit dans la façon de se saluer. On ne serre pas la main mais on utilise le poing fermé pour se dire bonjour[7].

Le mot respect est utilisé souvent à l'occasion de « dédicaces » sonores ou graphiques qui marquent l'hommage et l'estime portés à d'autres artistes du Mouvement. Est respectée la personne qui a atteint une certaine notoriété ou a participé à la formation du Mouvement :

« C'est sûr qu'il y a un respect du nom, un respect de l'ancienneté pour les gens qui connaissent, pour les gens qui ne connaissent pas ils ont fait une erreur, ils sont complètement discrédités. Les mecs ils

---

4. VINCENT, rappeur, entretien, banlieue Sud de Paris, 1993.
5. I AM, *Elvis*, in *De la planète Mars*, CD 7868952, VIR, 1991.
6. DAOUD M.C., rappeur, entretien, banlieue Sud de Paris, 1993.
7. Selon les préceptes de la Zulu Nation, chaque fois que l'on croise un membre du Mouvement, on doit dire « peace akhi » (provient de la racine arabe « khö » qui veut dire « frère »), c'est-à-dire « paix sur toi, frère » et on doit le saluer, quels que soient les sentiments qu'on lui porte. Cette pratique est cependant peu répandue en France.

arrivaient, tu t'appelles comment, tu fais du guetta [tag] ? Je m'appelle Hondo, tout de suite ils me serraient la main[8]. »
« Moi ce que j'ai appris avec Bambaataa et pour moi c'est les règles essentielles de la vie, c'est le respect. Les gens qui n'ont pas de respect pour moi, je vais pas aller courir derrière quelqu'un qui n'a pas compris le système essentiel des armes de la vie : le respect[9]. »

La notion de respect prend un sens avec la constitution d'une mémoire collective. La difficulté réside dans cette possibilité à laisser une trace, points de repère pour d'autres qui recomposent et tracent leur propre voie. L'impact des médias qui caricaturent les aspects les plus visibles et superficiels, le système de l'industrie culturelle qui favorise le vedettariat, mettent à mal la recherche d'une cohérence et d'une appartenance. L'évolution et le développement du hip-hop en France ont connu pour ces raisons des déchirements. Beaucoup de pionniers tiennent un discours un peu amer car ils ne se sentent pas reconnus dans leur rôle fondateur et ne reçoivent pas le respect qu'ils estiment mériter.

Cependant, il s'opère progressivement la prise de conscience d'une histoire collective. Avec le temps les animosités interpersonnelles semblent en partie s'estomper au profit d'une reconnaissance de ceux qui ont participé et continuent à participer à cette histoire.

Les anciens du Mouvement rappellent aux plus jeunes le rôle des précurseurs : « Rappelons-nous le génial "Rapper, Dapper, Snapper", sur Radio 7 de fin 82 à avril 84 : superbe émission où Sydney, grand spécialiste de funk/soul/rap, nous faisait partager le meilleur de la musique black américaine (bien pâles sont aujourd'hui les émissions d'électro danse/house diffusées sur Skyrock, NRJ ou autre Voltage FM). Alors rendons hommage à Sidney, qui a sûrement fait découvrir le funk, le hip-hop et la gogo-music à de nombreux Zulus (ou Homeboys)[10]. »

L'esprit *fresh* (littéralement « spontané, vif ») est caractérisé par une attitude décontractée, avenante, tolérante. L'unité, la paix, le plaisir de faire la fête et d'être ensemble sont préférés

    8. HONDO, graffitis-artiste, entretien, Paris, 1994.
    9. SIDNEY, *op. cit.*
    10. RILEBEE, in *The Zulus Letter* (fanzine polycopié non paginé), n° 14/15, 1989.

aux luttes intestines, à la violence, à la morosité et au formalisme.

« *Je tenterai d'être juste et ça c'est mon problème / Dominer ma rage, être équitable et sage / Tourner la page sur ceux qui se plaisent aux bavardages*[11]. »

Le « freshman » est le débrouillard plein d'énergie qui sait se faufiler entre les « embrouilles » (les problèmes) et adopter une attitude positive de la vie malgré les difficultés qui l'entourent.

Les mots *authentique* et *authenticité* sont souvent évoqués par les membres du hip-hop. Ils recouvrent à la fois une attitude et une pratique. La personne authentique sera celle qui restera fidèle à l'état d'esprit qui participa à la création du hip-hop mais aussi celle qui, par ses pratiques et quelle que soit sa réussite, considérera primordial l'attachement à l'art de la rue.

« *Le bitume est mon fief mais je ne tue pas pour lui / Homeboy je le suis mais ne me la joue jamais. P.E. [Public Enemy] / [...] J'ai 22 ans, beaucoup de choses à faire / Mais jamais de la vie trahi mes frères*[12]. »

Enfin l'authenticité est liée à l'intégrité d'une démarche. Elle caractérise la faculté d'accorder ses paroles à ses actes. Le hip-hop est inséparable du message qu'il diffuse. Or, il ne peut acquérir une force s'il ne se base pas sur une cohérence de vie.

Les valeurs universelles

Par les expressions artistiques et le message qu'il soutient, le mouvement hip-hop acquiert une dimension universelle. Son évolution a été l'objet d'échanges continuels entre pays. Dans le développement de chacune de ces expressions artistiques, la France constitua d'ailleurs une plate-forme européenne.

Le hip-hop s'inscrit naturellement dans un rôle de médiation où la *non-violence* témoigne d'une démarche responsable. Cette attitude part du constat que la violence se retourne toujours contre les plus démunis même si elle peut être déclenchée par

---

11. I AM, *Red, Black, and Green*, in *De la planète Mars*, op. cit.
12. I AM, *Non soumis à l'État*, in *De la planète Mars*, op. cit.

un mouvement légitime contre une injustice. Les révoltes se dirigent généralement contre les équipements de proximité qui servent les principaux intéressés. Il en est de même pour les violences inter-individuelles ou de groupes, commises à l'occasion d'enjeux locaux, de possession de territoire, de rivalités personnelles ou de petites délinquances, dirigées contre des individus du même milieu.

La création de joutes verbales (le rap), de défis dansés (break, smurf) et de graffs, par murs interposés, a pour objet de résoudre les conflits plus efficacement que la violence et de préserver force et dignité.

« Le rap c'est ça, on canalise toute notre haine en quelque chose de productif[13]. »

« Au lieu de faire la stomba [se battre], ils vont oublier et ils vont s'éclater, c'est leur rage qui passe là-dedans[14]. »

« Moi, je me rappelle je cassais des voitures, je faisais des vols de postes et puis quand j'ai commencé à connaître le break, j'étais partagé entre l'entraînement, parce qu'on a toujours besoin d'argent, mais après même sans argent, le break me suffisait et je pense qu'il y a beaucoup de gens qui ont arrêté de faire du vandalisme, vol, grâce à la break-dance ou la danse en général[15]. »

La force du message de non-violence porté par le hip-hop est de chercher son inscription dans les espaces d'exclusion propices à l'éclatement des tensions en proposant des moyens concrets pour résoudre celles-ci de manière positive.

« Quand tu as recours à la violence il n'y a aucune alternative, c'est qu'il n'y a plus d'autres solutions pour vraiment se faire entendre. Je ne suis pas pour la violence. Je suis pour la révolution, mais la révolution doit se faire d'abord dans la tête[16]. »

Suite à la médiatisation du hip-hop sur les ondes et à la télévision, Sidney remarque que les municipalités l'appelaient pour le remercier de la régression de la violence dans les cités.

13. PHILIPPE, *op. cit.*
14. SYLVAIN (KSBAV), danseur et rappeur, entretien, banlieue Est de Paris, 1993.
15. GABIN, danseur de break-dance, groupe Aktuel Force, banlieue Nord de Paris, entretien, Paris, 1994.
16. B.LOVE, chanteuse de rap, entretien, Paris, 1993.

« Non seulement médiatiquement c'est bien pour les jeunes parce que ça leur apprenait une chose nouvelle sur le plan de la culture, mais aussi sur le plan de la violence, ça réprimait la violence par elle-même, par la jeunesse elle-même qui dégageait leur énergie négative en énergie positive et ça a été la plus belle chose qu'ait pu faire cette émission de télé. Dans tous les sens ce Mouvement a porté, jusqu'à aujourd'hui d'ailleurs, à tous les jeunes de France, dans le monde aussi. Partout, c'est synonyme de non-violence donc déjà c'est énorme chez l'homme, une musique de paix. Il n'y a pas plus positif que le mouvement hip-hop[17]. »

Spike Lee, célèbre réalisateur de cinéma et investigateur d'un renouveau de l'expression des Noirs dans cet art (voir chapitre « Cinéma »), remarquait que deux points principaux distinguaient les années 1970 des années 1980/1990 : la vente d'armes et la vente du crack.

Les zones urbaines américaines ont connu une forte dégradation sociale au début des années 1980. Elles subirent directement les conséquences d'une politique reaganienne ultralibérale. L'économie de la drogue a exploité ce contexte. L'arrivée du crack à cette période dans les ghettos américains a contribué à envenimer les rapports et à dégrader un peu plus les conditions de vie.

Face à un mode de vie et à une économie uniquement basés sur la violence, le hip-hop émerge à ce moment pour s'y opposer vigoureusement.

Les membres du hip-hop tiennent un discours contre la violence et les ravages causés par la toxicomanie et son économie dans les milieux défavorisés. Les expressions qu'ils développent, riches en plaisir et en émotions, offrent peut-être la meilleure des réponses.

A l'univers factice de la drogue, le faux rêve qu'elle procure, les expressions du hip-hop proposent de redonner espoir en l'avenir en créant un lien social, de nouvelles solidarités.

« *Pour une dose tu vas jusqu'à te prostituer / Et ton corps blanc comme celui d'un mort / [...] En acceptant ce poison / Au fil des jours, tu as construit les murs de ta prison / [...] Cette dope est ta passion. Mais réponds ! / N'est-elle pas aussi le fruit de ton autodestruction / La source de ta détérioration. Tu me dis non / Mais tu sais que j'ai raison et pour*

17. SIDNEY, *op. cit.*

cela je déclare sans aucune hésitation / Que dans le film de ta propre vie tu joues le second rôle[18]. »

L'*antiracisme* participe aux valeurs universelles défendues par le mouvement hip-hop. Nous pourrions dire « naturellement » le hip-hop est porté sur un discours et une attitude antiracistes d'autant plus qu'en France cela se traduit quotidiennement dans la diversité culturelle des groupes (voir chapitre « Des appartenances sociales et culturelles multiples »).

« On voit souvent des graffs représentant des métisses pour montrer que l'on n'a pas honte de dessiner une Noire, un Chinois. Montrer que c'est possible sans choquer. Le racisme c'est une des premières choses qui rentre en jeu dans un groupe. Un groupe, s'il est raciste, il ne fait pas long feu, ou alors il est tout seul parce qu'il y a trop de différence. Les groupes c'est le melting pot complet, il y a un mélange. Un groupe du Mouvement ne peut pas être raciste sinon c'est pas un groupe[19]. »

Sur la dialectique des différences et des ressemblances, ou particularisme et universalisme, le mouvement anti-raciste classique n'a pas réussi à prendre une position tenable à la différence du hip-hop qui semble inscrire dans les pratiques la richesse des parcours dans une appartenance humaine universelle.

« J'pense qu'il y a des valeurs communes universelles sur lesquelles on peut se baser et s'appuyer. On tient pas compte en fait de l'origine sociale, de l'origine culturelle. Le fait est qu'on a des intérêts communs, on a surtout les mêmes idées, c'est comme ça que ça se passe et après effectivement, on constate, chacun a une culture différente et ça peut intéresser l'autre d'apprendre et les différences qu'on a, on peut les garder tout en vivant communément ensemble[20]. »

La réduction de l'échelle humaine des valeurs à une base, l'homme, ne nie pas les différences de chacun mais refuse tout jugement de valeur en les plaçant de façon égalitaire. Cette volonté identitaire cherche avant tout à combattre les discriminations, racisations, relégations, stigmatisations... et tout les processus d'exclusion. La principale question n'est pas la

---

18. SENS UNIK, *Le film de ta propre vie*, in *Le sixième sens*, CD 562816, WM, 1991.
19. GREG, graffitis-artiste, entretien, banlieue Nord de Paris, 1993.
20. ARNAUD, posse de la banlieue Sud de Paris, entretien, 1993.

cohabitation entre des appartenances différentes mais la lutte contre les intolérances et les extrémismes comme le divulgue explicitement ce message :

« Les murs tremblent, les fissures éclatent et les chemises noires réapparaissent... Le Mouvement doit réagir ! Ce sont eux nos véritables ennemis, ils nous pointent du doigt et nous indiquent la sortie. De quel droit ? Ils sont partout : racistes, sectaires, haineux, fascistes de toutes les couleurs. On est tous concernés par ce délire raciste et xénophobe qui s'est propagé ces derniers temps secouant et choquant notre for intérieur. L'heure est à l'action. Pour cela, une seule condition : l'unité et la paix absolue dans le monde hip-hop [...]. C'est tous ensemble qu'il faut combattre les idées extrémistes, lutter contre l'injustice sous toutes ses formes[21] [...]. »

Afrika Bambaataa, lors d'un voyage en 1988, encouragera cette attitude : « The french Zulu Nation is one of the most organized Zulus Nations in the world, and you must stay strong, and keep sticking together, also to fight against racism in France. »

D'autres messages iront dans ce sens, par exemple pour boycotter la marque de chaussure Reebok produite en Afrique du Sud lorsque ce pays était toujours soumis au régime de l'Apartheid.

Le slogan principal du mouvement hip-hop *paix et unité* fédère les valeurs et attitudes que nous venons de décrire. Lionel D., l'un des précurseurs du Mouvement en France, le présente ainsi :

« *Peace and Unity, il fallait comprendre / Peace and Unity il te faut le comprendre / Et viens te joindre à ceux qui en augmentent le nombre / Amour et paix dans ton cœur, à l'abri du sombre / Peace and Unity, amour et puis Union / La force et la justice pour tout Compagnon / Avec la joie de Vivre, y donner Tout ton Cœur / Peace and Unity te donnent leur chaleur[22]*. »

Cette utopie est partagée par l'ensemble des expressions, elle s'intègre aussi dans le message du graff :

21. Appel signé par le groupe IZB, in *The Zulus Letter* (fanzine polycopié non paginé), n° 9, 1988.
22. LIONEL D., *Peace and Unity*, in *Y'a pas de problème*, K7 4668204, 1991.

« Peace est le mot des graffeurs. C'est vouloir à tout prix la paix mais c'est presque utopique. C'est une façon d'essayer de montrer que c'est possible, si tout le monde le voulait peut-être ce sera possible un jour. Je n'y crois pas trop mais il faut essayer, on ne sait jamais[23]. »

---

23. GREG, *op. cit.*

École de la rue

En tant qu'école de la vie le hip-hop offre un formidable lieu de formation unissant l'énergie de la rue pour répondre aux exigences de rigueur nécessaires à la qualité des expressions artistiques.

Les espaces

Ainsi la rue constitue des lieux de connexions multiples. Le hip-hop se développa, en région parisienne, grâce à la liaison des voies de transport en commun, en particulier les lignes de RER nord/sud et est/ouest. Il est à l'image du réseau et se conçoit comme de multiples lieux de mise en relation.

C'est dans les modes d'occupation et d'utilisation de la rue que se différencieront les membres du hip-hop, des « pagailleurs » ou de la « racaille ». La séparation n'est pas d'ordre social — ils partagent souvent les mêmes conditions de vie —, mais d'ordre spatial.

Le jeune « galérien » aura une position statique (immobilité sous les porches, dans les cages d'escaliers par exemple), il se déplacera principalement en territoires connus (ville, quartier, centres commerciaux), rarement plus loin, et il acquiert par ces caractéristiques une grande visibilité. Mobilité restreinte et visibilité peuvent s'interpréter à la fois comme les images d'un « désœuvrement », celles d'une attente ou d'un appel[1]. Le contrôle social y répondra par la rhétorique de l'« insécurité ».

---

1. Voir à ce propos DUBET F., *La galère : jeunes en survie*, Paris, Fayard, 1987.

C'est l'un des points importants qui séparent les formes de regroupement du hip-hop, des autres formes d'agrégation principalement juvéniles. Il n'y a pas une occupation de l'espace, une « errance » qui serait conséquente d'une perte d'inscription sociale. Nous le verrons dans ce chapitre et tout au long de cet écrit, le hip-hop « absorbe » l'espace de la ville, qui se « dilate » pour devenir un univers social, culturel et symbolique, c'est-à-dire un espace porteur d'un *sens* affirmé et même revendiqué.

L'extrême mobilité des membres du hip-hop est possible parce que cette mobilité est d'abord individuelle, même si elle traverse des trajectoires collectives. Alors que pour le « galérien » le groupe est indispensable aux déplacements. Les « Old Timers » (pionniers) du Mouvement ne cessent d'appeler à cette responsabilité personnelle. « Être l'auteur de sa propre vie » est le premier défi du hip-hop. C'est une mobilité formatrice qui répond directement aux exigences du monde post-moderne : capacité d'adaptation, d'évolution, d'imagination...

Ce déplacement continuel est une nécessité liée à l'exercice de leurs arts mais aussi un moyen d'esquiver les différentes formes de contrôle.

« D'autres groupes c'est dans les squats, des choses hors de la ville. Nous, avant, on se donnait rendez-vous dans une gare et on marchait, on discutait dans la rue, toujours en se déplaçant, jamais en restant dans un parc. On marche tout le temps, on se balade, c'est un moyen de ne pas se faire repérer[2]. »

« On a plutôt des techniques de camouflage quand on ne voit pas quelqu'un pendant un mois, on lui dit "tu fais du camouflage". Ça veut dire qu'il y a un problème, un petit truc qui coince, ou ça peut être le cas d'une certaine personne qui avait un ennui très précis avec un flic comme ça, il disait bon ce serait bien qu'on se donne rendez-vous ailleurs. C'est la technique du camouflage[3]. »

Ils s'orientent facilement et certains, comme les graffeurs ou les tagueurs, non seulement connaissent parfaitement les plans des transports en commun mais aussi les petites ramifications, les dépôts, les particularités de chaque tunnel...

2. GREG, *op. cit.*
3. STÉPHANE P., posse de la banlieue sud de Paris, entretien, 1993.

« C'est long pour arriver à être graffeur, il faut bouger beaucoup. Le graffeur est un mec qui a énormément de kilomètres dans les jambes, les lignes Viroflay, la Défense, Bezons, à pied je les connais par cœur. Un graffeur s'il a réussi, c'est déjà un mec qui a baroudé. Un mec qui met un tag dans toutes les rues de Paris, faut le dire, c'est sportif[4]. »

Le membre du hip-hop ne pose pas la rue comme seuil entre espace privé et espace public mais entre le réseau de personnes où l'on est reconnu (généralement par un pseudonyme) et la société civile. Les notions d'« intérieur » et d'« extérieur » ne balisent pas une frontière physique mais mentale.

« Jamais un graffeur dira le nom véritable correspondant à son surnom. Quand on est entre nous on s'appelle par le nom de graffeur, mais quand on est à l'extérieur on s'appelle par le nom de chacun, incognito comme si on était normal, pour que les gens ne sachent pas que tu es un graffeur ou un tagueur[5]. »

Bien souvent il n'est pas en opposition avec sa famille. Qu'il vive chez ses parents ou fonde sa propre famille, le foyer reste un lieu d'accueil pour les familiers. Parfois il partage un appartement à plusieurs, et les « sessions[6] » se déroulent alors dans ces endroits.

« C'est suivant les groupes, pour échapper à tout ce qui est État, on se regroupe chez nous parce que c'est un vieux groupe, les gens ont des appartements. Maintenant on va dans des appartements, chez un pote, une soirée, on discute[7]. »

La rue est bien plus qu'une voie de circulation. La méta-rue, l'espace public (c'est dans ce sens que nous utilisons le mot rue) est un gisement de matériaux.
La rue est un lieu de rencontre et de *transmission*. A la fois espace de rencontre et lieu d'exploration, la rue est un terrain d'aventure. Les terrains vagues ou en démolition jouèrent ce rôle durant une période à Paris. Les plus connus étaient ceux de La Chapelle, de Stalingrad, de Garibaldi. Lieux de graff réputés,

4. GREG, *op. cit.*
5. *Id.*
6. La « session » est une réunion amicale entre membres d'un groupe ou réseau de la connaissance où l'on passe la soirée à discuter, partager ses expériences artistiques, parfois en réaliser sur place, ou élaborer des « plans », projeter d'en faire.
7. GREG, *op. cit.*

il s'y déroulait aussi des « jam's party », fêtes improvisées avec une disco-mobile où les D.J.'s et les rappeurs pouvaient exercer leurs talents. Plus généralement, la méta-rue offre l'occasion perpétuelle de croisements, d'arrêts multiples, autant d'étapes dessinant une ramification.

Le hip-hop est une culture vivante. Ce sont les conditions sociales, le mode de vie qui constituent le terreau nourrissant une pratique.

« La transmission se fait en fait parce que tu galères, t'as une rage qui peut devenir tout à fait négative. Tu peux avoir la rage, tu peins, tu peins à fond jusqu'à ce que tu maîtrises le truc. C'est pas à l'université qu'on va t'apprendre ça, c'est en février, en janvier dans les terrains quand il fait 5/6°, que tu peins comme ça et qu'au bout d'un quart d'heure t'as mal au bout du doigt parce que la peinture à l'intérieur est gelée et ton doigt morfle et ta pièce tu veux la finir[8]. »

La rue est un lieu d'*inspiration*. Un graffeur ou un tagueur vous fait découvrir des aspects insoupçonnés d'endroits que vous croyiez pourtant connaître parfaitement. La ville est un corps vivant dont les membres du hip-hop repèrent toutes les aspérités de la peau. Le rappeur, chroniqueur social, est aussi un observateur privilégié du quotidien. C'est dans les scènes de la vie ordinaire qu'il trouve la puissance de son message. Il révèle le sens caché des choses et, en adoptant le « parler-vrai », leur insuffle une force.

La rue est un lieu de *promotion*. Le graffeur, expert en marketing, possède toutes les ficelles de la promotion. Il connaît les techniques du logo, la maîtrise des lettrages, les angles de perception du regard, les lieux de visibilité, ... et posera sa marque au bon endroit utilisant à merveille les multiples supports urbains (murs en brique, stores métalliques, colonnes et tuyaux, surfaces lisses...). Le danseur se produira aux points stratégiques, Trocadéro, les Halles, Saint-Michel pour ce qui concerne Paris. Ses figures aériennes sur le carré de lino valent mieux qu'un long discours.

Nous observons une dilatation de l'espace hip-hop à la ville entière qui, sous un certain regard, peut être conçue comme un immense champ publicitaire.

8. HONDO, *op. cit.*

« Je pense que le tagueur puise sa volonté de grand dans ce qu'il y a de grand dans la ville. Je pense que ces désirs de grandeur on les retrouve dans l'environnement spécifique au tag qui est la ville et la diffusion en tout cas l'hégémonie, la façon dont les entreprises, certains groupes économiques s'imposent en tout cas s'exposent, s'affichent. On a beau être n'importe qui, on ne peut pas passer à côté de la publicité ou de la médiatisation de certaines choses ou de la force de l'impact de telle ou telle image dans la ville par les réseaux légaux et je crois que quelque part on s'imprègne de ça[9]. »

La rue est un lieu d'*émotion*. Entre l'émotion aseptisée proposée par la télévision et celle vivifiante de la rue, le membre du hip-hop a fait son choix : une émotion à l'état pur qui n'est pas celle de la violence. Car le hip-hop ne cherche pas l'émotion pour l'émotion mais une énergie libératrice et créatrice. Celle-ci est inséparable de l'acte artistique. Chaque acte posé correspond à la recherche d'une satisfaction personnelle, mais il se conçoit aussi comme une adresse aux autres membres du Mouvement où il prend un sens. La recherche de l'émotion et l'appel à réponse sont donc inséparables.

« L'état dans lequel je suis quand je vais taguer dans la rue est un état de transe réelle ; plaisir dû à l'action et jouissance due à la reconnaissance, à la question de notoriété[10]. »

Ces deux dimensions se conjuguent au rythme des expressions artistiques. Dans le rap et la danse il existe la présence directe d'une assemblée qui répond, réagit, forme le réceptacle d'un plaisir partagé allant jusqu'à la transe. Pour le graff le mur est médiateur dans la relation aux autres et c'est le risque et le jeu de l'interdit qui procurent l'émoi, produisent l'attente fiévreuse d'une nouvelle expérience.

La rue impulse *le rythme*. Le hip-hop est le récepteur et l'émetteur d'un rythme. La rapidité du rap, de la danse ou de l'expression graphique, reproduit le mouvement urbain, saccadé, s'arrêtant et repartant dans d'autres sens. Sirènes, manifestations automobiles, chocs auditifs, déchirements de l'air... Le hip-hop s'imprègne des spasmes, des dissonances, des interruptions de la ville. Mais contrairement à une présentation simpliste, il n'en reproduit pas la violence ou le stress. Le rap n'est

9. KOOCE, tagueur, entretien, Paris, 1994.
10. *Id*.

pas une agression sonore, le graff ne pollue pas les murs, la danse ne s'épuise pas sur l'aridité des coups et bagarres de rue. Si le bruit est violence, rupture, convulsion, le hip-hop est vibration, pulsation, il canalise le bruit et le transforme en expressions. Alors que le bruit gêne l'écoute du message, le rythme hip-hop permettra de le diffuser avec force[11].

L'art de la rue

Les différents éléments de la culture hip-hop prennent leur force dans les expressions artistiques. Mais elles-mêmes, aussi bien la danse, le graff que le rap n'auraient de sens sans le rappel à leur origine commune : la rue. Dissociées de l'élément urbain elles perdent leur vitalité.

« *Toi qui es si fort, graffitant les murs / Et toi résonnant sur le sol, le break quand tu l'assures / Toi qui si heureux, D.J. dont les sons s'enchaînent / Et qui par le sillon te parle et tu en perds haleine / Toi qui te sens rappeur et fait jaillir les mots / Comme un tempo semblable au feeling le plus chaud / Toi qui trafique le sens, le rythme de ton corps / Smurfe et puis mélange, acide et donne encore / Fais le hip-hop oui fais-le dans la rue / Fais voir à tous ceux qui t'entourent pourquoi ils sont venus*[12]. »

L'artiste hip-hop ne cesse de penser à l'exercice de son art quel que soit le lieu où il se trouve. La rue se dilate à tout son espace de perception. La rue le porte et il porte la rue en lui : lieu d'apprentissage, de relation, d'interaction, de défi, d'émotion. Le graffeur dessinera des maquettes sur le coin d'une table de restaurant, le tagueur affinera sa signature sur ses cahiers d'écolier, le rappeur aussi remplira des pages d'écriture, le danseur, tout au long de la journée imaginera un nouveau pas de danse...

« On a appris un moyen d'expression comme d'autres apprendraient la littérature à l'école[13]. »
« Il suffit d'avoir une bonne oreille, le sens du rythme, t'arrives à faire de bons trucs, t'as pas besoin de solfège[14]. »

---

11. Voir à ce propos ATTALI J., *Bruits, essai sur l'économie politique de la musique*, Paris, PUF, 1977.
12. LIONEL D, *Peace and Unity*, in *Y'a pas de problème*, op. cit.
13. GREG, *op. cit.*
14. OLYVE, compositeur de la chanteuse de rap B.LOVE, entretien, Paris, 1993.

Nous dépassons la simple notion de voie urbaine pour rejoindre celle d'« université populaire ». Chaque parcours prend la dimension d'un cursus dont la validation des différentes branches est représentée par le « diplôme » de « maître ».

« *J'ai le CAP de rappeur, le BEP de toaster / un brevet d'aptitude à la fonction d'animateur / une maîtrise de microphone, le bac de rimes qui résonnent / [...] Autodidacte du rap, telle est la vérité / [...] Crois en toi, c'est une cause entendue / La première personne doit être ta personne*[15]. »

Cette école de la rue s'identifie par la possibilité égalitaire d'accéder à une expression qui n'exige pas dans son apprentissage de moyens sophistiqués.

Il utilise les matériaux disponibles sur place en commençant par le corps lui-même ; à l'exemple du « human beat-box », personne qui peut imiter une batterie avec sa bouche.

Cette accessibilité de l'expression n'oblitère aucunement ses qualités esthétiques qui s'obtiennent au prix d'un travail rigoureux.

« Il y a beaucoup de groupes où il y a des débutants parce qu'on sait il sera bon, il a un coup de main, un coup de patte. Au début il n'est pas bon mais on le prend avec nous pour le former. On lui apprend les techniques et on sait qu'il sera bon, qu'il représentera bien notre groupe plus tard, dans 5/6 ans[16]. »

Cette astreinte à la rigueur se comprend aussi comme discipline de vie dans un environnement marqué par la violence et la désorganisation.

« J'ai appris à respecter des choses, à avoir une vision et essayer de la tenir et ça c'est dur. Essayer de bosser et réussir à monter. Maintenant que j'ai changé d'idée parce que je vieillis, je sens que ça m'a donné envie de bosser, une façon de se tenir, pas un savoir-vivre, mais un maintien, un guide, je dirais que j'ai un patron, il faut suivre, bosser pour arriver. Mais c'est pareil dans tout, dans le graff, la chanson, la musique, le boulot[17]. »

15. M.C. SOLAAR, *A temps partiel*, in *Qui sème le vent récolte le tempo*, *op. cit.*
16. GREG, *op. cit.*
17. *Id.*

La break-dance s'apprend dans la rue. Il suffit d'un tapis de sol pour développer les figures. Et c'est comme cela qu'elle a débuté aussi en France pour atteindre des sommets dans l'art de défier l'apesanteur.

« C'est pas vraiment l'école, mais on se croirait à l'école. C'est le samedi après-midi on se réunit tous ici, on vient dans une salle on met la musique, on fait quelques chorégraphies, on met ça au point, on apprend à ceux qui savent faire des pas, ils apprennent aux autres[18]. »

Avec une simple bombe aérosol ou un feutre, le graff et le tag ouvrent la voie de l'écriture murale jusqu'à la calligraphie la plus complexe, les figures expressives ou l'expression libre.

Quant au rap, il commence par des mots que l'on jette sur le papier. Il permet la construction d'un texte d'une poésie remarquable et d'un libre message. Dans l'articulation des mots c'est une pensée qui se construit. Il n'est pas utile d'avoir fréquenté le conservatoire ou de posséder des instruments de musique pour en faire. Des platine-disques ou des bandes musicales suffisent au départ.

Christian Dubar remarque à propos du rap la diversité des schémas rythmiques de textes de trente-deux mesures provenant de jeunes n'ayant étudié aucune solfège[19]. Christian Bachmann et Luc Basier pour la break-dance ont analysé la scène du « défi » en faisant apparaître la complexité d'un langage codé[20].

Quelle que soit l'expression artistique que l'on privilégie, on est obligé d'apprendre. Il faut chercher à comprendre, observer, écouter... puis pouvoir se situer dans une histoire, dégager sa propre voie. Graffeurs, danseurs, rappeurs sont tous des autodidactes pris dans la spirale sans fin de l'envie de connaître et d'apprendre.

Enfin, le souci de transmettre leur expérience est présent chez les artistes confirmés. Les nouveaux feront leurs « lettres » auprès d'eux et chercheront ensuite à dégager leur propre style. Ainsi naîtront des « Old School » et des « New School ».

18. JEAN, danseur, banlieue sud de Paris, entretien, 1993.
19. DUBAR C., « Le rythme », *Dansons Magazine*, n° 7, avril 1992, Toulouse, p. 9.
20. BACHMANN C., BASIER L., « Junior s'entraîne très fort, ou le smurf comme mobilisation symbolique », *Langage & Société*, n° 34, décembre 1985, Paris, p. 57-58.

« Si tu veux, l'élève va dépasser le maître dans quelque temps. Tous les jeunes que j'entraîne, en disant aux mecs, aidez-vous, apprenez le rap, si vous voulez apprendre le rap, apprenez l'école et le rap, apprenez plein de choses si vous voulez le faire mais aidez-vous entre vous il faudra faire un fil conducteur. C'est-à-dire qu'il faut construire, faut commencer à faire une chaîne et le jour où la chaîne elle sera assez grande on aura juste à serrer les mains[21]. »

Dans l'acquisition d'un art, ce sont les *maîtres* qui sont recherchés. C'est autour d'eux que se forment les groupes, non autour d'un leader. Les règles régissant les relations dans le groupe ou entre groupes sont dictées par les expressions et ne sont pas imposées de façon hiérarchique.

Le graffeur cherchera à faire partie d'un groupe reconnu (voir chapitre « Les trajectoires individuelles et collectives »). Au début il ne posera pas sa signature sur le graff auquel il participe mais celle du groupe ou de la personne de référence. Progressivement, en acquérant la maîtrise de l'expression, il dégagera son propre style. Enfin, l'assurance venue, il viendra à poser sa propre signature.

Langages

La langue représente le plus fidèle reflet de la vivacité d'une culture. Elle développe comme les autres éléments culturels, un sentiment d'appartenance, une identité collective, une reconnaissance, la possibilité de communiquer, de s'affirmer et de se protéger.

Le langage du hip-hop, comme toute langue de la rue, possède à la fois une très grande richesse et une forte capacité d'adaptation et d'évolution. Le rap offre un formidable laboratoire de travail sur les mots. Il est une scansion et cette méthode s'insinue dans le parler habituel : la respiration verbale, l'intonation portée sur les mots, la coupure des phrases. Comme les autres expressions artistiques, en se dégageant de la contrainte des règles, il ouvre des possibilités illimitées pour la création (sur l'organisation du langage, voir chapitre « Le message »).

21. DAOUD, *op. cit.*

Le langage du hip-hop n'est pas monolithique, il est à l'image de la diversité des contextes socioculturels qui coexistent en France. Il exploite au mieux sa double filiation française et américaine. Dans l'équilibre des deux, nous trouverons différentes nuances du « jive talk » (argot américain) au verlan en passant par le patois régional.

Les mots empruntés à l'américain appartiennent à trois registres principaux : ceux qui sont liés à la pratique ou le style artistique (hardcore, groove, sample, beat, D.J., sound-reccord, lyrics, toast, sound-system, free style, break, beat...) ; ceux qui précisent l'appartenance au Mouvement ou à ses manifestations (B.boys, Zulus, M.C., Old timer, crew, posse, new school, old school, free-jams, rap-party...), ceux qui appartiennent aux rituels d'insultes (fuck, mother fucker, suckers...).

Certains rappeurs se démarqueront de la langue du ghetto pour adopter des mots plus policés... « écarts » de langage que d'autres leur reprocheront. Le langage peut aussi se colorer de l'apport des différentes immigrations (antillaise, noire, arabe...).

« Il y a un brassage culturel. Dans le langage par exemple il y a des mots d'origine maghrébine qui sont utilisés par tout le monde, ou deux-trois mots de créole, en sachant que les gens gardent aussi leur culture. Tout le monde connaît les insultes dans la plupart des langues en portugais, créole, rebeu [arabe][22]. »

Le langage suit parfois une aire culturelle plus précise : celle d'un réseau ou d'une région. Pour le réseau il s'agira d'imprimer la spécificité d'une démarche stylistique, artistique ou culturelle plus qu'une spécifique locale. C'est vrai pour le *veul*, langue « underground » née dans la banlieue sud de Paris avec le réseau du « Mouvement Authentique ».

« Le veul, c'est un langage inventé par les lascars de Châtillon [92], par le Mouvement Authentique. C'est une langue vivante, ç'a été au feeling et il y a des mots qui s'inventent tous les jours. C'est comme un dérivé du verlan... Les little [Little M.C.'s] comme ils venaient ici, de les entendre on s'est mis à le parler. Je l'emploie dans mes textes car je trouve qu'il y a des mots en français qui sont nazes. Même quand je parle, je parle en veul automatiquement, je me sens mieux quand je parle en veul que quand je parle en français [...]. Vaut mieux

22. STÉPHANE P., *op. cit.*

trouver un style, c'est trop facile de faire de simples rimes [...]. C'est tout une technique[23]. »

Les dimensions régionales vont donner lieu à des spécificités langagières plus ou moins marquées. Des groupes vont y puiser pour créer leur propre dictionnaire. Le groupe Massilia Sound System puise dans la terre occitane la richesse de sa prose. Il décline sous toutes ses formes le mot *chourmo* qui veut dire posse, horde, marmaille, canaille, troupe de travailleurs, bande d'ouvriers : *choulouta, chourrouta, chourmaio, churmaio, choumo, chormo, chiormo, chuermo, chiermo...*

Les poèmes et les récits, dans leur force, évoquent un univers, un espace sacré ou magique, régénérateur, source d'identité : la *terre mère* représentée par l'Afrique qui s'oppose au *système*, la corruption matérielle et mentale de l'Occident, symbolisée par *Babylone*.

Ainsi I AM, *Imperial Asiatic Men*, emprunte des noms à l'ancienne Égypte et se décrira de la planète Mars (Marseille) qui s'oppose au reste de la France. Voici quelques mots de leur dictionnaire : *scrabbler* : art d'aligner des mots sans aucun lien, par extension, mentir ; *sang* : boisson gazeuse ; *bozzo* : laid, fifre ; la *mob* : la mafia, Marseille ou Brooklyn ; *acier* : revolver ; un *blob* : personne collante ; *pyramide* : morceau instrumental ; *Martiens* : habitant de Marseille...

C'est à travers les mots que s'ouvre un espace conceptuel. A la recherche de nouvelles voies, le hip-hop pose les balises d'une nation multi-culturelle. Le langage ne se replie pas sur un territoire dont il délimiterait les frontières, il porte en lui cette tension créative qui génère un espace.

Mode vestimentaire

Il était important, dans les premiers temps de son apparition, de marquer les signes d'appartenance au mouvement hip-hop. Le type d'habit correspondait aussi aux exigences de l'expres-

---

23. DB BLACK, NATCHIA du groupe L.R., interview in *Yours*, n° 9, 1994, p. 12.

sion adoptée. Les breakers opteront pour des tissus souples compatibles avec une danse acrobatique (survêtement de sport, bermuda). Un bonnet permet de réaliser des figures sur la tête comme la toupie. Les rappeurs, principalement les « maîtres de cérémonie » porteront les signes distinctifs de leur posse ou de leur groupe. Les graffeurs et tagueurs auront des vêtements permettant de répondre dans l'instant aux sollicitations de l'environnement.

« Le graffeur s'habille utile, jamais quelque chose de fragile, tout ce qui est pratique, il s'en fout du style. Il faut qu'il puisse d'une minute à l'autre faire quelque chose. Un graffeur il est en jean serré, il y a rien de large, c'est tout dans les normes. Il y a bien l'américain style comme la doudoune courte. Mais c'est pareil, ça commence à être récupéré, ça change beaucoup, c'est toujours à la quête d'autre chose[24]. »

Il existait au début du mouvement graff en France des signes de reconnaissance entre graffeurs. Des plaques en métal composées des lettres du nom du graffeur, les « name-plate », se portaient autour de la ceinture ou du cou.

« C'était aussi des shorts à fleurs, les grosses chaussettes américaines, on se faisait repérer à fond, on avait un petit polo [...]. On avait des gestes avec les noms. Moi, j'avais une casquette marquée Hondo en noir sur fond rouge. On se voyait, je m'appelle comme ça, toi tu t'appelles comme ça[25]. »

Voici comment se présentait pour leur spectacle le groupe de break-dance Paris City Breakers : survêtement Puma, top-tens à languettes, Kangols[26], casquettes au nom du groupe, bracelet de cuir clouté, bonnet et lunettes de ski, ceinture à leur nom, colliers Zulus, boucles d'oreilles en plumes, coupes de cheveux iroquois, peinture sur le visage.

Ce mode vestimentaire est unisexe, c'est-à-dire celui des garçons qui ont tendance à mal percevoir toute propension à l'expression d'une différence chez les filles. Il est difficile pour elles d'afficher leur féminité. Mais prendre une attitude trop masculine est aussi objet de sarcasmes.

24. GREG, *op. cit*.
25. HONDO, *op. cit*.
26. Feutre à la forme modulable.

« On appelle ça les zoulettes, les filles qui font exprès de parler comme les mecs, de se donner des genres malsains, alors qu'en réalité ce sont des filles qui au départ sont super gentilles mais qui ont vite fait de se donner un style[27]. »

Les « Fly Girls » (féminin de B.boys, voir chapitre « Les B.boys ») devront d'abord obtenir un respect auprès de leurs congénères avant d'affirmer leurs originalités. Elles troqueront alors la doudoune Chevignon et le jean au profit du pull large, de la minijupe avec la ceinture qui pend sur le côté et les collants ou bas de laine, ou encore, pour la période estivale du jean coupé et du bustier.

Se procurer ces habits ou accessoires n'était pas simple, il fallait se déplacer en Angleterre ou aux États-Unis, ou trouver quelqu'un qui le fasse pour vous.

Depuis ces attributs ont été récupérés par la mode, il est facile de s'acheter en France des boucles de ceintures ou des chaînes à son nom, des casquettes, des bérets kangols, des tee-shirts ou des blousons bombés, des baskets remontantes à fat-laces.

« A l'époque tu partais en Angleterre, t'achetais des chaussures, mais maintenant si tu vas dans les magasins de sport, tu auras des baskets qui sont sortis en 83-84. Il n'y en avait qu'en Angleterre et nous on courait aller les chercher pour mettre avec des gros lacets, maintenant tu en vois partout, elles sont déjà entrées dans le commerce[28]. »

Les membres du hip-hop préféreront alors la discrétion à une exposition ostentatoire des signes de leur appartenance. Ils dissimulent par exemple leur « name-plate » sous leurs habits.

« Avant, moins maintenant, sur ta ceinture tu avais une grosse boucle avec marqué ton nom dessus. Et les gens connaissaient pas cela. Ça se perd de plus en plus parce qu'il y avait trop de problèmes, trop de bagarres ou alors la ceinture est cachée[29]. »

Les plus reconnus d'entre eux n'éprouvent plus le besoin de s'afficher ouvertement et expriment leurs différences à travers une attitude, un état d'esprit partagés par un cercle restreint d'amis. Nous pourrions faire la même remarque pour les

27. GREG, *op. cit.*
28. GABIN, *op. cit.*
29. GREG, *op. cit.*

rappeurs ou les breakers, pour qui importe, avant toute apparence, la qualité artistique de leurs expressions.

« On a préféré continuer à vivre pour ce qu'on était et pas se faire valoir auprès des autres et c'est vrai qu'on s'est retrouvé beaucoup sur nous-mêmes à une époque, ça ne nous a pas empêchés de bosser. La preuve, mais en eux, même s'ils le sortent pas, même s'ils ne te disent pas, ça existe[30]. »

Mais il reste toujours des petits signes distinctifs, reconnus uniquement par le cercle des initiés.

« Il y a toujours quelque chose qui reste, le blouson, le type de chaussure passe-partout où il y a un petit peu de peinture dessus[31]. »

Cinéma

Le hip-hop est né de la culture audiovisuelle de masse. Prenons pour preuve l'influence qu'a exercé le film *Zulu Dawn* sur Afrika Bambaataa dans la création de la Zulu Nation.

Le lien entre cinéma et hip-hop semble naturel aux États-Unis. Nous allons en donner quelques exemples. Malgré des initiatives originales, la situation française, nous le constaterons, est difficilement comparable.

L'émergence d'une scène rap aux États-Unis et le retour à un mouvement pour la dignité des Noirs contribuèrent à la création, à un renouveau du cinéma noir dans les années 1980. Et réciproquement la représentation des Noirs sur les écrans provoqua l'effervescence du hip-hop. Spike Lee est le représentant le plus connu de cette tendance. Né en 1957, son premier succès qui lui donna une renommée internationale (Quinzaine des réalisateurs à Cannes) fut le film *She's Gotta Have It* qui sortit en France en 1986 sous le titre *Nola Darling n'en fait qu'à sa tête*. Son film *Malcom X* (1992) qui raconte la vie du leader noir assassiné en 1965, est la confirmation du retour d'une conscience noire, face à la dégradation des conditions de vie.

---

30. HONDO, *op. cit.*
31. GREG, *op. cit.*

« C'est un film qui raconte la vie de Malcom X. Avant le film, il y avait plein de gens qui ne savaient pas qui était Malcom X. Malcom X ? je ne sais pas qui c'est. Bon, bah, cette image a servi en sorte que ces gens-là sachent qui il est, c'est tout. Si les gens veulent en savoir plus, ils achètent le livre[32] et ils le lisent.

Si Spike Lee remplit les salles de cinéma c'est parce qu'il correspond au désir, il exprime ce que ressentent les Noirs américains maintenant. Les gens viennent d'extérieur, d'Italie, de Pologne, pendant des années pour trouver la terre promise aux États-Unis ; alors que pour les Noirs qui sont nés là, c'est l'enfer[33]. »

Cette nouvelle vague du cinéma indépendant des Noirs américains, sociale et réaliste, décrit minutieusement la vie quotidienne des personnages et est naturellement imprégnée des courants musicaux. Elle appartient pour une part à ce qui est appelé le « cinéma de ghetto ». Le premier film indépendant *Still a brother : inside the negro middle class* (1967) de Williams Greaves ouvre la voie, suivi de *The Long Night* (1975) de Woodie King et *Killer of Sheep* (1977) de Charles Burnet.

Mais ce sont les années 1980 qui confirment l'ouverture de cette voie et la culture hip-hop en a frayé le chemin. Le film *Wild Style* de Charlie Ahearn fut en 1982 le précurseur en apportant sa caution cinématographique aux tags et aux graffs (voir chapitre « Les techniques et le style du graff ») ainsi qu'au *Message* porté par le rap sur la musique de Grand Master Flash (voir introduction à « l'expression parlée et musicale »). Le film *Break Street* présenté au festival de Cannes en 1984 a mis en scène la break-dance et le parler populaire.

Le rap constituera la base sonore pour les bandes originales de films comme *Colors* de Dennis Hopper qui prend pour cadre la guerre des gangs à Los Angeles. Le rap est parfois omniprésent, le film est baigné par ses paroles. C'est le cas avec *Do the right thing*, ce film de 1989 où Spike Lee utilise le rap pour décrire l'atmosphère pesante du ghetto. Spike Lee a ouvert la voie à des jeunes scénaristes.

Boyz'n the hood s'inscrit dans la même veine. Écrit et

---

32. MALCOM X, A. HALEY, *L'autobiographie de Malcom X*, Presses Pocket, 1964. MALCOM X, *Le pouvoir Noir*, L'Harmattan, 1965.
33. GOTIN T., manager de groupes de rap, entretien, banlieue sud de Paris, 1992.

réalisé par John Singleton, comme beaucoup de premiers films, il est une œuvre d'apprentissage où il est question du passage à une responsabilité d'adulte, à travers des « drames ordinaires », pour des adolescents des quartiers sud de Los Angeles. Le titre du film est inspiré d'un morceau écrit par le rappeur Ice Cube qui est aussi un acteur du film.

Fresh de Boaz Yakin est le dernier né de cette lignée. Le réalisateur signe aussi son premier film. Fresh est le surnom (pour le sens, voir « Attitudes positives ») d'un jeune Noir adolescent (Sean Nelson) qui vit à Brooklyn. Boaz Yakin nous livre une réalité sociale comme seul les Américains peuvent la décrire tout en échappant aux stéréotypes du « ghetto ».

Si nous nous sommes permis de développer l'aspect cinématographique américain bien que des précisions soient encore à apporter, c'est que la partie française est quasi inexistante.

« De plus en plus, il y a une émergence du cinéma noir aux États-Unis, j'attends qu'il se passe des trucs, ici, pour le moment il n'y a rien [34]. »

Aux États-Unis le lien entre mouvements culturels de la rue et cinéma (ou mouvement intellectuel et cinéma) paraît naturel parce qu'une production indépendante a réussi à s'instaurer. Au même titre que pour la musique, nous avons assisté à la création de labels indépendants. En France ce lien semble pour l'instant invraisemblable ou artificiel.

Bien que les films américains aient permis de diffuser les images du hip-hop en France, paradoxalement, cette influence aura des effets inverses et sera perçue et vécue négativement. Si pour certains il s'agit simplement de récupérer un « jeu de style », d'autres, fascinés, risquent de prendre ces films au premier degré.

« Il y a *Colors* qui est arrivé ici, les mecs ils étaient contents, c'était [...] jouer les "Chicanos" [35]. »

« Au fur et à mesure qu'il y a eu des autres choses qui sont arrivées des États-Unis, des films assez violents, peut-être les gens ont compris les choses n'importe comment ici et ça a fait que la mentalité, je voyais qu'elle changeait en fonction de ça. Il y avait des gens qui venaient danser

---

34. EJM, rappeur, groupe « EJM-État-2-choc », entretien, banlieue sud de Paris, 1993.
35. *Id.*

parce que la break-dance attirait les filles. Ils se faisaient des copines ou des trucs comme ça, donc c'est une histoire de flambe [frime]. Mais il y a d'autres personnes qui sont restées dans leurs passions et je crois que ce sont tous les gens qui ont aimé la danse. Cette génération elle restera c'est pour ça qu'il y a des chances encore plus de réussir à faire les choses[36]. »

Ni la culture de ghetto, ni le phénomène de gang ne sont transposables en France. Les prendre au pied de la lettre peut avoir des conséquences désastreuses sur les comportements et les membres du hip-hop ne cesseront de combattre ces effets, cherchant une voie française originale.

Seulement le cinéma français des années 1980 n'offrira pas de relais car il est bien souvent éloigné de la réalité sociale de tous les jours pour laquelle il n'éprouve pas grand intérêt, préférant s'attacher au cadre intimiste, à l'esthétisme gratuit ou, à l'opposé, à la superproduction allégorique et historique.

Nous pourrions faire la même remarque à propos du cinéma documentaire qui tire actuellement la sonnette d'alarme. Des cinéastes indépendants risquent de disparaître car la culture vivante sur les chaînes de télévision est délaissée au profit du patrimoine (séries patrimoniales). La logique de marché semble primer même sur le secteur public.

Citons cependant les approches de la banlieue ou de l'immigration comme *Le Thé au harem d'Archimed* (1985) de Mehdi Charef, *De Bruit et de Fureur* (1988) de Jean-Claude Brisseau, *Un deux trois soleil* (1993) de Bertrand Blier, le court métrage *Alger la Blanche* et le téléfilm *Taggers* réalisés par Cyril Collard. Si certains de ces films ont connu un succès d'estime, bien souvent leurs auteurs, considérés comme marginaux, ont rencontré de grandes difficultés à les réaliser.

Beaucoup de stéréotypes freinent la création (voir chapitre « L'imaginaire de la ''banlieue'' et le ''ghetto'' »). Rares sont encore les occasions d'intrusion de la culture hip-hop dans le cinéma français. Il n'intervient qu'à titre d'illustration ou d'atmosphère soit pour appuyer ce qu'on estime être un mode d'expression « jeune », soit pour poser le cadre obscur du « ghetto » ou des endroits malfamés. C'est le cas typique des

---

36. GABIN, *op. cit.*

séries policières télévisées, qui véhiculent des préjugés assez lourds. Le hip-hop et généralement les cultures de la rue ne sont pas pris au sérieux.

Mais des signes semblent indiquer la naissance d'un cinéma différent. Le film *Hexagone* (1993) réalisé par Malik Chibanne avec des moyens associatifs qui raconte la vie quotidienne dans une banlieue du nord de la région parisienne, sonne peut-être l'arrivée de ce nouveau cinéma.

Il en est de même pour le film *Métisse* (1993), du jeune réalisateur Mathieu Kassovitz. Adaptation moderne de *Devine qui vient dîner ?*[37], ce film met en situation un jeune couple, Lola, métisse, et Jamel, étudiant noir, perturbé par l'arrivée de Félix, coursier-livreur juif amateur de rap. *La Haine* sera le titre de son prochain long métrage, plus proche des préoccupations sociales des membres du hip-hop. Plusieurs groupes hip-hop participent à la bande originale du film (Ghetto Youth, Ministère A.M.E.R., etc.).

Olivier Megaton, fondateur de l'association de graff O'Zone, fut remarqué pour la réalisation d'un court métrage en 1991, *No Way* ou *Le cœur du phœnix* (nombreux prix festivaliers). Après un second court métrage, *L'égareur* en 1992, il prépare un long métrage sur le hip-hop intitulé *Le désespoir des singes* qui raconte la vie singulière d'un D.J., Henri. Un autre film est dans les cartons, *Le facteur humain*, qui portera sur la logique terroriste. L'univers d'Olivier Megaton se distingue par la recherche d'un nouveau rapport à l'image.

Les médias hip-hop

Face à l'absence de représentation des cultures de la rue sur les « grands » et « petits » écrans, le hip-hop cherchera à développer des réseaux autonomes.

Nous pouvons parler aujourd'hui de média hip-hop dans le sens où le secteur de l'information, à l'instar des expressions artistiques, s'étend en quantité ou en diversité et se professionnalise. Il s'agit principalement des radios et de la

37. *Guess who's coming to diner*, USA, 1967.

presse. A l'auto-production économique (voir chapitre « Auto-production »), répond logiquement l'auto-production de l'information car les médias sont le canal essentiel des stratégies à la fois économiques et identitaires.

Ainsi le débat actuel au sein du Mouvement sur l'*underground* provient de la nécessité qu'éprouvent les membres du hip-hop de s'organiser de l'intérieur en réseaux de façon indépendante : label indépendant, auto-production, média indépendant.

Le fanzine *Down With This* définit l'underground comme « l'observation de la société et de ses réactions face aux jeunes. C'est aussi un laboratoire des sons et des tendances, animé par des centaines de groupes[38]. »

Le fanzine *Get Busy* confirme cette approche d'une autre manière : « Notre but, en tant que passionnés, est de protéger la culture hip-hop et de mieux informer tous ceux qui seraient concernés afin d'éviter les détournements et récupérations excessifs d'une commercialisation grandissante[39]. »

Historiquement, les radios furent le premier média. Elles jouèrent un rôle primordial dans l'enracinement de la culture hip-hop (voir chapitre « Les débuts du hip-hop »). Les pionniers du mouvement Dee Nasty, Lionel D. y firent leurs premières armes et maintinrent la flamme lorsque plus personne au milieu des années 1980 ne parlait du hip-hop. En 1987, Madj et Mil animent une émission sur radio beur « Fusion Dissidente ». Elle ouvrait une « tribune libre de la culture urbaine » et promouvait la « scène alternative ».

Si certaines radios associatives ont disparu ou ont été « digérées » par le secteur marchand, d'autres ont résisté et alimentent le foyer d'un état d'esprit différent et de musiques « autres ».

Fréquence Paris Plurielle (106.3 F.M.) a permis l'expression de centaines de groupes, associations et initiatives. Elle fait une large part au hip-hop à travers des émissions comme « Wakanda en action », « Flo'Master », « Reggae Remedy », « Kool et Radical », « Swing Air-Line ». Citons également sur la région parisienne Média Tropicale (92.6 F.M., « Génération

38. *Down With This*, n° 4, 1994, p. 22.
39. *Get Busy*, éditorial n° 0, 1990.

Underground »), Radio Libertaire (89.4 F.M., « Mo Bass »), EFM (89.4 F.M., « Tapage Nocturne », « Vinyl Concept »), Radio Aligre (88.4 F.M., « Rapattack Force »)...

Les fanzines[40] se sont aussi développés en quantité et en qualité. Au départ, simples feuilles photocopiées et agrafées, certains sont maintenant imprimés en couleur quadrichromie et n'ont rien à envier aux magazines étalés dans les kiosques. Mais c'est le fond, non la forme qui sépare les fanzines des revues classiques. Un fanzine est une publication entièrement et librement réalisée par les membres d'un groupe qui la diffuse officieusement auprès d'un lectorat restreint partageant les mêmes valeurs ou mode de vie.

Cette définition s'accordait par exemple avec l'un des premiers fanzines hip-hop, la *Zulu's Letter* car elle s'adressait comme son nom l'indique principalement aux Zulus, ou encore aujourd'hui à *From Da Underground*, fanzine interne au réseau de la « Mafia Underground » qui regroupe plusieurs formations de rap et leurs groupes de soutien.

Cependant les fanzines ont suivi le développement du mouvement hip-hop dans son étendue et sa diversité. Grâce à un réseau de distribution parallèle qui se tisse sur toute la France, ils ont une diffusion de plus en plus importante et peuvent toucher des publics différents à l'intérieur de ce mouvement.

C'est cette dernière caractéristique qui rassemble toutes ces publications : un fanzine n'est pas déclaré (numéro de commission paritaire, dépôt légal). S'il ne peut pas en conséquence prétendre à certains avantages tarifaires (routage postal, TVA sur fabrication), il échappe par contre à l'emprise des pouvoirs. C'est la liberté de langage et d'expression politique (au sens large) en dehors des pressions et contraintes commerciales qui caractérise avant tout le fanzine.

Parmi les plus connus, citons *Get Buzy*, *Yours*, *Down With This*, *Da Niouz*... Ils traitent principalement du rap mais prennent souvent une dimension généraliste sur la culture hip-hop en France ou à l'étranger. D'autres se spécialiseront plus dans le mouvement graff comme *400 ML*.

Différentes sensibilités sont représentées. En 1993 naît *Down With This* qui porte en page de couverture l'étiquette

---

40. Pour les références voir la bibliographie : hip-hop, fanzines rap et graff.

« Parental Advisory, Explicit Fanzine », en d'autres termes « parole sans concession ». En défendant une culture underground, il s'inscrit dans la voie ouverte depuis 1990 par *Get Busy* (qui traite aussi du rap international). *Yours* porte d'une autre manière le label « 100 % hip-hop ». Il est à son dixième numéro. Son animatrice la « Sista Chéfa » (la sœur fâchée) rappelle que le hip-hop n'est pas simplement l'affaire des « B.boys » (voir chapitre « La place des filles ») et pose un regard différent sur l'actualité de cette culture.

Da Niouz a sorti son premier numéro en février 1995. Il développe une tendance afrocentriste dont les centres d'intérêt s'étendent au-delà du rap pour toucher aussi la new jack et la funk. Il semble en cela s'inspirer de la « négritude attitude » du fanzine *Jam* au début des années 1990.

Preuve de la vitalité du secteur de l'information hip-hop, *CBS* édite aussi son premier numéro. Mais celui-ci est un fanzine vidéo de 60 mn qui aborde sous ce mode la diversité des expressions artistiques du hip-hop.

Cette richesse tranche sur la quasi-absence d'une représentation de cette culture dans les mass médias comme si un « écran total » filtrait le rayonnement des arts de la rue. Quand ceux-ci arrivent sur les plateaux de télévision, ils ont perdu beaucoup de leur force et de leur identité.

C'est le reproche que les membres du mouvement hip-hop font aux groupes de rap les plus médiatisés quand ils se plient aux exigences d'émissions peu enclines à prendre au sérieux leur démarche. Les occasions pour le rap et le hip-hop de montrer un autre visage sont rares.

« Le hip-hop reconstruit un réseau poétique d'informations dans un monde médiatique qui ne voit plus la société qu'en bâillonnant la minorité[41]. »

---

41. GARNIER A., « Rap attitudes », *L'Affiche*, n° 3, avril 1993, p. 9.

Système économique et contre-production culturelle

Former une école artistique, offrir un modèle culturel, donner les moyens de vivre, chacun de ces aspects dégage une économie, qu'elle soit créée ou récupérée, voulue ou imposée...

Industries culturelles

Qu'il s'agisse de l'industrie de la mode, du disque, du cinéma, l'industrie culturelle est une nébuleuse, parfois aussi comparée à une « pieuvre ». Elle se reconnaît à sa formidable capacité d'absorption des courants nouveaux et d'uniformisation des cultures. Les stratégies commerciales répondent à une logique propre où l'on réfléchit en terme de parts de marché qui se confondent à la culture.

Les « Major Compagnies » n'ont plus grand point commun avec les petites maisons de disques. Véritables monstres internationaux, elles ne se bornent plus à la production de musique mais touchent aussi l'univers des nouvelles technologies où le son opère une jonction avec l'image. Elles imposent leur vision du monde quitte à créer des tendances de toutes pièces comme la « World Music » par exemple.

Ainsi le rap à ses débuts aux États-Unis a été freiné dans sa progression parce que les maisons de disques en 1983/84 avaient préparé la sortie du mouvement « New Wave ».

Alors que le mouvement punk s'inscrit dans l'histoire des banlieues anglaises, la New Wave n'émane de rien, elle a été fabriquée en studio. Sa disparition en 1986/87, aussi rapide que sa venue, le prouve. Maintenant des groupes de New Wave, tel INXS, font de la funko-rock mélangée.

Ce n'est pas la valeur de l'œuvre ni la production de l'offre mais la production de la demande qui seule compte pour l'industrie culturelle. On crée de la « culture jeune », c'est-à-dire un marché où les jeunes apprennent leur métier de consommateurs.

« La promotion de l'album, ce n'est pas évident pour tout le monde. Ministère A.M.E.R. qui ont pas eu le même argent pour faire la même vague de promotion. Il y a des groupes qui ont plus ou moins marché au niveau des ventes, qui sont plus ou moins sur la sellette parce qu'il y a la promo, c'est les ventes, c'est un produit. Mais il ne faut pas qu'on soit comme un produit mais ça le devient si on rentre dans le contexte des maisons de production, c'est clair. Le capitalisme c'est comme ça[1]. »

Ainsi, quand le mouvement rap a commencé à s'étendre dans les circuits parallèles au début avec Afrika Bambaataa, il n'était pas prévu par les maisons de disques. Il n'avait pas de label. Les maisons de disques ont essayé d'étouffer ce mouvement pour laisser passer l'autre musique (new wave). A la rigueur elles pouvaient laisser s'exprimer les danseurs mais elles ne distribuaient pas les rappeurs et les radios ne passaient pas de rap sur leurs ondes. Cette restriction a engagé les rappeurs à créer leur propre label indépendant qui a permis à la scène rap américaine de s'imposer.

Autre exemple, l'industrie du cinéma se distingue par la puissance américaine et l'omniprésence du style « hollywoodien ». En opposition se développe dans les années 1980 un cinéma indépendant (voir chapitre « Cinéma »).

Citons encore toutes les retombées des phénomènes de mode qui permirent l'explosion des ventes de vêtements ou de chaussures. Ou encore dans le secteur spécialisé des bombes aérosol, alors que chacun sait qu'il constitue les outils d'une expression non autorisée.

« C'est le mouvement rap et graff qui fait que les marchands de chaussures gagnent beaucoup plus d'argent, en fin de compte tout le monde y gagne. C'est comme la loi qui voulait imposer la vente des bombes

1. PHILIPPE, *op. cit.*

seulement aux professionnels, les commerçants sont pas d'accord, le graff c'est de la tune [argent] qui rentre². »

L'industrie culturelle est très liée à un autre pouvoir, celui des médias dont l'importance économique et politique ne cesse de croître. L'alliance des deux consacrera l'événement de la culture de masse audiovisuelle dont le hip-hop profitera et souffrira. Ainsi « la médiatisation est une composante essentielle de ce ''fait social'' en perpétuelle construction et reconstruction qu'est le hip-hop³. »

« Je pense dans mon travail, les médias c'est quelque chose d'hyper important, promotionnel. Sans promo je ne vois pas [...] En fait, c'est à double tranchant, je veux dire il faut de la pub, mais de la bonne pub. Les médias ont fait beaucoup de mal au rap, maintenant on s'en méfie. D'un autre côté tu as besoin de la publicité pour vendre des trucs pour que ton message passe. Dans un sens, il faut comprendre [...] sans eux tu ne peux pas faire passer ton message⁴. »

La publicité va amplement piocher dans ce filon culturel. L'intensité du message scandé dans le rap est une aubaine pour le slogan publicitaire qui cherche la même force de persuasion. Il en est de même pour l'énergie spectaculaire de la danse, les couleurs vives de la mode vestimentaire, la calligraphie stylisée du lettrage.

Ainsi les expressions les plus médiatisées seront celles dont le succès économique semble le plus prometteur mais, par voie de conséquence, elles seront aussi les plus fragilisées. Et réciproquement, les expressions artistiques les plus facilement insérables dans le circuit économique « bénéficieront » d'une plus grande médiatisation. Suivant les domaines, les expressions artistiques seront donc plus ou moins exposées aux contraintes de l'industrie culturelle.

« Si le rap, le mouvement hip-hop ne devient pas un contre-pouvoir, c'est parce que les médias en mettent un petit peu. Alors, les gens qui font partie de ces mouvements-là ne pensent pas créer un circuit de diffusion parallèle parce qu'ils pensent tous passer dans les médias⁵. »

2. GREG, op. cit.
3. LAPASSADE G., « Le hip-hop dans la société médiatique », PEPS, n° 36, janvier/mars 1991, éd. de l'association Paroles Et Pratiques Sociales, Paris, p. 27.
4. B.LOVE, op. cit.
5. GOTIN T., op. cit.

Nous préciserons dans les parties consacrées aux expressions artistiques les rapports qu'entretiennent celles-ci avec l'industrie culturelle. Le hip-hop est entré dans l'industrie de la mode (voir chapitre « Mode vestimentaire »). Pour une part, il s'est intégré dans l'économie, est devenu commercial. Ce mouvement semble avoir éclaté dans différentes directions suivant les expressions artistiques. Rappeurs, graffeurs, danseurs ont tendance à travailler isolément. Cette évolution n'est pas obligatoirement un handicap et certains ont réussi à atteindre la notoriété bien au-delà du cercle des initiés. Mais la rançon du succès n'est-elle pas le prix de l'oubli de l'esprit hip-hop, la perte d'une unité ?

Le système du vedettariat en France a favorisé cela, à la différence de l'Allemagne où l'unité semble être restée malgré un très large développement.

C'est surtout vrai pour le rap dont la notoriété de certains artistes présente le risque de faire oublier son appartenance aux valeurs et à l'espace social fondateurs de la culture hip-hop.

La danse est moins concernée, elle est restée fidèle aux origines, peut-être parce qu'elle touche un domaine artistique plus marginal, économiquement moins rentable et de fait moins médiatisé.

L'évolution de l'art graphique se situe entre les deux précédentes. Des graffitis-artistes ont accédé à une reconnaissance et exposent dans les galeries. Pour certains ils ont définitivement quitté la rue, d'autres tiennent à préserver cette attache malgré leur notoriété. Mais l'insertion dans le marché de l'art pour les graffeurs reste embryonnaire.

Liberté créatrice et spécificité culturelle

Le hip-hop est né dans ce contexte. Il n'échappe pas à son influence où il développe des méthodes similaires de récupération, d'adaptation, d'évolution. Comment concilier sa formidable énergie créatrice avec cet environnement ?

En effet aucune limite n'indispose le créateur dans l'exercice de son art, qu'il s'agisse de la poésie scandée du rappeur, des figures au « sol » ou « debout » du danseur, des fresques abstraites du graffeur. Ces expressions, à la différence de l'« art classique », ne sont pas soumises à des règles. Les seules limites sont celles de son imagination.

Comment préserver l'originalité de leur démarche urbaine et culturelle même si elles s'insèrent dans les institutions et l'industrie culturelle ? La faculté du hip-hop à se renouveler continuellement dépendra de sa capacité à préserver son propre espace de liberté dans le fonctionnement économique.

« On aimerait rester dans l'état pur du rap, être vraiment nous, on va commencer à démarcher devant la maison de production, envoyer notre DAT [maquette], voir quelles sont leurs réactions, on a jamais fait cette étape, on a toujours travaillé, maintenant on arrive à des produits qui peuvent permettre de passer à une étape suivante. Il faut que le rap reste réellement ce qu'il est véritablement [...] c'est ça la controverse : on ne veut pas trop d'aide et d'un autre côté on se dit pourquoi pas leur demander de la tune et faire ce qu'on a envie véritablement[6]. »

Sur le plan des valeurs, l'attache à la rue constitue la principale garantie de leur sauvegarde (voir chapitre « École de la rue »). Le hip-hop est et ne peut se concevoir autrement que comme une école de la rue prise comme espace social d'apprentissage. Nous le vérifierons quand nous développerons plus précisément chacun des domaines artistiques, la rue (réelle ou symbolique) est invoquée comme lieu de régénération où l'on reprend contact avec la réalité. C'est le sens de ce message qui se démarque du non-sens de l'uniformisation de la production culturelle et donne souffle au hip-hop.

Sur le plan du mode de vie, le hip-hop se caractérise d'abord par des relations en réseaux et par un ensemble d'attitudes qui se réfèrent à un état d'esprit commun. La visibilité de cette façon de vivre est moins importante comparée à celle d'une communauté homogène, délimitée par un territoire précis. La particularité du hip-hop est de se placer dans un espace composé de multiple interfaces, offrant la possibilité de développer à la fois un sentiment d'appartenance et une individualité bâtie sur un comportement responsable. Si certains signes de cette appartenance sont visibles, chacun pourra construire sa trajectoire personnelle. Cette originalité donne une grande liberté et souplesse pour contourner, esquiver les processus de récupération ou de contrôle.

6. PHILIPPE, *op. cit.*

Sur le plan des expressions artistiques, la question se pose quant à la préservation de cette capacité créatrice et de cette spécificité culturelle quand s'engage la voie de la professionnalisation et l'insertion économique. C'est peut-être le principal risque. Une alternative possible se dessine dans la recherche de mode de production indépendant (voir prochain chapitre). Mais les expressions du hip-hop sont par essence subversives. Par exemple, l'enregistrement sonore, le disque, a permis l'avènement de l'ère de la répétition qui fut celle du pillage de la musique noire comme le jazz. Le rap rompt le cycle en utilisant le disque comme matériau de musique.

Auto-production

La fidélisation d'un public touché et concerné par le rap a créé les conditions pour l'émergence d'une scène rap française. Tous les grands festivals, le Printemps de Bourges, les Francofolies à La Rochelle, les Transmusicales de Rennes, la Banlieue Bleue en Seine-Saint-Denis..., ont ouvert leurs espaces à l'expression hip-hop. Cette dernière ne peut plus être exclue de la culture musicale mais cette insertion culturelle est aussi une insertion économique. Elle se meut en une entreprise. La création chez les grands disquaires de bacs « rap français » témoigne de l'importance des ventes de disques. Rappeur est devenu un métier dont on cherche à vivre.

Les maisons de disques prennent en compte l'évolution des genres musicaux et développent des stratégies. Ainsi à la fin des années 1980, elles ont eu tendance à « signer » des groupes de rap dans la peur qu'une maison concurrente tombe sur *la* « révélation ». Puis quand le succès des premiers groupes fut assuré et le marché apparemment couvert, elles ont fermé leur porte.

Face à cela, il est donc nécessaire de construire des contre-stratégies garantissant la pérennité de la démarche originale qui a assisté la création du groupe de rap. Le but n'est pas de vendre le maximum de disques mais suffisamment pour vivre, se faire connaître et progresser.

Ce qui pose de nouvelles exigences : la compréhension des

mécanismes commerciaux, la connaissance de ses droits juridiques, la formation aux opérations de marketing...

« Les jeunes prennent conscience maintenant qu'ils se font claquer la porte dans les major compagnies et on leur dit, revenez en association et le ministère est prêt à vous aider ou alors revenez avec un label et nous, maisons de disques, on va mieux vous recevoir.

Maintenant il y a tellement de groupes de rap à tous les coins de rue en France, ça peut pas durer comme ça, qu'il y ait des bons et des mauvais c'est une chose, mais pour gérer ça commercialement il faut créer un label ou alors si on a pas d'argent, comme je dis aux jeunes, montez-vous en association loi 1901, groupez-vous tous les groupes que vous connaissez mettez-vous ensemble, faites des petites maquettes, demandez une subvention. Ils sont dans l'ignorance et si on fait savoir qu'ils peuvent aller voir des conseils juridiques à la SACEM à Neuilly, consulter des gens, téléphoner, discuter, prendre rendez-vous, voir comment on signe un contrat de disques, comment s'organiser pour ne pas se faire avoir, il y a énormément d'organismes de syndicats musicaux qui permettent de protéger leurs droits musicaux, de textes et qui peuvent les diriger, les guider[7]. »

Le rap, en tant qu'art de la rue, prouve qu'il est possible d'accomplir des réalisations de grande qualité avec très peu de moyens. Le passage au domaine économique, telle qu'est conçue l'industrie culturelle en France, s'avère par contre difficile. L'imposition d'une autre logique de fonctionnement est perçue comme une dépossession du sens de sa parole, un reniement de ses appartenances. Entre la tentation du repli sur soi, attitude négative, et le risque de perdre son authenticité, énergie vitale du hip-hop, la voie est difficile à tracer.

L'accès à l'auto-production en lui-même n'est pas très compliqué : construire une maquette dans un home-studio, demander une autorisation (droits de reproduction), s'informer (par exemple auprès du Syndicat national des auteurs-compositeurs), se doter d'un support juridique comme une association...

Exemple parmi d'autres, *Nomad* est le nom d'une compilation CD[8] regroupant plusieurs groupes de rap de l'est parisien mais aussi celui d'une association nouvellement créée qui

---

7. SIDNEY, *op. cit.*
8. NOMAD, Nomad production, Compact Disc 1994.

s'est donnée pour objectif de promouvoir cette forme d'expression (auto-production, aide à la création artistique, organisation de tournées musicales...). C'est une aventure collective concrétisée par une tournée en France en 1993. Elle est en cela représentative d'une démarche qui, par une production autonome cherche à préserver la richesse des expressions et des identités.

« La richesse d'expressions et d'identités NOMAD (radicale, musulmane, pro-black, anarchiste, modérée) est à l'image de la banlieue d'aujourd'hui. Nous prenons conscience de nos qualités, nos possibilités et ce que nous avons envie de faire. Nous avons construit un réseau sur lequel nous pouvons nous appuyer. Nous allons mettre en place une ''tournée des banlieues'' qui nous offrira la possibilité de diffuser notre production musicale, d'en financer des nouvelles et de monter notre propre studio d'enregistrement[9]. »

Le problème de la distribution est plus difficile à résoudre. Il existe les tournées et les réseaux associatifs. Certains seront tentés par l'auto-copie, la diffusion gratuite de cassettes audio qui est une manière de faire une promotion transversale à partir de la base. D'autres chercheront à instituer des dépots-ventes auprès des commerçants.

Il est toujours difficile de dresser une liste et nous ne prétendons pas à l'exhaustivité. Citons cependant quelques précurseurs parmi ceux qui ont ouvert la voie en France d'une auto-production : Dee Nasty, Jimmy, Afrika Loukoum, Johny Go, Candy, Tony, David Smite, Thierry Gotin, Keni...

La ténacité est une qualité indispensable. « Ne lâche pas l'affaire » était l'interpellation inscrite sur l'invitation au dixième anniversaire du hip-hop : « Respect particulier et infini à ceux qui n'auront, pendant plus de dix ans, jamais lâché l'affaire ! ! !. »

« Ça fait longtemps qu'on y pense, maintenant on va essayer de créer une association, on va se mettre en loi 1901 et on va essayer de mettre un projet sur pied et demander pour essayer de nous aider à acheter notre matériel ou alors à nous payer un stage de son, qui permette à d'autres groupes qu'on puisse les prendre en mains, les aider, parce qu'il n'y a que comme ça que ça pourra marcher. Si on prend des trempes, on s'en

---

9. ACHOUR F., manager de groupes de rap, entretien, Paris, 1994.

prendra, on en prend toujours dans ce domaine-là, mais on essaie d'avoir un esprit critique et par rapport à cet esprit critique toute une stratégie qui permettra de percer[10]. »

Le hip-hop procure des atouts, une formation individuelle où l'on apprend à se prendre en charge. Cette ténacité s'exprime à travers la création de réseaux, de labels aux noms d'attaque évocateurs.

« Pourquoi les *Incorrigibles*, parce que je n'avais pas envie de me laisser faire ni par les médias, ni par quiconque et qu'on est tous une bande d'incorrigibles, d'irréductibles. Dans les Incorrigibles, il y a des producteurs, il y a des maisons de disques, il y a des gens qui travaillent à la télé, il y a des journaux dits incorrigibles, il y a des incorrigibles partout, c'est un peu comme des envahisseurs[11]. »

La création d'un label correspond à l'alliance de formations artistiques, proches dans le style et l'état d'esprit. Il permet d'établir un cadre de référence pour les groupes qu'il accueille, de promouvoir une image de marque représentante d'une facture, de se doter de moyens techniques plus importants pour réaliser des maquettes par exemple, de s'imposer plus facilement dans les maisons de disques et leur circuit de diffusion.

« Je pense étendre au niveau d'une production : prendre des mecs qui font du raggamufin, du pera [rap], des D.J.'s et créer un consensus musical assez important. Par la suite, je vais essayer de créer un label dont j'ai le nom, qui s'appellera "État d'esprit". On s'assemble pour être producteur au niveau discographique, des vidéos et n'avoir à dépendre d'une structure un peu plus importante dont on a besoin, c'est-à-dire une Major Compagnie, qu'au niveau de la distribution[12]. »

A côté de la démarche de type associatif, la création d'un label pose une nouvelle étape dans la production indépendante. Elle caractérise l'arrivée à maturité des artistes du hip-hop. La question est de pouvoir créer un pôle économique fort. Cette force est nécessaire pour résister au pouvoir des Major Compagnies. Le milieu de l'auto-production constitue un « vivier » pour ces dernières qui au lieu de former des artistes, attendent que le fruit soit mûr.

10. PHILIPPE, *op. cit.*
11. SIDNEY, *op. cit.*
12. EJM, *op. cit.*

Une force économique n'existerait pas sans force créative. L'auto-production permet de travailler sereinement durant le temps qu'il faut sur un son qui soit propre au groupe.

Si l'autonomie financière libère la création de certaines entraves, la force créative dépend avant tout de la pertinence conceptuelle du groupe. Autrement dit de sa rigueur et de sa cohérence dans la recherche artistique et identitaire (voir chapitre « Le concept »).

D'ores et déjà émergent de nombreux petits labels indépendants qui, à l'instar des États-Unis ou de l'Angleterre, résultent de la multiplication des formations et de l'amplification des styles musicaux. Le premier label de l'histoire du rap « Funkzilla Record » fut lancé par Dee Nasty. Il est rejoint aujourd'hui par ceux qui ont connu une aventure (parfois houleuse) avec les grandes maisons de disques et se lance dans l'auto-production. C'est le cas des Little M.C.'s qui rompent avec Phonogram. Ils changent de nom (Da Lausz) et créent le label Pay Back. Ce label a produit Sté la rappeuse de la Mafia Underground.

Des groupes reconnus comme le Suisse Sens Unik participent à la création d'un pôle économique. Leur label Unik Records a produit entre autres Silent Majority, Fabe, Democrate D.

Cette expérience permettra de construire sa propre voie comme la Cliqua qui, après être passée par Assassin Production et Unik Records, crée leur label Arsenal Productions.

Des alliances peuvent se réaliser. Le label de Jimmy Jay, Sentinelle Nord, en collaboration avec Unik Records produit Les Sages Poètes de la Rue et S.L.E.O.

Citons encore KII Conscience et leur label Clandestin Sound, Légitime Processus et Comos Record, Les New African Poets et High Skills...

Le hip-hop est un mouvement jeune qui s'est construit lui-même. Les plus anciens deviendront peut-être demain les cadres d'une production artistique originale à l'égal du célèbre Quincy Jones[13] aux États-Unis.

Si le rap tient le fer de lance économique, de plus en plus

---

13. Né en 1933 à Chicago, compositeur, arrangeur, producteur, Quincy Jones depuis un demi-siècle a posé son empreinte sur la musique noire nord-américaine (jazz, pop, soul, funk...). Il est respecté par tous les rappeurs.

les compétences dans le hip-hop se rejoignent pour former des bases multi-arts dans une logique d'auto-production.
Un exemple parmi d'autres est l'association Scratch T.V. qui à partir de l'expérience d'un rappeur, un D.J.'s, un instrumentiste et un graffeur défend le concept de « musique visuelle » (vidéo, bande annonce, jingles, graffisme...). Chacun développe son propre parcours dans le hip-hop tout en réunissant ses énergies dans des productions communes.

« Scratch T.V. c'est une rencontre de gens qui ont la même vision du hip-hop, qui pensent qu'il faut respecter les origines du hip-hop, qui enseignent aux gens le hip-hop et ce que nous connaissons[14]. »

D'une certaine manière nous rejoignons l'esprit des débuts quand rappeurs, danseurs et graffeurs se retrouvaient ensemble dans la rue ou sur scène. Il existe bien sûr des différences importantes, bientôt quinze ans de recul, de nombreuses expériences, une professionnalisation et une maturité. Ce n'est donc pas un « retour » mais une nouvelle étape qui confirme cependant l'interdépendance ou la synergie qui n'a cessé d'exister entre les expressions artistiques.

---

14. JEAX, graffitis-artiste, entretien, Paris, 1995.

Un mouvement

« Faire partie du mouvement hip-hop, c'est être présent à sa propre histoire, et refuser la défaite individuelle. La refusant, nous nous ouvrons au monde, à tout le monde, à tous les mondes. Le mouvement hip-hop n'est pas exclusif. Il offre à chacun — par la médiation des cinq activités (rap, aréosol-art, D.J., beat-box, danse) — la possibilité d'exister, de sortir de soi pour rencontrer l'autre[1]. »

Si l'ensemble des membres du hip-hop répond à cette définition éthique de leur participation au Mouvement, il existera au sein de celui-ci des noyaux plus « durs » ou plus « larges » suivant les critères d'adhésion mis en avant. Historiquement, la ligne de partage se situait entre « Zulus » et « B.boys ». Aujourd'hui d'autres lignes apparaissent tandis que la première est moins pertinente. Mais comme toutes étiquettes, elles se montrent incapables de traduire la diversité des formes d'implication.

Pour ces raisons nous ne reprendrons pas les qualificatifs utilisés de l'intérieur ou de l'extérieur du hip-hop pour désigner l'appartenance au Mouvement. Nous emploierons simplement le terme « membres du hip-hop » qui correspond à l'affirmation la plus commune : « Je suis du hip-hop. »

---

1. MACADAM (groupe de danse) in *Bongo*, publication éditée par le Théâtre contemporain de la danse, 1992, p. 30.

Les Zulus et les B.boys

L'Universal Zulu Nation

Le rap, la danse ou le graff préexistaient à la Zulu Nation. Cette dernière leur donna un sens en créant un lieu d'identification (le mouvement hip-hop) animé par des préceptes moraux (non-violence, respect...). Afrika Bambaataa est considéré comme le père fondateur du mouvement hip-hop parce qu'en prenant conscience de la force positive dégagée par ces expressions, il participa à l'élaboration d'un modèle culturel (voir chapitre « Les débuts du hip-hop »).
La Zulu Nation offre la possibilité d'ériger en lois les valeurs que nous avons décrites dans le chapitre « État d'esprit ». Ces dernières proposent le cadre d'un mode de vie, signant l'appartenance à une « nation ». L'originalité de la Zulu Nation n'est donc pas de dresser une frontière spatiale ou ethnique, sa pérennité est avant tout garantie par l'accord sur les principes, la charte qui la fonde. En cela elle peut s'exporter dans n'importe quel pays dont les populations en marge sont à la recherche de nouveaux modèles.
Basée sur les droits humains fondamentaux, la Zulu Nation, devenue « Universal Zulu Nation », donne à chacun la possibilité de se reconnaître dans la culture hip-hop, principalement les plus exclus auxquels le Mouvement s'adresse. A l'instar du reggae et du mouvement rasta dans les années 1970 (voir chapitre « Rastas et Zulus »), cette logique favorisa l'internationalisation du rap et du mouvement hip-hop dont la France bénéficia au début des années 1980.

« Le rap français peut devenir porteur. C'est-à-dire une originalité, une imagination propre à l'état d'esprit français et pas copier sur le pays américain. La banlieue, c'est la banlieue, mais bon là-bas il y a des ghettos, c'est pas pareil, il y a du racisme pur là-bas, ici encore il est camouflé. Là-bas, tu as des ghettos, tu as un quartier black. Ici, on est dans la banlieue mais on est tous ensemble, on est réunis ensemble, ce melting pot, il donne un produit qui donne le rap[1]. »

Ainsi la Zulu Nation possède toujours une valeur symbolique. Elle inspire par ses préceptes le plus grand nombre et renforce les liens entre les groupes. Elle s'articule autour de vingt lois proposant un code de conduite. Voici les principales :

« La Nation Zulu n'est pas un gang — c'est une organisation d'individus à la recherche de succès, de paix, de savoir, de sagesse, de compréhension et de bonne conduite dans la vie.

Les membres Zulus doivent chercher des moyens de survie positive dans cette société.

Les actions négatives sont des actions qui appartiennent aux mauvais. La nature animale est une nature négative. Les Zulus doivent être civilisés. Il est interdit aux Zulus de se droguer ou de vendre de la drogue, de se saouler, de fumer en présence d'autres Zulus et de personnes que le tabac dérange, de s'exprimer de façon vulgaire, grossière et ordurière.

Les membres Zulus doivent apprendre les leçons infinies. Les Zulus doivent être un modèle de comportement pour les jeunes et susciter l'admiration et la sympathie de la société.

Les Zulus ne doivent appartenir à aucune organisation dont les fondements sont basés sur des actions négatives.

Les Zulus doivent être en paix avec eux-mêmes et avec les autres. Et de ce fait, les Zulus n'ont pas le droit de provoquer de querelles.

Les Zulus doivent combattre pour les causes auxquelles ils croient.

Les Zulus ne sont pas autorisés à établir leurs différences avec d'autres Zulus en se combattant.

Les Zulus n'ont pas le droit de clamer leur appartenance à la Nation Zulu de manière irrespectueuse, surtout en mêlant leur nom au crime, à la violence et au vandalisme.

Les Zulus doivent toujours penser à mener leur vie de façon pacifique et dans le droit chemin.

Les Zulus doivent chercher la connaissance de soi de façon à s'élever dans cette jungle de monde[2]... »

1. PHILIPPE, *op. cit.*
2. Lois et régulations de l'Universal Nation Zulu, document polycopié.

La Nation Zulu française

Les rapports de la Nation Zulu française avec les membres du mouvement hip-hop n'ont jamais été simples.

Si la Zulu Nation pose l'acte fondateur du mouvement hip-hop aux États-Unis, peu de personnes, en France, se revendiquent ouvertement « Zulu ». Cela ne signifie pas pour autant que la création de la Nation Zulu française n'a eu aucun impact. Nous pouvons la considérer comme un socle, une base unificatrice. Chacun s'y réfère plus dans un état d'esprit que par des règles rigides de vie. « Pour moi, on est Zulu dans son comportement de chaque instant, dans la tête, à l'intérieur ; pas besoin de le dire : ça doit se voir[3]. »

On peut appartenir à la Nation Zulu sans développer une expression artistique du hip-hop et inversement, ou encore s'inspirer des préceptes et de l'esprit Zulu sans se revendiquer de la Nation Zulu. Il exista aussi une période où des bandes s'appelaient « Zoulous[4] » sans avoir aucun rapport avec le hip-hop (voir chapitre « Confusions »).

Toutes les nuances coexistent. Ainsi les B. Boys (voir chapitre « Les B. Boys ») ne sont pas considérés « Zulus ». Cependant ils forment la majorité des membres du mouvement hip-hop et se réfèrent à un état d'esprit et un mode de vie directement influencés par les lois de la Zulu Nation.

Pour la Nation Zulu française, à la différence des États-Unis, se pose la question de sa légitimité à encadrer ou guider le hip-hop. Le contexte social et culturel est différent, les conditions de sa création aussi.

En 1984, lors d'un passage en France, Afrika Bambaataa confia la responsabilité d'organiser le mouvement Zulu français à quelques personnes nommées rois et reines : King Jaïd, King Jumbo-J, King Kranck, King Scalp, Queen Candy, Queen Afrika Loukoum (rappelons que les titres de « roi » ou de « reine » se caractérisent par la maîtrise reconnue d'un art, d'une pensée et n'a aucune valeur hiérarchique).

---

3. KING JAÏD, in *The Zulus Letter* (fanzine polycopié non paginé), n° 24, 1989.
4. L'orthographe est alors *Zoulou* pour indiquer la différence avec le véritable *Zulu*.

A la différence des États-Unis, le développement du hip-hop en France précède la création de la Nation Zulu qui ne correspond pas à une prise de conscience socio-historique. Hip-hop et Zulu Nation ont été « avalés » ensemble sans maturation.

« Bambaataa a essayé d'exporter le hip-hop parce que les États-Unis c'est la mère patrie pour l'Europe et pour le monde entier quelque part. Donc, il l'a exporté en France. En France, c'est arrivé, les gens ils ont pris le package [l'ensemble] et puis ça s'est véhiculé[5]. »

Quand la Nation Zulu française cherche à s'implanter en 1985, le mouvement hip-hop connaît un essoufflement dû à la fin des relais médiatiques et du phénomène « réflexif[6] » qu'il institua.

Il connaît un nouveau développement à partir de 1987/88 mais l'esprit « fresh » privilégiant le « fun » (plaisir de s'amuser ensemble) semble avoir disparu au profit d'une professionnalisation des expressions artistiques. Ceux présents aux origines du Mouvement comme Kefran, ex-membre des Paris City Breakers, sont gagnés par la nostalgie : « Y'avait un enthousiasme, une fièvre, une ambiance qui n'existent plus aujourd'hui malheureusement. Les homeboys étaient positifs, sympa, fresh était bien le mot ! Tout le monde dansait, on essayait[7]... »

Entre ces deux périodes explose le phénomène « tag[8] » que la Zulu Nation ne considère pas comme une expression hip-hop. Se développent aussi les bandes à caractère violent qui s'auto-prolament « Zoulous » ou sont désignées comme telles par les médias.

---

5. EJM, *op. cit.*
6. « J'entends ici par réflexivité cette relation circulaire dans laquelle celui qui décrit un fait social produit ce fait tout en le décrivant et décrit par conséquent le résultat de cette production interne à la description. » LAPASSADE G., « Le hip-hop dans la société médiatique », in *PEPS, op. cit.*, p. 27.
7. KEFRAN, in *The Zulus Letter* (fanzine polycopié non paginé), n° 6, 1988.
8. A cette époque, Candy exclut formellement le tag des expressions du hip-hop. L'interdiction de taguer est ajoutée aux vingt lois de la Nation Zulu. Elle reproche aux tagueurs de donner une mauvaise réputation au Mouvement, rendant difficile l'organisation d'événements publics. Une tolérance subsiste cependant pour les tags effectués sur des sticks qui sont faciles à enlever et n'entraînent pas de dégradations. Les sticks ou stickers sont des étiquettes autocollantes sur lesquelles le tag est dessiné au feutre (ou marqueur). Il peut donc être fabriqué dans un premier temps et posé ensuite rapidement.

La Nation Zulu n'a pas de prise sur ces différents processus. Elle se crée en association 1901 et se dote d'un organe d'information, *The Zulus Letter*, qui cherche à répertorier les groupes qu'elle estime dignes du qualificatif « Zulu ». Un livre d'or enregistre ceux qui appartiennent officiellement à la Nation Zulu, c'est-à-dire ceux qui, après une période de probation, donnent la preuve de l'authenticité de leur démarche. A travers sa lettre, l'organisation de soirées, les « Zulu's Party », l'association cherche à valoriser la culture hip-hop selon l'impulsion donnée par son précurseur, Afrika Bambaataa. Cependant Queen Candy, principale animatrice, se heurte à la difficulté de promouvoir une unité.

Une dernière tentative est faite à l'occasion du deuxième « rally[9] » de la Nation Zulu en juin 1989. Il fut décidé de dissoudre la Nation Zulu française durant l'été et de la relancer en septembre 1989 sur sa base associative (loi 1901) avec cette fois-ci une adhésion officielle : « Cette obligation pour chaque Zulu d'adhérer à l'association va permettre enfin de recenser véritablement la Nation Zulu française et permettre à ses responsables de contrôler enfin l'usage de l'appellation ''Zulu'' qui est galvaudée par des individus qui s'en parent illégitimement et souvent au détriment de notre réputation[10]. »

Seulement le mot « Zulu », à l'instar des « Zazous » de la seconde guerre mondiale, est entré dans le langage courant, langage qui participe à une vaste évolution des modes de vie et de pensée. Il ne peut être protégé comme une marque économique contre les récupérations. Celles-ci d'ailleurs ne participent-elles pas à tout processus de transformation culturel, celui du hip-hop en particulier ?

D'autre part, cela est peut-être la question principale, la Nation Zulu n'a pu ou pas su trouver sa propre voie face au modèle américain dont l'inspiration communautaire est difficilement applicable en France. Au contraire la culture hip-hop

---

9. Cette initiative correspond à la loi 17 de la charte Zulu : « Tous les Zulus doivent participer aux rallies d'unification de la Nation Zulu. » Ces rassemblements, à la différence des « Zulu's party », ne sont pas des fêtes mais constituent une forme d'« assemblée générale » où chaque membre donne son avis sur les directions prises ou à prendre par le mouvement Zulu. Il s'agit d'« informer, proposer, décider, agir avec vous, pour vous » en rappelant le principe de fraternité.
10. In *The Zulus Letter* (fanzine polycopié non paginé), n° 24, 1989.

et ses expressions artistiques se sont rapidement différenciées pour trouver un développement original propre à ce pays. Cette cassure entre les deux branches du Mouvement n'est pas insurmontable. Mais la Nation Zulu française ne peut tirer sa seule légitimité des visites ou des messages de soutien d'Afrika Bambaataa, figure emblématique respectée de tous, mais éloignée de la réalité culturelle et historique de ce côté de l'Atlantique.

« Pour nous quand on dit Zulu — nation, c'est Bambaataa, c'est le Zulu, le vrai Zulu, voilà le mec qui va danser. J'sais pu, il y a des lois, à l'époque des Zulus, il y a des jeunes comme Bambaataa qui a lancé le Mouvement[11]. »

En cela, la France se distingue des États-Unis peut-être par son incapacité à prendre en compte l'émergence d'une dimension culturelle dans l'espace public qui est perçu comme le domaine réservé de l'action des politiques et de l'État.

Selon les propos de la reine Candy, l'association a compté au mieux une cinquantaine d'adhérents. Fait révélateur de la perte de représentativité, celle-ci ne sera pas invitée officiellement à la récente commémoration du dixième anniversaire du hip-hop en France qui s'est déroulée en mai 1994 (voir chapitre « La famille et le réseau »).

« Je pense qu'il existe quand même un mouvement au niveau culturel et artistique. Il y a des gens qui essaient de faire propager leur art aux gens et de faire partager ce qu'ils font, donc à ce niveau-là, ouais, c'est bien. Mais maintenant, si tu entres dans des considérations personnelles, pour ce qui est de moi, en France, dans ce qu'on appelle le Mouvement, il y a un mauvais état d'esprit au niveau de certaines personnes[12]. »

Est-ce la fin pour autant de l'esprit qui contribua à sa création ? La vitalité des expressions artistiques que nous connaissons aujourd'hui semble démentir, du moins atténuer ces propos.

La preuve en est que Dee Nasty, pionnier respecté de tous, avec Nicky (groupe de rap les Princes du Swing) et le D.J. LBR, souhaite relancer la Nation Zulu sur la base des vingt lois qui seront cependant modifiées. « On va apporter une nouvelle

---

11. SYLVAIN, *op. cit.*
12. EJM, *op. cit.*

structure et informer sur les lois en les rendant moins dictatrices[13]. » Ainsi dans le courrier accompagnant le questionnaire d'inscription à la nouvelle organisation il est stipulé que « les lois sont une éducation, tout n'est pas applicable à la lettre ».

Les B.boys

A côté de la Nation Zulu, nous abordons l'autre versant du mouvement hip-hop ; celui-là est massif mais aussi multiforme et plus difficile à cerner. Le hip-hop possède des membres fondateurs, des membres actifs et des sympathisants. Ici s'arrête la comparaison avec des mouvements classiques. L'appartenance au mouvement hip-hop n'adopte aucun caractère formel : ni carte d'adhésion, ni hiérarchie, ni leader, ni idéologie, ni structure organisationnelle !

Le mouvement hip-hop s'apparente plus à une mouvance qu'à un mouvement structuré tel un parti, un syndicat ou une église. Ce qui n'est pas incompatible avec une certaine force revendicative ou subversive.

Encore une fois, plus qu'une étiquette « Zulu » ou « B.boy », c'est une attitude comportementale, intellectuelle ou philosophique qui signera l'appartenance d'une personne au Mouvement dont les fers de lance seront ceux qui portent au plus haut degré la maîtrise d'une expression artistique.

« Moi je suis B.boy. Je respecte les personnes de la Zulu Nation, ils font vraiment avancer les choses, ils sont trop productifs, ils sont trop mortels [vraiment puissants]. Je te dis ce que je fais et j'assume ce que je fais. D'un côté je fais partie de la Zulu Nation dans ma tête mais tout ce que je fais je le fais de façon d'être productif pour faire avancer le mouvement hip-hop. Tu t'affirmes comme partisan de la Zulu Nation ou du B.boyisme, ça c'est toi qui t'adaptes par rapport à ce que tu as dans la tête. T'es libre de faire ce que tu veux, t'es libre d'avoir l'idéologie que tu veux. Je suis productif dans le Mouvement. J'essaie de faire quelque chose, j'ai envie d'essayer[14]. »

---

13. DEE NASTY, interview in *Down With this*, n° 4, 1994, p. 12.
14. SYLVAIN, *op. cit.*

L'appartenance au Mouvement dépendra de la volonté des individus de s'identifier à lui. « B.boys » (ou « Homeboy ») et « B.Girls » (ou « Fly Girl ») seront les termes les plus souvent employés pour qualifier cette appartenance bien qu'ils puissent provoquer des controverses suivant le sens attribué à l'initiale « B ».

« Breaker-Boys » est la première version, celle des origines où la break-dance constituait l'expression de base qui permit le développement du hip-hop dans les rues des grandes métropoles aussi bien aux États-Unis qu'en France. C'est dans cette inscription historique que les breakers d'aujourd'hui s'affirment B.boys.

« Black-Boys » plus directement lié à la spécificité américaine, confirme l'appartenance à la communauté noire. Il s'inscrit plus précisément dans la tendance afrocentriste, aussi présente en France bien qu'elle ne se rattache pas à une communauté de vie effective mais révèle la recherche, principalement de la part des Noirs antillais, d'une « ambassade » qui pourrait représenter leur aspiration (voir chapitre « Afrocentrisme »).

« Bad-Boys » qualifie l'appartenance au « ghetto ». Ils représentent en cela l'équivalent des « Rude Boys » jamaïcains, jeunes du ghetto adeptes du reggae dans les années 1970. Se nommer « mauvais garçon » pourrait traduire la tentative de renverser l'image négative plaquée sur les lieux de vie mise à l'index. L'appellation subie devient revendiquée. L'équivalent français pourrait être celui de « lascar », terme utilisé plus spécifiquement dans le milieu de la militance « beur » des années 1980[15] mais qui garde toujours sa force suggestive : un mélange d'humour, d'ingéniosité, de rage...

En se réappropriant ce terme, le hip-hop imprime sa différence par rapport au modèle américain. Cependant, parmi ceux qui continuent à s'appeler B.boys, certains s'opposent à cette évolution. En reprenant la mythologie nord-américaine (voir chapitre « Correspondance entre mode et hip-hop »), ils veulent poser une rupture avec le modèle français.

---

15. Citons par exemple « Vol au-dessus d'un nid de lascars », un article consacré par Mogniss A. Abdalla à un groupe de jeunes qui monte une troupe de théâtre à Nanterre, in *Jeunes immigrés hors les murs, questions clefs* n° 2, études et documentation internationale, Paris, 1982, p. 12.

Une version négative attribuerait au terme « Bad-Boys » ceux qui n'appartiennent pas au mouvement hip-hop tout en prenant les signes apparents (voir chapitre « Confusions et médiatisation »).

Les différents sens et consonances attribués à l'initiale « B », traduisent la diversité et la richesse du hip-hop. Chacun peut y retrouver et revendiquer les signes de son appartenance. Aujourd'hui les « B.boys » sont entrés dans le langage courant du hip-hop. Ce terme qualifie habituellement les membres porteurs ou supporters d'une expression artistique, adeptes d'une philosophie de vie.

« La scène repose essentiellement sur sa base et nous savons pertinemment qu'il ne faut pas s'en couper et que le respect des Homeboys reste primordial[16]. »

Le terme « Homeboys » présente la variante d'une appartenance localisée (lieu de vie ou à un quartier) mais aussi plus généralement à la grande « famille » du hip-hop. Ce terme est souvent employé dans la relation interactive qu'entretient le rappeur sur scène avec son assemblée. L'interpellation « Hé! Homeboys ! » rappelle au public qu'il n'est pas simple participant à un spectacle mais appartient à une même communauté de vie et d'esprit.

La place des filles

Consacrer un titre à la « place des filles » sous-entend que cette place n'est pas acquise mais qu'elle se mérite de grande lutte. Nous avons souligné, à propos du port vestimentaire, la difficulté pour les filles d'affirmer leur différence. Leur absence est remarquée dans les expressions du hip-hop. La danse est le milieu où la mixité est la plus grande. Une variante de danse, le « double-dutch » (voir chapitre « Le double-dutch ») est de plus la seule expression du hip-hop exclusivement féminine. Elles sont en revanche moins nombreuses dans le rap et encore moins dans le mouvement graff.

La tendance semble cependant légèrement s'inverser pour le rap. Signe de maturation du hip-hop ou exception qui confirme

---

16. MADJ, interview in *Get Busy*, n° 1, 1990, p. 3.

la règle, ces dernières prennent une place de plus en plus remarquée.

Saliha, par exemple, qui dans son disque *Résolument féminin*[17] parle des problèmes des adolescentes enceintes *(16 ans-9 mois)* ou celui des femmes battues *(Derrière la porte)* et pose la question dans un titre *Où sont les filles du mouv?* Ou encore Sté, qui dans son album *Sté Réal*[18], affirme qu'il « ne faut pas juger au sexe mais plutôt à ce que je donne ». Elle donne effectivement la réplique aux garçons : « Les mâles disent que je rappe pas mal pour une fam-bonne [bonne femme]. Mon rap est trop dur pour un seul homme. »

Les garçons, dans leurs discours, ne s'opposent pas à l'émergence de groupes féminins, de « queens », si elles répondent aux exigences communes d'une maîtrise de leur art...

« C'est vrai qu'il y a beaucoup de filles qui prennent l'initiative de faire quelque chose de concret. Dans la danse tu en as de plus en plus, mais au niveau du rap et du lyric [texte] c'est vrai qu'il n'y en a pas beaucoup, t'as pas de filles qui sont D.J., t'en as très peu. Ça, à mon avis, c'est un combat aussi. Si on a envie de s'affirmer comme rappeuse, elle a envie de dire quelque chose, il faut qu'elle prenne les choses en mains et après par rapport à ce qu'elle dit, si vraiment ça touche les gens, elle peut faire sa place. Moi je ne suis pas machiste par rapport à ça, je suis ouvert à tous. S'il y a une fille qui a un truc intéressant à dire, eh bien qu'elle le dise, quoi[19]. »

« Il ne faut pas que les meufs [filles], elles se sentent frustrées, dans le sens qu'il n'y a pas de groupes de meufs. Moi je dis « yes », s'il y a une meuf, qui veut faire avec moi, elle vient[20]. »

Mais la pratique de cet art se révèle plus compliquée. La vision qu'en ont les principales intéressées est bien différente.

« De toute façon la société, elle est machiste, alors je ne vois pas pourquoi ça changerait lorsqu'il s'agit de rappeurs [...] On n'est pas prises au sérieux, on n'est pas [...] on ne donne pas autant de valeur qu'à un mec quoi [...] ça nous presse beaucoup, ça nous bloque beaucoup et il faut vachement persévérer sinon, sinon on n'y arrivera pas[21]. »

17. SALIHA, *Résolument féminin*, Sony, 1994.
18. STÉ STRAUSZ, *Sté Réal*, WM, 1994.
19. PHILIPPE, *op. cit.*
20. SYLVAIN, *op. cit.*
21. B.LOVE, *op. cit.*

Les filles sont placées dans la contradiction où elles doivent prouver leurs qualités, être « comme les garçons », et, quand elles accèdent à cette maîtrise, subissent le reproche de perdre leur féminité.

« Combien de fois j'entends les mecs dire des meufs qu'elles n'avaient pas assez de punch, qu'elles n'assuraient pas au niveau des paroles, etc., et tandis qu'elles regroupent à peu près toutes les qualités que les mecs espéraient chez une rappeuse, maintenant elles ne sont pas assez féminines[22]. »

Sur l'absence des filles dans le mouvement graff, une explication quant à l'endurance physique est proposée.

« Il y a des filles qui font du rap, de la danse [...] En ce qui concerne le graffiti, il y en a, sauf qu'en général, elles ne le font pas pendant très longtemps [...] Faut rester debout toute la nuit, faut se promener avec des gros sacs de bombes et en général, elles ne le font pas pendant des années, ça[23]... »

Les préjugés sont difficiles à évacuer et le mouvement hiphop ne semble pas échapper à ce constat malgré les valeurs qu'il affiche.

Certains garçons attribuent à la rue un caractère « viril » qui s'opposerait à la « sensibilité maternelle ».

« C'est vrai que les lascars, ah!! genre gros sauvage, gros hardcore ah! Tu vois donc la féminité, la meuf, elle est un peu frustrée [...] Et puis en plus, c'est un truc qui est très masculin : le rapport avec la police, le rapport avec l'État, le rapport avec la religion. Donc une nana, là-dedans, elle est obligée de..., elle perd toute sa féminité. C'est simple, dans la vie une nana, ça prend plus vite conscience de la vie... Alors qu'un mec, il joue à la voiture, il se bat dans la rue, il continue son trip [voyage], il ne porte pas neuf mois quelque chose dans son ventre[24]. »

Les filles y perçoivent plus une question de volonté : « J'ai le même âge que vous, chez les garçons vous faites rien pour vous en sortir, il y a plus de délinquance, si on veut par rapport aux filles parce que je trouve que les nanas ont beaucoup plus de volonté que vous les garçons[25]. »

22. La SISTA CHÉFA [La Sœur Fachée], « Mais que font les meufs dans le mouvement ? », in *Yours*, n° 9, fanzine polycopié, Paris, 1994, p. 6.
23. Intervention, *Forum les cultures de la rue*, Paris, éd. de l'association Paroles Et Pratiques Sociales, 1991, p. 8.
24. EJM, *op. cit.*
25. Intervention, *Forum les cultures de la rue*, *op. cit.*, p. 9.

Des éléments d'ordre général interviennent. Ils contribuent à rendre moins forte l'occupation de la « rue », lieu privilégié d'où le hip-hop puise son inspiration et son énergie : moindre liberté dont disposent les filles dans leurs familles, plus grand investissement sur le plan scolaire, partage des rôles et des espaces...

Cette non-visibilité dans la rue et dans les expressions artistiques ne signe pas corrélativement une non-présence dans le Mouvement. Dans le mode de relation en réseau, les « posses » qui acquièrent la dimension de « famille élargie » (voir chapitre « La famille et le réseau »), il peut exister une parité :

« Généralement les petites amies des uns et des autres c'est un bon moyen de garder la cohésion parce que ça aide à faire circuler l'information. Le rôle des filles dans le posse c'est vraiment un truc positif, ce qui est assez original c'est qu'il y a beaucoup de filles et que ça marche. Bon des fois même en cassant un peu les pieds, c'est vrai des fois elles sont chiantes mais pas plus qu'on aurait pu l'être mais naturellement. Je sais pas c'est peut-être parce que c'est des filles qui ont une personnalité assez forte mais en même temps c'est bizarre que d'une certaine façon elles parlent jamais, elles disent rien mais quand on regarde au bout du compte sur une année, même sur un mois tu vois qu'il y a une influence qu'elles peuvent avoir, ça joue[26]. »

« A un moment donné, quand tu es avec tes copains tu es dans ton posse, t'es fermé. Si tu as pas le regard d'une femme sur tes trucs qui t'apporte autre chose quoi, tu vas où[27] ? »

26. STÉPHANE P., *op. cit.*
27. EJM, *op. cit.*

Un réseau

Le terme le plus proche qui pourrait définir le mode relationnel au sein des groupes ou entre les membres du hip-hop serait celui de « réseau » ou de « famille ». Mais nous ne pouvons aborder ce thème sans approfondir en premier lieu la manière restrictive dont ce Mouvement a été traité généralement.

Discours sur les bandes

Depuis plusieurs années il est sujet du « retour des bandes », du moins du retour de ce thème dans les discussions. Le hip-hop est parfois réduit à ce phénomène d'agrégation et d'expression juvénile qui indiquerait le malaise d'une jeunesse criant son désarroi...

En fustigeant certaines observations nous pourrions dire qu'un jeune seul dans la rue devient un jeune désœuvré. Trois jeunes qui se serrent la main deviennent une bande jeunes, et s'ils ont la peau noire, une bande de « Zoulous »...

Le phénomène de bandes (de jeunes) est rattaché à ce qui est appelé couramment le « malaise des banlieues ». Certains y virent la réapparition des classes dangereuses, d'autres la conséquence de l'anomie[1] et de la désorganisation sociale. Beaucoup simplifièrent à l'extrême, n'y remarquant qu'un phénomène de mode juvénile plus ou moins manipulé par les

---

1. Désagrégation des schémas d'intégration chez l'individu dans ses représentations et ses relations sociales.

puissantes industries culturelles d'outre-Atlantique. Mais pointer quelques facteurs, de façon justifiée ou non, ne suffit pas à donner un sens, seulement des bribes d'explication.

« C'est tous tes copains, tes copines, on appelle ça un posse. Bande : les médias ont interprété le mot et maintenant c'est très péjoratif. Je veux dire que posse, c'est pas un truc défini, structuré. C'est une bande d'amis, pas une bande de voyous[2]. »

La conception d'une sous-culture de jeunes ou sous-culture de la galère, représente le même défaut que celle de l'intégration des immigrés. Elle n'offre pas d'analyseurs globaux et ne peut donc appréhender le hip-hop que sur sa surface.

La notion de « bande » fait appel aux formes juvéniles d'organisation et d'expression. Elle est souvent reprise avec celles, teintées de violence, du ghetto et du « groupe ethnique ». Le principe d'appartenance territoriale et l'apparition d'émeutes sporadiques au début des années 1990 sont sensés confirmer cette réalité. Le hip-hop réduit souvent aux « bandes de Zoulous » participerait à ce phénomène.

La notion de « communauté » aussi bien que celle de « territoire » nous semblent contestables et difficilement applicables aux formes de liens qui se créent dans la mouvance hip-hop. Nous préférons, à ce propos, rejoindre la position de Hervé Veillard-Baron : « Il serait profondément inexact d'enfermer les jeunes ''de banlieue'' dans des ghettos et dans des catégories spécifiques susceptibles de se constituer à la moindre occasion en ''bandes ethniques'' dont la finalité serait la violence aveugle[3]. »

« Moi personnellement j'ai formé plusieurs clans, ceci dit, quand tu dis bande à quelqu'un, bande ça veut dire casseurs, c'est qui les casseurs ? Moi j'ai formé plusieurs posses, mais qui dit posse pour moi, dit pas bande parce que j'ai formé un mouvement qui est déjà dans le Mouvement[4]. »

L'analyse des phénomènes urbains et juvéniles cherche une explication dans la désagrégation de la culture ouvrière et la fin

---

2. B.LOVE, *op. cit.*
3. VEILLARD-BARON H., « Du vague des ''ghettos'' aux ''bandes ethniques'' », in *L'actualité des bandes*, *op. cit.*, p. 19.
4. DAOUD, *op. cit.*

de la société de conflit qui permettait de gérer les antagonismes sociaux autour de valeurs, de principes. Le déclin des banlieues rouges produirait la déviance juvénile, l'éclatement d'une opposition de classe en une multitude de conflits d'intérêts locaux. On observerait « une territorialisation associée à une "ethnisation" des rapports sociaux ». La « conscience de classe » laisserait place à une « conscience malheureuse ». « La crise de la communauté » conduit au vide, à l'anomie, la perte d'« utilité sociale ». Face à cela existeraient des tentatives de bricolage identitaire, « la formation des bandes blacks, construisant une identité mêlant les racines africaines et les références américaines, participant directement à ce mouvement ». La violence souderait des « gangs Zoulous » en « contre-société », « modalité de construction d'un ghetto[5] ».

Le mode d'organisation du mouvement hip-hop ne s'apparente pas à un « bricolage » mais se structure autour d'expressions artistiques, de valeurs, d'un mode de vie dont la grille d'analyse « phénomène de bandes » ne rend pas compte. Les valeurs ne s'articulent pas autour de la notion de groupe et renvoient à une responsabilité individuelle. Ainsi la progression du hip-hop s'est forgée grâce à des aventures individuelles uniques et exemplaires, qui, pour être connues et reconnues, rencontrent le long de leur parcours des appartenances collectives.

Patrick Louis et Laurent Prinaz[6] proposent un autre découpage et séparent les bandes de quartiers et les bandes de mouvements auxquelles les Zulus sont assimilés. Les premières étant plus liées à un territoire, les secondes à une idéologie.

Ici encore, les regroupements chez les membres du hip-hop ne s'apparentent à aucune de ces deux formes. Ils ne représentent pas une territorialisation où chacun se revendiquerait d'un quartier ou d'une cité, ils s'attachent plus à un espace. Quant à la notion de groupement idéologique, elle mériterait d'être précisée autrement que par l'incontournable thème de la « recherche d'identité », auquel nous préférons celui de *stratégies identitaires*.

5. DUBET F., LAPEYRONNIE D., *Les quartiers d'exil*, Paris, éd. du Seuil, coll. L'épreuve des faits, 1992, p. 187, 94, 119.
6. LOUIS P. et PRINAZ L., *Skinheads, taggers, Zulus & Co*, Paris, La Table Ronde, 1990.

« Notre posse c'est une espèce d'espace où l'on essaie d'avoir un comportement, disons qu'on ne définit pas des règles mais on les applique ce qui fait que du coup ça tranche, quoi. Quand on va collectivement en soirée et qu'on a le comportement. Donc on n'a pas d'espace en terme géographique où on se réunit. Il y a ici, il y a quelques endroits où on peut se réunir mais sinon tout le temps un espace. Je crois qu'on peut appeler ça un espace dans l'esprit, enfin un espace dans la tête à peu près spirituel qu'on a en commun[7]. »

Il existe plutôt des zones d'influence qui sont des orientations : par exemple le nord, le sud de la région parisienne sont orientés par la réputation de réseaux comme le posse 93 NTM, le posse 500 One (« 501 »), le Mouvement Authentique. Ils représentent des points cardinaux indiquant les directions possibles d'une démarche ou l'ancrage d'une filiation. Les expressions du hip-hop ne dessinent pas un espace géographique mais existentiel. Chacun aura sa vision.

« Au niveau de la banlieue, c'est un problème qui se pose au niveau des nordistes et des sudistes. Parce que le nordiste il se réfère plus à Malcom X, tout ce qui est Bosquet [Montfermeil, Seine-Saint-Denis)], si tu vas là-bas, tu verras que des X, X, X, Malcom X. Ici [banlieue sud], j'vais pas dire c'est Mandela ou Martin Luther King, mais ici c'est beaucoup plus "peace"[8]. »

Jean-Yves Barreyre[9] reprend sous la notion de bande les dimensions de la horde, du cercle ou de l'équipe. Les Zoulous, comparés aux « loubards des années 1990 », appartiendraient à la horde en signant une appartenance, la défense d'une éthique, des valeurs, le besoin d'une reconnaissance. S'il existe des invariants à tout regroupement (« mode de vie, habitudes vestimentaires, règles de conduite »), la question, encore une fois, d'une « recherche d'identité » ou d'une « appartenance culturelle » prête à ambiguïté (voir chapitre « Immigration et intégration »). D'autant plus qu'il est nécessaire de préciser quels sont les « Zulus » (Zulus ou Zoulous) dont nous parlons (voir prochain chapitre).

7. STÉPHANE, *op. cit.*
8. DAOUD, *op. cit.*
9. BARREYRE J.-Y., *Les loubards, une approche anthropologique*, Paris, L'Harmattan, coll. Logiques sociales, 1992.

S'agit-il de Zoulous désignés par le regard extérieur ou une auto-désignation par les principaux intéressés ; de Zulus ayant appartenu à la Nation Zulu ou s'affirmant appartenir à celle-ci ; de B.boys qui en adoptent les principes tout en ne revendiquant pas cette appartenance ? Le mot « Zulu » semble exercer une fascination et contribue, en masquant un mouvement, à le réduire en phénomène de bande. C'est le risque encouru en prenant un élément, le plus visible, mais peut-être pas le plus significatif.

Confusions et médiatisation

L'utilisation du terme « bande » ouvre la voie à tous les amalgames. Oscillant entre jeunes « victimes » et jeunes « barbares » les évocations entretiennent la confusion. Gang, « bande de Zoulous », mouvement Zulu, culture rap, « culture de banlieue », réaliseraient autant de « sociétés parallèles » en marge de « l'autre ».

Le manque de discernement entre « bande de Zoulous » et « Zulus » de la Nation Zulu traduit une fois de plus une approche superficielle du hip-hop. Les premiers sont écrits par les journalistes en français tandis que les seconds ont gardé pour se différencier leur orthographe anglo-saxonne.

« Au début les médias cataloguaient le rap aux ''Zoulous'' et aux dépouilles [délinquance], maintenant les personnes qui ont fait l'effort de comprendre et de différencier la chose : les dépouilleurs et les Zulus en tant que posse ; les mecs qui faisaient des conneries, et des personnes qui au niveau artistique, voulaient revendiquer un état d'esprit, l'état d'esprit du Mouvement. Maintenant les choses commencent à rentrer dans la tête des gens, alors qu'il y a 3/4 ans les gens ne faisaient pas la différence entre rap, violence, banlieue[10]. »

Dans la médiatisation, nous assistons à un processus réflexif qui brouille l'analyse. Par exemple ceux qui sont désignés « groupe Zoulou », acquièrent ce sentiment et finissent par s'affirmer en tant que tels. La désignation crée des groupes, confirmant l'observation a posteriori de ceux qui prétendent que le groupe existe...

10. PHILIPPE, *op. cit.*

La médiatisation des premiers élans du hip-hop a eu d'autres conséquences. Elle serait à l'origine d'espoirs déçus qui expliqueraient la plongée dans la délinquance de certains de ses membres.

« Entre l'émission de Sidney et le rap, c'était une période de rêve. Ils passaient beaucoup à la télé, on leur donnait 800 FF pour une prestation et en se débrouillant bien, ils arrivaient à maintenir un rythme de vie, à s'acheter des baskets, toute la panoplie de jeunes de banlieue. Et puis tout ça c'est tombé. Donc il a fallu qu'ils conservent leur niveau de vie par des moyens, ça passait par le vol, c'est là que l'on a vu apparaître des jeunes délinquants qui nous ont amenés à une période à confondre les groupes de rappeurs. Pendant toute cette période, par exemple le groupe des Requins Vicieux, parmi eux il y avait d'anciens danseurs qui tournaient. Et du jour au lendemain il a bien fallu qu'ils trouvent quelque chose[11]. »

Les observateurs privilégiés de cette période comme Thierry Gotin qui manage actuellement des groupes de rap accusent sans détours les médias d'irresponsabilité, même de crime car ils auraient ainsi donné l'espoir à des jeunes de pouvoir vivre de leur art alors qu'ils ne possédaient pas la formation ni les armes pour assumer leur avenir. Certains ont quitté leurs études, pensant trouver là un débouché social et professionnel.

« Sur Rapline de M6, il y avait une interview de Solo [groupe de rap Assassin] qui disait que lui ''il ne rappe pas pour s'amuser'', il a arrêté l'école à cause de la danse, et s'il n'a plus le rap il n'a plus rien. J'accuse les médias de crime, c'est un crime quand on prive quelqu'un d'éducation. Le plus grave c'est les revues à sensation qui font rêver les jeunes depuis 1983 juste pour vendre leur papier. Les médias ont fait venir des groupes sans préparation. Ils savaient très bien qu'il va y avoir ensuite des gens qui allaient monter des groupes. Ils auraient pu anticiper parce que je dis quand on a des moyens comme ça, c'est pas n'importe quoi, on réfléchit parce que l'argent sans armes derrière c'est rien, c'est comme l'argent de la drogue. Les mêmes conséquences. Ils auraient pu donner les moyens éventuels avec la collaboration du ministère de la Jeunesse et Sports[12]. »

Entre 1982 et 1985 il était courant d'inviter des groupes de danseurs à la télévision, dans des spectacles. On pouvait alors

---

11. SMITE David, entraîneur du groupe de danseuses Laddys Night (double-dutch), entretien, banlieue Sud de Paris, 1993.
12. GOTIN T., *op. cit.*

gagner plusieurs milliers de francs et accéder à un certain niveau de vie.
 Lorsque la médiatisation s'est brutalement arrêtée : fin de l'émission « hip-hop » sur TF1, fin de l'attrait de la nouveauté. Beaucoup de jeunes se sont retrouvés sans les moyens suffisants pour préserver le niveau de vie auquel ils avaient goûté. Ils ont cherché alors à y accéder par d'autres procédés, illégaux, et se sont plongés dans un radicalisme qui assista à la formation de bandes à caractère violent sous couvert de l'appellation « Zulu ». La confusion est aussi née du fait qu'ils prenaient des apparences vestimentaires.

« Ils venaient exprès pour taper [voler], pour faire de la tape, ils étaient habillés comme nous, c'était pas des Zulus, ça n'a rien à voir, on ne les voyait pas dans les soirées, ils étaient là pour taper, c'est tout[13]. »

Ainsi les B.Boys appellent « racaille » ou « caillera » en verlan tous ceux qui n'adoptent pas une attitude positive, qui s'enferment dans l'univers de la petite délinquance et de la violence urbaine. Plus qu'une condamnation c'est une distinction qu'ils posent ici face à la confusion que nous avons décrite.

« On a besoin de matos [matériel], on va faire de la musique, il nous faut des tas d'instruments, on n'a pas de "kefri" [d'argent], qu'est-ce qu'on va faire, on va "vailtra" [travailler]. On essaie d'être positif. Malgré tout on va se mettre dans la société, on va essayer de s'en sortir, mais parfois tu dis ce serait plus simple, j'prends une "bouska" [une arme], je vais faire un braquage et voilà, le matos, après, j'ai mon studio. Le mec il se dit pareil quand tu as pas de "pessa" [vêtements], il dit j'vais travailler et tout, le mec il a son blouson il va se faire "pouildé" [voler] après ; l'autre il se dit vas-y, c'est bon je vais aller dépouiller [voler] pareil, je vais pas me casser le cul. J'vois le mec, je vais lui prendre son blouson dans une semaine, il en aura un. Moi je sais je vais travailler six mois, si ça s'trouve je ne l'aurai même plus au bout de deux jours, vu là où j'habite. C'est comme un cri. Les mecs, ben voilà, ils ne prennent pas le micro, ils ne rappent pas, alors ils le font à leur manière. Nous on le fait plus dans un esprit positif[14]. »

« Nous on revendique notre état d'esprit, notre rage par rapport à ça, eux, ils n'arrivent pas à le dire, et ils le revendiquent par la force[15]. »

13. HONDO, *op. cit.*
14. SYLVAIN, *op. cit.*
15. PHILIPPE, *op. cit.*

Les mots « flambeur », « tapeur », « pagailleur », « tireur », « dépouilleur », ou « casseur » graduent une échelle de comportements qui vont de la superficialité de l'apparence (« flambeur », « tapeur ») à un recours habituel à la violence (« dépouilleur », « casseur ») en passant par la pratique de petits délits occasionnels (« pagailleur », « tireur »).

« *1975 les gangs pullulent / Semant la terreur dès qu'apparaît la lune / en 1991 sévissent les retardataires / I AM déclare la guerre afin d'y mettre un terme / Tu penses forcer l'admiration des gens / Quand tu arpentes les rues suivi de ton clan / Mais tout ça n'est que souvenir, penses-y donc à l'avenir*[16]. »

Dans son rôle positif et constructif le B.Boy interpelle les membres du hip-hop qui seraient tentés de reproduire de façon mimétique les images renvoyées par les films américains sur le ghetto et les gangs, empruntant parfois les attributs du hip-hop, simplement pour paraître sans adhérer au fond culturel, au principe éthique.

« Ne vous rendez-vous pas compte que vous n'êtes pas originaires du Bronx, de Watts ou du ghetto de Washington ? Je crois que le simple fait de saisir cette différence primordiale peut changer totalement la vision que nous avons tous du hip-hop : en effet je crois que de nombreux comportements individuels ou de masse ne sont pas originellement dus à notre façon d'être en tant que jeunes Français ; alors pourquoi ne pas profiter de notre culture française, de notre style et de toutes ces choses qui nous appartiennent VRAIMENT[17] ? »

Afrika Bambaataa, qui connaît trop bien les méfaits du phénomène de gang, engage à aller dans le sens d'une voie originale, spécifique au hip-hop français : « Stop trying to copy everything american and be yourself because american hip-hop has a lot of problems to clean up their selves. If you rap, rap in french, african, arabian, west indian, and mix with english. We need more french rap and funk records[18]. »

---

16. I AM, *Elvis*, in *De la planète Mars, op. cit.*
17. KAONER, groupe TPS, in *The Zulus Letter* (fanzine polycopié non paginé), n° 13, 1989.
18. BAMBAATAA A., in *The Zulus Letter* (fanzine polycopié non paginé), n° 10/11, 1988.

La famille et le réseau

« Posse » (prononcer « possi »), « crew » (prononcer « crou »), « tribu », « famille », sont des mots qui décrivent un mode nuancé de vie et de participation au Mouvement. Nous pouvons distinguer les posses des crew dans leurs sens initiaux bien que dans la pratique ces appellations soient souvent utilisées indistinctement. Posse et crew appartiennent à la mythologie nord-américaine, de la troupe de cow-boys justiciers à *L'équipée sauvage* de Marlon Brando... bien éloignée de la réalité vécue en France. Comme la majorité des termes américains récupérés, ils seront choisis surtout pour leur consonance qui se différencie d'un vocabulaire « gaulois » parfois pesant ou stigmatisant. Avec raison, les premiers concernés, les membres du hip-hop, refusent le terme de « bandes » qu'ils estiment trop réducteur ou trop connoté négativement.

Le « posse » (littéralement « troupe ») décrit un lien de solidarité entre personnes habitant le même quartier, la même zone géographique. Il ne porte pas obligatoirement de nom. Il est constitué souvent en deux cercles : les proches et le réseau élargi.

« Le petit posse c'est ceux avec qui on côtoie tous les jours quoi, qui sont quoi des amis mais on fait les choses ensemble, on s'exprime par la danse, le chant, ça c'est pour moi le petit posse. Il y a le grand posse, c'est ceux qu'on connaît, qu'on aime bien, ça peut être d'autres groupes aussi qui font pareil que nous[19]. »

Les proches ont généralement une activité artistique. Le réseau fédère les supporters du groupe et apporte une aide dans les temps forts : par exemple travailler à la sécurité lors des concerts, diffuser l'information, etc.

« Un posse, ça essaie d'avoir de tout pour être représenté partout. Il y a de tout : des bagarreurs, des mecs qui défendent, des gens artistiques, des mecs qui parlent beaucoup, des chanteurs qui vont parler beaucoup du groupe, dans toutes ses chansons il va répéter tout le temps le nom du posse. Ceux qui défendent quand il y a une embrouille, tel mec ou tel mec du posse qui sont représentatifs sur une région ou sur un quartier qui savent qu'il ne faut pas embêter ce posse-là. C'est une petite

---

19. VINCENT, *op. cit.*

entreprise où chacun a sa place. Il y a des voleurs qui vont récupérer les bombes, les plans[20]. »

Une forte cohésion se crée autour d'une conviction d'une démarche commune.

« Il y a toute une moralité derrière un groupe. Chaque groupe pense pas de la même manière. Il y en a qui sont cool et ouverts, d'autres très renfermés. Nous on était un groupe solidaire[21]. »

Chacun peut y trouver sa place dans une grande liberté. Il n'y a pas de chef, de hiérarchie, d'organisation rigide, de lois explicites décrivant des rites d'entrée ou de sortie. A la différence du phénomène de bande, il ne se crée pas un rapport de dépendance entre l'individu et le groupe.

« Il n'y a pas de chef, chacun parle librement. On discute, on vit ensemble. On parle, parfois des mêmes choses, de rap, ou d'autre. On peut parler de choses que certains ne connaissent pas, c'est un groupe dans lequel on aime être. On n'a pas besoin de hiérarchie, d'organisation bien précise. C'est simplement un groupe d'amis[22]. »

« S'il y en a un qui veut jouer les chefs, il y a toujours un ancien qui est là pour lui dire : "Attends, bouges pas, moi je vais te faire chef." C'est comme ça qu'on essaie de fonctionner, tous les gens qui bougent avec nous doivent le prendre comme ça. Il n'y a pas de chef, les chefs c'est bidon[23]. »

L'absence de lois n'empêche pas l'existence d'une force contraignante inhérente à toute dimension culturelle, un contrôle social qui se révèle lorsqu'un membre du groupe dépasse certaines limites, caractérisées principalement par un défaut d'adhésion à l'état d'esprit du hip-hop.

L'exclusion est intuitive et se gère de façon souple dans la vie d'un posse. Elle existe surtout quand il y a entrave trop importante à l'exercice d'une production artistique qui possède des règles professionnelles et éthiques incontournables (voir section suivante « Mode de production »).

20. GREG, op. cit.
21. JEAX, op. cit.
22. ARNAUD, op. cit.
23. STÉPHANE, raggamuffin, groupe T.R.I.B.U., entretien, banlieue est de Paris, 1993.

« Il y a tout un ensemble, sur lequel on s'appuie, sur lequel on tient à être irréprochable. Parce qu'on considère que c'est... un art pour nous. Parce qu'on fait ça pour se faire plaisir mais on le fait sérieusement. Donc on a besoin de rigueur pour aussi être accepté et pris au sérieux. J'pense que ça c'est aussi une condition sine qua non si on veut avancer[24]. »

Mais bien souvent ce sont les personnes qui s'en vont d'elles-mêmes. Cela peut être lié simplement à des problèmes d'existence ou des événements particuliers (service militaire, « galère » familiale, choix professionnel contraignant...).

S'il arrive d'exclure, les membres du groupe chercheront plutôt à retenir ou à persuader les personnes de rester et de s'inscrire dans un projet. Ici se joue un rôle très important de formation collective et individuelle.

« Il y a beaucoup de gens dans les banlieues qui galèrent et qui s'arrêtent justement à la vision matérielle de ce qui les entoure, de la galère, des flics, des descentes des drogués dans leur cage d'escalier ou dans les caves. Et nous, j'ai constaté parce que je suis dans le posse depuis maintenant cinq ans, on a réussi à force justement de discuter avec les gens, à les changer. Il y a plein de gens qui pensent moins à la bagarre ou qui sont devenus un peu plus réfléchis. Par là ils gagnent en intelligence dans le sens ils ont davantage à penser à ce qui les entoure, ils ont un regard plus extérieur, ils ont peut-être plus d'objectifs, ils prennent du recul, ils réfléchissent à deux fois avant de faire telle action qui avant était instinctive. Au lieu de taper quelqu'un, on négocie, on discute, ça peut s'arranger comme ça. Et justement, à force de difficultés comme ça dans les plans galères, comme ça nous arrive souvent les soirs, on arrive à sortir de mauvais pas des gens qui sont avec nous, et on a constaté que les parents nous faisaient confiance. Ça change des rengaines habituelles de la bande assez négatives entre groupes pour galérer ou casser. Effectivement on galère mais ça, c'est dû justement à l'environnement qui lui par contre, il est là, il faut parfois l'assumer[25]. »

Le « crew » (littéralement « équipe ») indique un resserrement des liens autour d'activités communément partagées (graff, rap, danse...). L'esprit du groupe se coalise autour d'un nom, un sigle ou un logo. Ainsi les noms attribués aux crews ont souvent une consonance anglo-saxonne qui frappe plus l'imagination et dont la sonorité est plus agréable. Chacun cherche dans

---

24. ARNAUD, *op. cit.*
25. *Id.*

une appellation originale non dénuée d'humour à marquer les esprits et convaincre de son autorité. Beaucoup de noms comportent la lettre Z (par exemple « Bad Boyz Crew ») en référence et déférence à la Nation Zulu que cette initiale symbolise (voir annexe « Principaux crews »). Le plaisir de réaliser des défis artistiques en groupe, prime. Assez étendus en nombre dans les premiers temps (vingt personnes ou plus), ils fédéraient breakers, rappeurs et graffeurs. Le crew préfère aujourd'hui orienter son activité sur une seule expression dans une logique de production.

« Notre groupe ''État de choc'' c'est le cercle fermé quoi, ça c'est notre principe, c'est-à-dire qu'on est cool avec tout le monde, on est ouvert, je peux parler avec toi, je peux parler avec n'importe qui. En ce qui concerne le business et le travail c'est le cercle fermé, on se concentre sur ce qu'on fait, on essaie de dépasser ce clivage de posse ; le posse c'est entre nous ; donc on a créé notre truc, c'est cloisonné et autour de ça, on essaie de structurer. C'est le son qui prédomine, on a pas voulu faire une association ''We-are-the-world'' avec des danseurs, des graffeurs. J'ai fait ça au départ quand j'étais dans Perfect-Line, j'étais membre d'une association qui regroupait pas mal de choses, et puis bon ça m'a apporté des choses comme ça, des déceptions, tu vois. Donc, maintenant, je m'occupe de la musique parce que c'est ce que je sais mieux faire[26]. »

Les posses (ou les crews) représentent un regroupement autour d'un concept, d'une idée, une façon d'exister. Nous verrons dans les parties consacrées aux expressions artistiques que le « concept » illustre l'identité de chaque groupe dans sa manière de faire passer un message.

« Le posse c'est comme une société ; ça représente une idée. On arrive à parler avec d'autres posses. Un posse qui parle à un autre posse, c'est une idée qui passe dans une autre idée, c'est un moyen de se regrouper[27]. »

Le concept est inséparable de la manière de le diffuser. Les expressions du hip-hop, comme toute expression artistique, tolèrent difficilement le « pompage » (copiage) d'un style. C'est le cas pour les figures de danses, propriété du groupe, qui n'accepte pas le tournage vidéo ou des pièces des graffitis-

26. EJM, *op. cit.*
27. GREG, *op. cit.*

artistes, qui refusent toute reproduction photographique. Le posse (ou crew) sera aussi un moyen de garantir cette propriété.

« S'il y a un graffeur d'un autre groupe qui t'ennuie, qui te fait des embrouilles, qui pompe ton style, qui te repasse, c'est le posse, ce groupe solide qui va t'aider, n'importe quel membre d'un posse sera aidé par son posse[28]. »

D'une manière générale les posses (ou les crews) assurent une fonction de défense et de préservation, vis-à-vis de groupes qui ne partagent pas le même comportement ou état d'esprit (voir chapitre « Confusions »). Surtout entre 1986 et 1990, il était difficile de « poser » la signature d'un graff tout seul. On s'exposait au risque de se faire « dépouiller » (voler ce que l'on possédait sur soi).

« Il fallait appartenir à un groupe. Un tagueur seul se prenait des baffes. C'était un moyen de sécurité. Le métro parisien était une grande banlieue où tous les week-end se retrouvaient des centaines et des centaines de jeunes pour tout cartonner [recouvrir de tags]. Si tu étais tout seul, tu avais un sac de bombe et tu croisais un groupe, tu ne repartais pas avec les bombes ou il fallait être bien réputé. Le posse était une assurance[29]. »

La participation au groupe est dictée par deux rapports différents et complémentaires : un rapport affinitaire inséré dans un état d'esprit et un rapport utilitaire inséré dans un projet.

« Un posse au début, c'est une façon d'être plus solide avec des gens qui pensent la même chose que toi, être plus solide contre tout ce qui est contre toi. Un moyen de se défendre contre des choses pratiquement imbattables, un moyen de pas se disloquer, de périr. Le posse est un moyen de survie. Quand tu es plusieurs tu as plusieurs horizons, tu vois plusieurs choses, cela t'ouvre les esprits. Un posse c'est un moyen, c'est une famille[30]. »

Le posse aujourd'hui acquiert plus le sens de famille élargie où le groupe d'amis, devenus « Old Timers » (anciens du Mouvement), prend plaisir à se retrouver. A l'instar du mode vestimentaire, le groupe n'éprouve plus le besoin de s'afficher

28. GREG, *op. cit.*
29. JEAX, *op. cit.*
30. GREG, *op. cit.*

« posse » pour maintenir une cohésion et signer son appartenance.

« Un mot : famille. Tout ce que tu vois dans la famille. La haine, l'amour, tout : famille[31]. »

« Les années ont passé, après on s'est aperçu qu'on était toujours copains, après, il y a l'amitié qui est arrivée et maintenant on ne s'affirme plus comme étant un posse, on est des groupes d'amis, on se respecte, on est ensemble, on vit ensemble, on délire, on s'entraide, on fait de la musique ensemble, on fait tout ensemble quoi, on est une famille ça a plus rapport avec des comportements d'amitié tout simples[32]. »

La famille peut prendre aussi le sens de « tribu ». Si la tribu partage avec la famille une façon d'être ensemble, elle se dote d'un caractère symbolique, un « cri de guerre », parfois porteur d'un mythe, une histoire particulière qui forme le cercle du groupe.

« On peut utiliser nos propres termes, ils sonnent aussi bien que ''posse''. La T.R.I.B.U. marche souvent au feeling, tous ceux qui bougent avec nous doivent le prendre comme ça. La T.R.I.B.U. c'est : respect de tout le monde, tout le monde a du respect. Une tribu c'est pas un peuple, ça fait partie d'un peuple, mais c'est une tribu. Nous on est la T.R.I.B.U. qui dit Tape la Race Inférieure des Bâtards en Uniformes[33]. »

Cette présentation rapide ne peut évidemment pas traduire la multitude des parcours et évolutions (voir chapitre « Les trajectoires individuelles et collectives »).

Moins courantes aujourd'hui les « Zulus party », « rap party » ou « hip-hop jams » furent des temps forts de rassemblement ponctuant la vie du Mouvement. Outre le plaisir de se retrouver et de faire la fête, ces assemblées sont l'occasion de réunir toutes les expressions du hip-hop, d'en mesurer l'évolution avec les maîtres-artistes, les « Kings » et de rappeler les bases fondatrices de cette culture.

Voici un compte rendu de l'une d'entre elles qui se déroule en octobre 1988 :

---

31. HONDO, *op. cit.*
32. PHILIPPE, *op. cit.*
33. STÉPHANE, *op. cit.*

« Grande party dans le Mouvement depuis bien des mois, cette soirée appelée à juste titre "rap party" par Chignol, son instigateur, est le sujet de toutes les conversations des Homeboys. Les principales vedettes de la soirée sont Lionel D, Dee Nasty, Destinée, Destroy Man & Johny Go, New Generation Mc's, Poptronix [...].

A l'entrée de la mairie du 14e, l'arrivée de Queen Candy escortée de King Scalp, son frère, crée quelques remous dans la foule. Elle salue rapidement les TPS (The Psychedelik Squad), premiers d'une longue série de Homeboys qui viendront tout au long de la soirée la saluer ou faire sa connaissance.

Ce soir-là il y aura neuf cents entrées. Dans la salle au parquet de bois des dizaines de Homeboys, pour les plus cools, dansent, parmi lesquels on reconnaît Réso et Skoïz des TWK, Leeds et Majesty, Kaybea et TKS, Dany L, Gabin et Boudha des Aktuel Force, ASH2 des BBC, Crazy JM et plusieurs de ses IZB dont Ecrof venu spécialement de Suisse, etc.

Tout d'un coup, il y a un grand déplacement de foule, un cercle se forme : les breakers, seigneurs du Mouvement (TSB, A.F., Atomic F., TKS...) vont venir.

En même temps quelques « Old Timer » font leur entrée : Solo tout d'Adidas noirs vêtu et Joe des COP, le frêle Mode 2 regardé avec admiration car il est le King des graffitis-art et son compère Beau Colt avec qui il forme les célèbres TCA, Lionel D et Fat au look très remarqué.

Tonton Chignol juché sur la scène prend le micro pour donner le départ du relais mais avant il fait un petit discours expliquant que cette rap party est donnée en mémoire de Petit Jo, un jeune mais très cher ami à lui. Pour Petit Jo, Chignol demande une minute de silence, bras levé.

Et c'est le début du spectacle, les groupes seront fort nombreux à se relayer. Notons le succès bien mérité de Johny Go & Destroy Man dont la prestation avec Fat à la Beat Box et Dany L aux platines était très attendue et a suscité l'enthousiasme général.

Enfin le défilé de mode hip-hop a un peu aéré le show[34]. »

En mai 1994 fut organisé par le groupe IZB (Incredible Zulus B.Boyz), « Old Timer posse » pionnier renommé du mouvement, sous l'autorité de King Jaïd, cette forme de rassemblement à l'occasion du « dixième anniversaire du hip-hop en France ». Jaïd, champion de boxe Thaï participa à la création de la Nation Zulu française. Comme la plupart des anciens il était entré dans le hip-hop par la break-dance avec le groupe PCB (Paris City Breakers). La soirée qui retraça sur le plan musical l'évolution du rap, était animée par le célèbre D.J. Dee

---

34. In *The Zulu's Letter* (fanzine polycopié non paginé), n° 14/15, 1988.

Nasty accompagné aux platines par Faster Jay, Cut Killer et Crazy B.

Cette commémoration a eu le mérite de renouer avec la tradition des « rap-party » (voir illustrations « D.J.'s et rencontres hip-hop », p. XVI). Elle rappelle que l'énergie et la spontanéité qui caractérisent les débuts du mouvement restent vivaces. Cependant, signe des temps, Queen Candy, animatrice de la Nation Zulu durant les années 1980 n'était pas officiellement invitée (voir chapitre « La Nation Zulu française »). Si des anciens du Mouvement marquèrent leur présence, d'autres ne se déplacèrent pas. L'absence de message ne contribua pas à restaurer l'unité. Pourtant nous pouvons estimer à un millier le nombre d'entrées obtenues uniquement par une information de bouche à oreille. Il existe donc toujours une forte capacité de mobilisation.

Les trajectoires individuelles et collectives

La trajectoire d'un B.boys est rarement rectiligne. Le premier groupe dont il a fait partie, le « old timer posse », disparu ou éclaté le plus souvent, garde cependant une importance car il marque le début d'une inscription dans l'histoire du Mouvement. Il s'ensuit un parcours complexe constitué d'adhésions diverses au gré des affinités et des réseaux de relations. Une adhésion à des groupes différents peut avoir lieu dans une même période.

En même temps que les parcours, la forme des groupes et leurs fonctions ont aussi évolué. Les termes « posse » ou « crew » représentaient les formes de regroupement essentiellement dans les années 1982/90 (voir chapitre précédent).

Aujourd'hui, les liens se sont resserrés autour des expressions qui acquièrent leur maturité, leur propre style sans référence obligatoire à une filiation américaine. Le groupe s'oriente plus dans une logique de production et cherche des voies d'une reconnaissance pour une insertion économique. Beaucoup préfèrent travailler en groupes restreints. Ce qui n'empêche pas la formation de véritables pôles économiques et artistiques qui fédèrent des projets autour d'un concept fort. Ce sera par exemple pour la région parisienne, 93 NTM et Ministère A.M.E.R.

dans le nord, le posse 500 One et la Mafia Underground dans le sud et l'est. Parallèlement l'expérience a élargi les réseaux de connaissance, constituant une « grande famille » où il n'est plus nécessaire, comme aux premiers temps, de lancer des défis pour être respecté. Il n'est plus utile non plus de recourir aux signes extérieurs ostensibles d'appartenance au Mouvement (voir chapitre « Mode vestimentaire »).

Un parcours parmi d'autres :

« Dans les NCA (New Crasy Artists), c'était le vieux groupe, à savoir que dedans il y avait des mastocs, des types qui étaient là qui avaient des problèmes, pour foutre des tartes aux autres, il y avait des danseurs, très bons danseurs. Il y avait trois peintres. Il n'y a pas de D.J., il n'y avait pas de rappeurs, il n'y avait pas de partie vocale, pas de partie musique [...]. C'était encore très très américanisé, on peignait des NCA, on peignait des heures.

En 1986, j'étais avec un autre groupe, j'étais toujours dans la NCA, mais avec TFB, The Furious Boys avec SAN c'est des mecs qui marquent encore l'histoire des gens.

Je ne suis pas resté qu'à Paris, j'ai fait plein de groupes en banlieue. Après j'ai rencontré les WPC de Montreuil. Mais je ne me suis jamais attaché à un groupe, à part mon premier groupe NCA... Je sais que depuis peu de temps il y a un nouveau groupe NCA, je les ai contactés, ils n'ont rien à voir avec nous, je les ai laissés faire parce que je m'en fous mais théoriquement, ils n'avaient pas le droit de prendre le nom. Maintenant c'est fini, c'est fini, ils sont au courant qu'il y avait un old timer posse qui s'appelait NCA...

Maintenant on n'a plus de groupe on est une grande famille maintenant c'est JON, c'est MEO, c'est SKKI, c'est ASH, c'est POPAY, des gens qui bossent, qui peignent, qui sont simples. DARCO, je l'ai rencontré, on se téléphone, on parle, c'est plus le verlan. T'as plus besoin de t'imposer par le tag, t'as plus besoin de faire les preuves. Maintenant, c'est l'ancienne famille, on rigole, on se voit, on parle, si on rate on s'en fout parce qu'on sait qu'on a plus besoin de ne pas rater[35]. »

Après « c'est dans la tête que ça change ».

---

35. Hondo, *op. cit.*

Des appartenances sociales et culturelles multiples

Pris dans le faisceau des discours culturalistes, le hip-hop est bien souvent réduit, après le discours sur les « bandes », à deux champs principaux de débat : l'immigration et le ghetto. Il serait révélateur d'une « ghettoïsation » des banlieues françaises ; la représentation du ghetto, agitée comme épouvantail, est souvent amalgamée avec ce qui serait la conséquence : le retour à un communautarisme sectaire. Ainsi parle-t-on de culture du « ghetto », de phénomène « ethnique » ou d'« immigrés entre deux cultures ». Le hip-hop participerait à ce « bricolage culturel » propre à une jeunesse désœuvrée. Ces concepts ne peuvent à eux seuls expliquer le hip-hop et encore moins lui donner *sens*.

« En France ce n'est pas une question de couleur, ''t'es Noir...'', c'est plus une question de jeunesse ; tandis qu'aux États-Unis, le graff c'est réellement le moyen qu'ont les minorités, noires, espagnoles, les ethnies minoritaires qui se retrouvent dans les quartiers les plus pauvres de New York, de s'exprimer. En France c'est une récupération pour que les jeunes vivant en France s'expriment sur leur dégoût de la vie, sur tout. C'est un moyen d'expression pour les jeunes, que ce soit un riche, un pauvre, il n'y a pas de limite[1]. »

Sans être un repli sur des « communautés » ou le représentant d'une seule d'entre elles, le hip-hop représente une immixtion de la dimension culturelle sur la scène publique et dans le débat politique, en attribuant un caractère de

---
1. GREG, *op. cit.*

visibilité aux aspirations des différents groupes qu'il englobe. Ainsi s'enrichit-il de « tracées » antillaise, africaine, arabe, régionale qui vont influencer ou rythmer ses expressions, ses messages. Il ne gomme pas les aspérités et les relations conflictuelles qui peuvent en émerger. Mais il ne peut pas se réduire à un phénomène d'immigration dont il constituerait le symptôme des difficultés d'intégration.

« En tant que Noir, tant que le problème des Noirs et des minorités ne sera pas résolu, tu ne peux pas arrêter le combat, tant qu'on est pas tous sur un pied d'égalité. Moi je suis content quand je vois plein de petits Français qui sont ensemble dans le rap ou dans autre chose, qui sont ensemble tu vois avec des petits immigrés ou autre, ça montre que c'est une nouvelle société qui se crée[2]. »

« Le fait que je sois dans un posse ou que je sois le seul Blanc en plus, c'est peut-être le hasard, je ne sais pas. En tout cas j'ai constaté, ces gens, ils avaient peut-être une autre culture, pour autant la plupart de ces jeunes sont nés en France ou sont venus très tôt en France, ils regardent les mêmes programmes de télé, on est identiques. Pour autant ils ont un patrimoine culturel qu'ils ont avec eux qu'ils me font parfois découvrir quand je vais avec des filles antillaises, guadeloupéennes, j'ai l'avantage de pouvoir toucher un peu du doigt leurs musiques, leurs traditions, leur culture, leur langue, leur nourriture[3]. »

Les orientations du mouvement hip-hop offrent la possibilité de développer un sentiment d'appartenance. Ouvertes à un large éventail de comportements, elles permettent à chaque groupe d'appartenance culturelle différente d'y déployer sa propre originalité.

Immigration et intégration

Le thème d'une société « pluri-ethnique » ou « multi-culturelle » constitua l'un des grands sujets de discussion de la précédente décennie.

Au sujet des jeunes de la « seconde génération » et du « mouvement beur » des années 1980, nous trouvons des analyses de sociologues qui ont été aussi des acteurs de ce mouvement

2. OLYVE, *op. cit.*
3. ARNAUD, *op. cit.*

tels Saïd Bouamama[4] ou Adil Jazouli[5]. La commémoration de la première marche pour l'égalité[6] prouve que les débats qui agitèrent les assemblées il y a dix ans sont toujours d'actualité. Ils sont pris entre deux revendications : un combat pour « l'égalité des droits » traduisant un engagement politique concernant, par définition, l'ensemble des citoyens, et l'affirmation d'une « spécificité culturelle », reflétant l'affirmation d'une identité propre à une minorité. Le hip-hop semble apporter une réponse originale.

Il faut donc chercher des clefs d'analyse différentes de celles fournies par les controverses autour du thème de l'immigration posé en terme d'intégration culturelle qui ne représente pas le problème central. Les enfants d'immigrés, pour la plupart nés en France, ne s'interrogent pas sur le choix entre deux cultures qui seraient celle d'origine et celle du pays d'accueil. Ils revendiquent au contraire le droit à une insertion sur un pied d'égalité dans la société sans abandonner pour autant leur particularité. Or, c'est cette aspiration fondamentale, à la fois politique et culturelle, qui fut rarement prise en compte. Comme s'il n'était pas possible d'assumer de front des identités culturelles et une participation à la société globale.

« Non, avoir confiance dans son peuple, ça n'influe pas sur l'intégration, ça n'a rien à voir. Tu peux t'intégrer tout en gardant ton identité. Chacun a besoin d'une identité, il ne peut pas y avoir une seule identité pour tout le monde ; il y a trop de différences dans le monde, tout le monde est différent, il faut donner aux gens l'envie de s'intégrer[7]. »

La conception que nous estimons erronée de « l'entre-deux cultures » présente le processus d'insertion comme un stade intermédiaire, une évolution inachevée sur la voie de l'assimilation culturelle.

Face à la « voie royale » de l'intégration, rejetés de celle-ci, les enfants d'immigrés chercheraient à se « défendre » en créant

---

4. BOUAMAMA S., *Dix ans de marche des Beurs, chronique d'un mouvement avorté*, Paris, Desclée de Brouwer, 1994, Habiter.
5. JAZOULI A., *Les années banlieues*, Paris, éd. du Seuil, 1992, L'histoire immédiate.
6. *10 ans après la marche pour l'égalité et contre le racisme, où en est le mouvement issu de l'immigration et des cités*, meeting national, Paris, 4 décembre 1993.
7. B.LOVE, *op. cit.*

« un univers propre ». Le hip-hop est alors présenté comme indicateur de cette sous-culture. Cette vision évolutionniste contribue à disqualifier ce mouvement culturel. Sous un langage savant elle diffuse des stéréotypes qu'il est difficile ensuite d'évacuer. Elle perpétue sous le mot « intégration » ce que, à une autre époque, représentait le mot « assimilation »[8].

« La conception normative de l'intégration a maintes fois été critiquée : elle est trop identifiée au point de vue des dominants. Le dominé qui ne s'intègre pas ou qui résiste n'est jamais autre chose qu'un élément pathologique et non fonctionnel[9]. »

Ainsi, l'emploi du terme « ethnie » est sujet à caution. « Retenir l'ethnie comme un marquage rigoureux, la "fétichiser" ou en faire un absolu invariable conduit à un contresens. On ne peut pas enfermer les étrangers dans leurs différences — dans leur culture en particulier parce que celle-ci est une sorte de mise en œuvre dynamique, un effort constant d'apprentissage et d'adaptation aux sollicitations du présent[10]. »

« Les jeunes se raccrochent au rap parce qu'ils ont un problème d'identité aussi bien que les petits Bretons ou que tout le monde. Les Français, ils ont tellement de crise d'identité qu'ils sont obligés de créer des critères pour savoir s'il est français[11]. »

Nous l'avons compris, le hip-hop ne se situe pas entre deux cultures mais semble ouvrir une autre voie qui dépasse la question de l'intégration des immigrés. S'il existe effectivement intégration, c'est celle des membres du hip-hop d'appartenances et d'identités multiples, non entre deux cultures mais dans un « entre-deux » qui forme un espace culturel en tant que tel. Afin d'éviter toute confusion entre notre définition de « l'entre-deux » et la notion d'espace intermédiaire temporaire qu'on lui attribue habituellement, nous parlerons simplement de « nouvel espace ».

8. La théorie de l'assimilation a masqué, sous un discours universaliste, l'impérialisme occidental. Voir à ce propos TAGUIEFF P-A, *La force du préjugé, essai sur le racisme et ses doubles*, Paris, La Découverte, coll. Tel.
9. LAPEYRONNIE D., *L'individu et les minorités, la France et la Grande-Bretagne face à leurs immigrés*, Paris, PUF, 1993, coll. Sociologie d'aujourd'hui, p. 17.
10. VEILLARD-BARON H., « Le risque du ghetto », in *Esprit*, n° 169, février 1991, p. 17.
11. GOTIN T., *op. cit.*

Le hip-hop se présente moins comme une « sous-culture » que comme une « culture des sous-cultures ». Véritable société marginale ? « C'est là que se situe la fracture avec les années 1960/70 et nos nineties. Là où le gauchisme aspirait à changer la société, le hip-hop a créé la sienne, à côté. Plus éthique qu'il n'y paraît. Finalement, ce sont eux les véritables marginaux[12]. »
Le hip-hop semble plutôt suggérer un renversement du processus d'intégration. Cette notion de « retournement » est souvent présente dans ses messages.
Ce n'est plus la société qui intègre une marge, c'est la marge qui « enveloppe » la société. D'une certaine manière l'extérieur devient l'intérieur. Si le hip-hop atteint une capacité et mobilisation sociale et une maturité sur le plan culturel, artistique et économique, il lui manque cependant d'acquérir une dimension politique pour que cette proposition soit acceptable. Il lui reste à se convaincre et convaincre l'« autre » monde que les enjeux qu'il porte concernent tout le monde. « Le rap irrite, mais est toléré, tant qu'il n'est pas politisé [...]. Les rappeurs font l'erreur de ne pas s'adresser aux décideurs, ceux qui ont entre quarante-cinq et soixante ans[13]... »

« Si on arrive à développer cette culture, à montrer aux gens qu'il y a un intérêt important de tenir compte de cette culture, du moins de l'enseignement historique qui se rapporte à cette culture, toutes les cultures aussi en général, on peut changer des choses[14]. »

Car si la France n'est pas encore une société pluri-culturelle, le hip-hop l'annonce. Il ouvre des lieux privilégiés d'inscriptions multiples : les posses ou « familles », les espaces urbains, la production économique... Dans ces lieux, les expressions artistiques mettent en lumière des pratiques avant-gardistes d'échange entre les cultures. Ce métissage ne s'apparente pas à l'uniformisation imposée par les industries culturelles et publicitaires. Il puise dans les différences de chacun tout en donnant la possibilité de vivre dans les ressemblances de tous.
Prenons le tag par exemple : beaucoup de personnes auront des difficultés à imaginer qu'une expression décriée dont est

---

12. COULON F., « Vu de l'extérieur », in *Terminal*, n° 56, 1991, p. 37.
13. LAST POETS, Interview in *Black News*, n° 16, 1994, p. 18.
14. ARNAUD, *op. cit.*

enlevée toute dimension artistique puisse être au contraire un vecteur d'une « intégration » sociale par l'espace.

« Je connais des tagueurs de banlieue que j'ai rencontrés à Pierrefitte, Stains lorsque je commençais à taguer, banlieue nord. Ils n'étaient pas connus et maintenant ils veulent se faire connaître et ils viennent dans les rues parisiennes et parfois à côté de chez moi à Paris, sans le savoir, ils viennent là. Chaque tagueur trouve dans le tag la forme d'intégration qu'il veut. Dans la mesure où pour certains de ces mecs de banlieue, il y a un plaisir à devenir parisien, à pouvoir aller dans les fêtes parisiennes privées, ils ont des copains et puis être connus par les Parisiens parce qu'ils ont tagué à Paris. Ils existent[15]. »

Béatrice Fraenkel souligne cet aspect au sujet de la cohérence lexicale des noms propres : « De ce point de vue on serait tenté de parler de fonction d'intégration : en tant que manifestation d'une subculture, l'inscription graffitée du nom est aussi l'acte qui enregistre l'individu dans la communauté des graffiteurs[16]. »

Il serait donc nécessaire de forger de nouveaux concepts qui contribueraient à la définition de ce *nouvel espace*. Ceux de « néocommunautarisme », de « tribalisme post-moderne » ne nous paraissent pas les plus opérants, celui d'« ethnicité » reste à développer.

Nés dans le même quartier, partageant la même histoire, les membres du hip-hop se regroupent avant tout autour d'une question sociale, un mode de vie, une perception de la réalité.

« *Ce n'est plus une histoire / De couleur : Nègre, Blanc ou Beur / Tous dans la même galère*[17]. »

Ce qui, dit d'une façon plus crue :

« C'est pas le fait d'être Blanc ou Noir ou jeune, c'est que quand t'es dans la merde, si t'es dans la merde, n'importe quelle couleur que tu sois, tu y es dedans[18]. »

---

15. KOOCE, *op. cit.*
16. FRAENKEL B., « La délinquance lettrée des graffiteurs de New York », in « L'ordre du graffiti », présentation de Richard Conte, *Tribu*, n° 10 spécial, Toulouse, 1985, p. 19.
17. TIMIDE ET SANS COMPLEXE, *Galère dans les banlieues*, in *Le feu dans le ghetto*, Compact disc, 1993.
18. EJM, *op. cit.*

Les membres du hip-hop ne sont pas des « exclus ». Ils refusent le stigmate de « victime de la société » qui est une autre façon de désigner un « coupable » qui n'est pas le véritable coupable mais dont le « sacrifice » préserve l'ordre social[19].
Trop souvent les expressions du hip-hop sont prises comme indicateurs d'un mal vivre de la « zone ». Si des rappeurs décident de « prendre le micro parce que la réalité de ce pays est invivable[20] », ce n'est pas en tant que plaignant mais en tant que médiateur et chroniqueur, révélant l'injustice des situations. Beaucoup appartiennent aux couches populaires mais pas tous. Les personnes avec lesquelles nous nous sommes entretenues couvrent un éventail large sur le plan de l'âge (18/35 ans), des origines culturelles (Afrique centrale et du Nord, Antilles, métropolitains, ...).
Ils recouvrent des zones d'influence qui se chevauchent et dépassent la cité, le quartier, ou même la ville. Il s'agit principalement de Paris et de la petite couronne (Saint-Denis, Clichy, Colombes, Bezons, Nanterre, Antony, Vitry, Orly, Créteil, Montreuil, Bondy...).
Ils sont étudiants, travaillent dans le milieu social et culturel, ou dans le secteur économique tertiaire ou secondaire, enfin pour certains, vivent directement de leurs expressions.
A chaque type d'appartenance correspondra un type de rapport ou d'inter-relation entre l'individu et les autres suivant un axe synchronique ou diachronique. Une culture particulière, une culture de l'interface, intégrera l'ensemble de ces réponses. C'est le hip-hop, qui se comprend comme une réponse globale, offrant la possibilité d'affirmer ses identités qui sont le fruit d'un parcours, d'une stratégie, non d'une désignation « ethnique ».

« Le rap est surtout quelque chose où tu peux trouver ton identité, où tu peux gueuler. C't'dire pas gueuler "mon père il m'tape et tout" mais essayer de comprendre pourquoi, pourquoi lui, ton père, il t'a mis une claque. Bon déjà tu te remets en question, mais tu te remets pas en question tout seul, tu remets en question lui, tu remets en question son

---

19. Voir à ce propos la rhétorique de la « génération sacrifiée » développée dans les médias sur la jeunesse d'aujourd'hui ; se référer aussi à GIRARD R., *La violence et le sacré*, Paris, Grasset, 1972.
20. Intervention d'un rappeur, *Forum les cultures de la rue*, op. cit., p. 6.

boulot, et tu remets en question une vie, et comment une vie et pourquoi[21]. »

L'originalité du hip-hop est donc de permettre l'élaboration d'identités variées et changeantes à travers des tracées individuelles, originales. Nous l'observons dans la complexité des parcours, cette recherche n'est pas celle de la communauté classique mais celle de l'appartenance moderne, responsable et personnelle. Ainsi peut-on en même temps se revendiquer Noir, Antillais et Métis.

« Je me sens Noir, je dirais pas ni Africain, ni Antillais parce que j'ai la peau noire. Mais c'est tout et que je ne suis pas vraiment Antillais parce que je suis né en France, donc je n'ai pas de culture antillaise mais je ne la dénigre pas, j'ai appris à parler ma langue parce que j'estime qu'on doit inculquer le savoir de mes ancêtres à mon fils quand il le voudra. Mon fils est métis et sa mère est arabe et mon fils s'appelle Mehdi parce qu'il n'aurait pas pu s'appeler Daniel, parce qu'il est issu d'un Noir et d'une Arabe ; donc il faut revendiquer ça plus tard, qu'il a un nom représentatif à ce qu'il est[22]. »

La position afrocentriste qui se discute dans le hip-hop en référence à celle des Afro-Américains peut se comprendre de cette façon, comme une tension entre culture et politique, particularisme et universalisme. En cela elle dépasse la condition des Noirs en France. La gestion de cette tension provoque une création permanente où chacun peut se retrouver, s'identifier.

L'imaginaire de la « banlieue » et le « ghetto »

Le traitement médiatique (dans le sens de traitement médical) contribue à « sensibiliser », « épidermiser » la « question » de la banlieue, des jeunes. Nous pourrions dire que nous touchons un point « sensible », au même titre qu'au commencement des politiques sociales en faveur des quartiers « défavorisés », ceux-ci furent appelés « îlots sensibles ».

Nous retrouvons ici la vieille crainte de la « classe dangereuse » que le discours sur la « zone » assimile à la « classe laborieuse ». Au XIXᵉ siècle, la « zone » désignait les faubourgs

21. DAOUD, op. cit.
22. SIDNEY, op. cit.

misérables situés aux pieds des anciennes fortifications de Paris. Dans l'entre-deux guerres, les représentations sociales peuplaient la zone de chiffonniers, enfants dépenaillés, gitans, filles entretenues, mégères vulgaires, voleurs, ... une « humanité déchue ». Autour de cette « ceinture noire » se construisirent des lotissements ouvriers situés aux limites de la Seine ou en Seine-et-Oise, entre dix et vingt kilomètres de la capitale : « la ceinture rouge ».

Les deux ceintures sont caractérisées par leur manque d'aménagements urbains, la précarité de l'habitat. Ces caractéristiques communes et la destruction des fortifications contribuèrent à confondre zone et banlieue dans l'imaginaire social.

Les programmes de construction des grands ensembles depuis l'après-guerre jusqu'au début des années 1970 permirent la résorption des bidonvilles sans pour autant modifier profondément les représentations. Les *zoniers* devinrent des *zonards* et la zone les *banlieues* inséparables désormais de l'image des tours et des barres d'immeubles. Avec les notions de « classe d'âge » et de « jeunesse » produites par la société de consommation de masse apparaît celle de *délinquance juvénile* et d'*enfance en danger*. Le zonard prit la forme du jeune désœuvré et menaçant, plus généralement celle de l'asocial pour qui l'accès à la consommation est fermé.

L'accession à l'urbanité par le confort a restreint l'univers de vie à la sphère privée du logement mettant a contrario hors la loi ceux qui vivent hors-les-murs. La rue devient le théâtre des affrontements entre jeunes et forces de l'ordre et le lieu funeste où plusieurs centaines d'entre eux sont tombés sous les balles criminelles de locataires irascibles ou racistes (voir « Rapport de minorités à la société globale »).

Les années 1980 consacrent l'*ethnisation* des banlieues. Les premiers fils d'immigrés sortent de l'école et on découvre que les « travailleurs immigrés » sont aussi des familles avec des enfants qui ont grandi. Face à la crise économique, les « problèmes de cohabitation » offrent un exutoire sur lequel se focalise le regard des médias dont l'importance, comme miroir de l'imaginaire, ne cesse de grandir. Basés sur une logique de marché, les médias audiovisuels répondront à la demande de leur public. Ils confirment par l'image annoncée comme

« vérité », preuve irréfutable de la réalité, les représentations que se font les lecteurs ou les téléspectateurs. Le zonard prend alors la figure de l'immigré et plus précisément du jeune Arabe. La banlieue devient tout ce qui est autre. Les « autres », ceux avec qui on ne peut pas communiquer ni construire un projet commun, se sont les immigrés, les délinquants, les drogués, les prostituées, ... l'étranger pris dans une altérité absolue.

Mais il reste encore à trouver les représentations adéquates pour qualifier cet « ailleurs » lointain, menaçant, dangereux. Le mot *ghetto* remplira cet office. La banlieue étant conçue, lors de son développement, comme une « terre d'assimilation », il n'existe pas de références historiques en France d'un développement communautaire séparé. Qu'importe, les médias iront puiser outre-Atlantique les clichés nécessaires pour construire leur représentation du ghetto.

Ainsi les années 1990 sonnent l'heure de la *ghettoïsation* des banlieues, terme fantasmatique assignée à tout ce qui ressemblerait de près ou de loin à un regroupement de couleur. Le phénotype semble jouer d'autant plus s'il s'agit de jeunes. Le thème de la ghettoïsation introduit une autre variante du discours culturaliste. Trop souvent amalgamée avec la notion du ghetto américain, elle est agitée comme repoussoir de ce que nous réserverait l'avenir des grandes villes françaises.

« Là-bas, aux States [États-Unis], c'est ségrégationniste, parce qu'il y a des quartiers spéciaux Portoricains, Blacks, Chinois, Italiens. Ici, dans les banlieues, il y a toutes les races, elles sont confondues, il n'y a pas de ghettos Blacks ou quoi que ce soit, c'est vrai, c'est le même combat. Il y a des gens qui, par la crise deviennent racistes. Il y a des politiques qui font croire aux gens que ce sont les immigrés qui prennent la place aux Français, mais en vérité, les politiques savent qu'on les a fait venir. Maintenant ils sont ici, ils sont bien ici. Il faut essayer de trouver un autre concept, faire en sorte de faire avancer les choses. Ils sont là, ils sont intégrés à la société française eh bien il va falloir faire en sorte de leur procurer du travail et faire en sorte qu'on soit fort et pour l'avenir que la société soit métissée, que par le métissage ce sera plus franc[23]. »

Aux États-Unis, l'existence de ghettos révèle des « espaces définis par la construction et l'institutionnalisation d'une

---

23. PHILIPPE, *op. cit.*

culture ayant pour fonction de permettre de gérer la marginalité[24] ». En France, si le mot « ghetto » est parfois employé, il correspond à une autre réalité ; celle des zones de dislocation du tissu social, d'exclusion propice à l'éclatement de manifestations à caractère insurrectionnel.

Le « ghetto », historiquement, s'entend comme délimitation géographique, contrainte, préservation, homogénéité religieuse et culturelle. Mais « en s'élargissant sans cesse, l'usage du mot ghetto renvoie à une catégorie conceptuelle susceptible de s'appliquer à tout groupement de population. Le ghetto devient aussi le symptôme territorial et social de la non-conformité[25] »... Nous parlons naturellement de « ghettos urbains », de « ghettos sociaux », etc.

Il ne peut avoir d'identification positive à ces zones périphériques telles qu'elles sont présentées puisqu'elles ne portent que les stigmates de l'échec et du rejet : « Le ghetto délimite mal son objet parce qu'il désigne autre chose, c'est-à-dire la peur de l'exclusion[26]. »

« Naturellement » le hip-hop sera assimilé à une culture du ghetto, une « sous-culture de la galère » d'autant plus « évidente » qu'il se place à la croisée de la ville, des jeunes et des immigrations... Autant de lieux de focalisation de toutes les craintes.

La marginalisation de l'espace se traduirait dans le comportement des individus. L'émeute en serait l'expression exacerbée et le rap, sa forme canalisée. Le hip-hop ne serait qu'un comportement réactionnel à une ghettoïsation au même titre que le « phénomène de bande », la violence... Alors « le concept de culture de ghetto, avec son cortège de misère, de drogue et de délinquance, ramène les auteurs au social comme unique dimension[27] ».

L'imaginaire urbain s'attache à un espace imprécis, obscur, formé de palissades et de murs d'où peuvent surgir tous les

---

24. LAPEYRONNIE D., « L'exclusion et le mépris », in *Les Temps modernes*, n° 546, décembre 1991, p. 11.
25. VEILLARD-BARON H., « Le risque du ghetto », in *Esprit*, *op. cit.*, p. 16.
26. *Id., ibid.*, p. 18.
27. PETONNET C., « La Pâleur noire, couleur et cultures aux États-Unis », in Revue *L'Homme*, n°s 97-98, Anthropologie : État des lieux, éd. Navarin, Le Livre de poche, Paris, EHESS, 1986, p. 189.

dangers. Les médias influencèrent beaucoup cette vision. Une stigmatisation est alimentée par une profusion périodique d'images participant à une mise en scène dont la « banlieue » serait le théâtre. L'aspect spectaculaire est privilégié : « violence urbaine », « phénomène de bande »... Il s'opère un « marquage symbolique et systématique des territoires exclus par le biais de la diffusion de mythes et d'une mise en image négative[28] ».

Ainsi entrons-nous dans une « zone » à forte charge émotionnelle ; une zone « dangereuse », « insécurisante », un « ghetto » aux contours indécis où est relégué le mouvement hip-hop. Ce dernier concentre comme un accumulateur électrique les condamnations, les inquiétudes chargées de leurs lots de rumeurs. Il est toujours difficile de parler du hip-hop de façon sereine.

« On parle toujours de banlieue. Mais je trouve que ça n'existe pas la banlieue. Pour moi ça ne veut rien dire la banlieue. Moi, avant j'habitais en banlieue, bon maintenant j'habite à Paris. Pour moi il n'y a pas de changement. A la rigueur, j'étais mieux là-bas qu'ici. Ici c'est aussi dangereux qu'en banlieue et les gens... il n'y a pas de solidarité, pas comme en banlieue. Et la banlieue c'est un mot pour moi, on dit les banlieues sont chaudes, machin mais moi je crois qu'il n'y a pas de problèmes de banlieue, le problème c'est un problème de société[29]. »

La « banlieue » est décrite dans le rapport d'une périphérie à un centre. C'est la logique de la « barrière » où la périphérie serait délimitée par des « murs », les murs des grands ensembles, des routes, autoroutes, voies ferrées, voies sans issue, ponts, ports, ... alors que pour le hip-hop ces « murs » sont des voies de communication et d'échange. Et si Paris correspond effectivement à un centre, c'est un centre de rayonnement qui diffuse le long des voies.

Rappelons à ce propos que Paris possède sa « banlieue » et qu'elle constitua les premiers lieux d'effervescence du hip-hop.

« Au départ, ça s'est passé sur Paris, les banlieues et après il y a eu l'impact médiatique qui a été fait par rapport aux banlieues[30]. »

28. FARBIAZ P., « Télévision : programme et exclusions sociales », in *Politis*, n° 3, Paris, avril 1993.
29. OLYVE, *op. cit.*
30. PHILIPPE, *op. cit.*

La formation du mouvement hip-hop en France n'emprunte pas à la logique du ghetto mais à celle du réseau. Il existe des orientations (nord, sud, est) qui dessinent des axes ou des parcours. Leurs croisements constituent les mailles de ce réseau. Pour le hip-hop la ville est un immense champ de vecteurs (voir chapitre « Les espaces »). Tandis que pour les médias ces « murs » forment une frontière, délimitent un territoire dont on ne peut s'échapper, pour le hip-hop ils ouvrent un *nouvel espace*, symbolisent la conquête d'une « nouvelle frontière [31] ». L'imaginaire du hip-hop est celui de la « terre-mère (voir chapitre « Terre-mère ») que nous percevons dans la sacralisation de ses expressions, bien loin de la rhétorique de la banlieue. Et s'il fait référence à la banlieue c'est dans la recherche d'une prise de conscience, d'une unification face à des problèmes sociaux communs et face au processus de relégation médiatique des banlieues.

---

31. Voir à ce propos : BAZIN H., « La seconde conquête de l'espace », p. 21, in *PEPS*, n° 28, mars/avril 1989, Paris, éd. de l'association Paroles Et Pratiques Sociales, 1989.

Phénomènes de mode et hip-hop

Un certain nombre de mouvements culturels, styles et modes ont imprimé leurs marques sur notre temps : Bright Young Things, Hipsters et Zoot-Suiters, Petits Swings, Ultra-Swings et Zazous, Boppers, Teddy Boys, Blousons noirs, Yéyés, Mods, Rockers, Beatniks, Hippies, Punks Rocabillies, Skinheads, Skas, Heavy Metal Kids, Rastas, Rude Boys, Soul Boys, Futuristes, Néo-romantiques, Néo-Psychédéliques, New Wave, Post-Modernes... La liste est longue pour le XXe siècle et reste à compléter.

Les Zulus, leurs Queens et Kings, les B.Boys, Homeboys et Fly-Girls, les Rappeurs et Raggamuffin's, les M.C.'s et D.J.'s, les Graffeurs et Tagueurs, les Breakers et Smurfeurs, autant d'appellations qui précisent les formes d'appartenance au mouvement hip-hop. S'inscrivent-elles dans la catégorie précédente, le hip-hop est-il comparable uniquement à un phénomène de mode ou de style ?

Des éléments dans la forme et le fond s'avèrent effectivement identiques mais d'autres semblent présenter une différence radicale et contribuent à faire du hip-hop plus qu'une « quasi-culture ».

Tous les mouvements que nous avons cités partagent en commun des attitudes, des valeurs, une morale, une vision du monde, des goûts, des références esthétiques, une façon de s'habiller, de s'agréger en « tribus », d'occuper l'espace, de s'inspirer de courants artistiques et musicaux ou de les promouvoir...

Ils portent en eux à des degrés différents une capacité de récupération, de détournement ou de subversion et s'opposent aux normes dominantes, à l'institutionnalisation des pratiques et des discours, à l'industrialisation de la culture et à l'emprise des mass médias sur la communication.

Correspondances entre mode et hip-hop

Des correspondances s'établissent naturellement entre le hiphop et les autres mouvements que nous avons listés. La référence anglo-saxonne est omniprésente. Elle représente un moyen de se démarquer des attaches de la génération précédente. Cette acquisition des attributs (attitudes, préférences musicales...) constitue une presque rupture, une « quasiculture » car les notions de « culture jeune », de « classe d'âge » propres au XXe siècle sont tributaires de la consommation des produits récupérés, proposés ou imposés par l'industrie culturelle et les mass média[1]. « Vers 1920, le lancement de styles nouveaux commença de se faire par les mass media, porte-parole des générations successives d'adolescents, et la responsabilité de la discipline naguère imposée par les parents se transmet à la communauté[2]. »

Par les innovations technologiques, les États-Unis vont devenir le foyer planétaire d'une « culture » d'opposition, ce qui fut appelé le « conflit des générations ». « Les innovations accélérées dans le domaine de la technologie et les ''générations'' de produits techniques successifs devraient être étudiées dans leurs effets sur l'évolution des modes et être considérées comme des facteurs importants dans l'apparition de tensions ou de changements d'une génération à l'autre[3]. »

---

1. Voir à ce propos: LAZAR J., *Sociologie de la communication de masse*, Paris, Armand Colin, 1991.
2. MEAD M., *Le fossé des générations*, Les années 70, Paris, Denoël/Gonthier, 1971-1979, éd. revue et augmentée, coll. Femme, p. 75.
3. ROSENMAYR L., « Introduction: nouvelles orientations théoriques de la sociologie de la jeunesse », in *Revue internationale de sociologie*, vol. XXIV, 1972, p. 237.

« Toute la culture américaine c'est une culture jeune, c'est normal que les jeunes s'y retrouvent. La culture française, si t'es jeune il n'y a pas de place pour toi quoi. La culture française c'est vieux à la base[4]. »

Le hip-hop n'échappe pas à la fascination exercée par les États-Unis, considérés comme la terre des « libertés », de la « rébellion », où « tout est possible ».

« Les jeunes se retrouvent, ils cherchent à se retrouver là-dedans : ''Aux États-Unis c'est le pays où tu fais tout ce que tu veux, c'est vraiment le rêve''[5]. »

Le mouvement hip-hop s'inscrit donc dans l'histoire du mythe américain. Le rock va standardiser le « fossé des générations » en instituant un modèle culturel auquel les « nouvelles générations » s'affilieront (signe de reconnaissance et de ralliement) ou au contraire s'opposeront (par exemple contestation du « rock conservateur » par le « punk rock »).

« Le mouvement ''Zoulou'', la presse a beaucoup sorti d'articles sur ce sujet. Tu vois, le fait qu'en France il y ait des bandes, il y ait des casseurs. C'est comme dans le rock'n roll, t'as des mecs qui portent des blousons noirs, tu as les mecs, ils écoutaient du rock'n roll, en France, ils écoutaient peut-être les blousons-noirs, Eddie Mitchell, Johny Halliday, le temps des yéyés, peut-être un peu plus loin après. Bon les mecs ils allaient boire un peu de la rebie [bière], ils tournaient en Harley Davidson. C'était les films de Marlon Brando, tu vois, donc c'était toute une époque qui s'est véhiculée ici et les mecs ils jouent à peu près le même truc quoi[6]. »

Le mouvement hip-hop souffrira beaucoup de cette apparente correspondance car de nombreux observateurs se contenteront de ranger le hip-hop dans la case des « modes juvéniles » importées des États-Unis.

« Dans une société hyper médiatisée on ne sait pas si c'est parce qu'il y a une réelle prise de conscience que la mode se lance ou si c'est l'existence d'une mode qui entraîne ensuite une curiosité provoquant un phénomène de conscience[7]. »

4. OLYVE, *op. cit.*
5. B.LOVE, *op. cit.*
6. EJM, *op. cit.*
7. STÉPHANE P., *op. cit.*

Les origines des mouvements musicaux remontent invariablement à l'histoire des minorités noires américaines. Le rock'n roll que nous venons d'évoquer puise son inspiration auprès des Jazz-Mem et des Hispters. Reconnaissons pour le rap cette nouvelle contribution des Noirs américains à la culture mondiale.

Ainsi, sur le plan de la scansion et du rythme, si nous cherchons une correspondance avec le rap, c'est avec les Hipsters et Zoot-Suiters que nous trouverons la filiation la plus directe. Dans les années d'avant-guerre aux États-Unis ils mettent au goût du jour le « hip » ou « help-talk », l'argot des Noirs du ghetto sur lequel le hip(-hop) construira son rap. De ce parler « affranchi », il reprendra le phrasé syncopé, la rapidité de la prononciation.

Les Zoot-Suiters affectent des tenues délirantes, une profusion de tissus s'apparentant à la tenue du gangster mondain qui tranche avec l'austérité ambiante. Les rappeurs américains en garderont l'attrait du clinquant, de la parade, le recours aux accessoires (chaînes, bracelets, bagues...), une inclinaison à l'exagération, la recherche du plaisir, du « fun ».

Le Zoot-Suit « surfe » sur la vague du swing et du jazz dont il élude la mélodie au profit d'un rythme simple, un battement régulier. Les paroles laissent place à une improvisation de son, d'onomatopées : le scat. Nous pouvons y voir l'ancêtre du « human beat box », rythme basique du rap obtenu uniquement par des modulations de la bouche sans recours aux platines-disques.

La vague atteint les côtes françaises — bien que la filiation ne soit pas clairement affirmée. Ce sont les Zazous, sous l'Occupation, qui reprendront en l'adaptant de façon moins extrême, le style vestimentaire et musical.

Zazous et Zoot-Suiters s'associent dans l'insouciance, la légèreté, l'inconséquence, la futilité, le désir d'abondance dans un univers de restrictions. Ils annoncent implicitement l'amoncellement à l'horizon de sombres nuages et déclament inconsciemment par leur style de vie la fin d'une époque qui va tomber en ruine sous les coups de la guerre. Refusant les contraintes conséquentes à cette période agitée, ils dénoncent d'une manière « innocente » et indirecte les hypocrisies, les lâchetés qui se dissimulent sous la normalisation des attitudes et des discours.

Progressivement ils seront alors assimilés à une « classe dangereuse », et leurs facéties deviendront intolérables non par le discours qu'elles pourraient inspirer mais au contraire par leurs insignifiances dont la simple existence met en dérision un univers entier bâti sur les certitudes et les règles admises.

Face à l'oppression de plus en plus forte, ces mouvements perdront leur visibilité tout en gagnant en épaisseur. Ils acquièrent une conscience, signe de leur disparition en tant que mode. Sur ce couple non-visibilité/conscience, nous rejoignons les stratégies d'évitement du hip-hop face à la domination conjointe de l'industrie de la mode, de la répression policière des graffitis, du regard panoptique des médias et de la normalisation qu'il induit.

Les Hipsters (dérivé de « Hip ») seront les descendants dans les années 1950 des Zoot-Suiters. Ils perdent une naïveté, prennent une gravité, un détachement et ne cherchent pas la reconnaissance de la société. Ils annoncent l'émergence d'une conscience noire qui engagera une décennie plus tard les luttes contre la ségrégation raciale. Ils contribuent à la formation d'un cercle d'initiés, développant une « authenticité ». Nous retrouvons la correspondance avec la création de la Zulu Nation qui cherche à développer une « attitude vraie ».

Différences entre mode et hip-hop

L'élément qui transcende les quelques mouvements que nous avons rapidement décrits est le « style » que Patrice Bollon définit comme les « modes d'expression par les apparences ». « Il peut contourner les tabous en raison de son manque de gravité [...]. Sa force réside dans sa futilité proclamée. Il n'est qu'une sorte de pulsion, de poussée, de pur surgissement — une efflorescence sauvage et directe, instinctuelle, qui fonctionne sur des notions passionnelles de plaisir ou de vie[8]. »

---

8. BOLLON P., *Morale du masque, Merveilleux, Zazous, Dandys, Punks, etc.*, Paris, éd. du Seuil, 1990, p. 102.

Le style et la mode évacuent le *message*. Le seul message qu'ils détiennent est un effet d'annoncer que l'on distingue a posteriori, puisqu'on le replace dans un *sens* socio-historique. Il est un *analyseur* de la société. Ils créent un espace virtuel, un imaginaire qui anticipe les mutations à venir.

Le hip-hop *analyse* la société pour y promouvoir des pratiques *instituantes*, la construction d'espaces d'*intégration*. Il instaure des normes, défend des valeurs... Jusqu'à la promulgation de lois écrites, représentantes de *la* loi qui garantit la justice, les droits humains fondamentaux face aux lois de la société qu'il estime corrompues.

« Le rap c'est pas une mode, mais c'est devenu un phénomène de mode. Les médias ce qu'ils ne comprennent pas... Tout le monde disait le rap ça va durer deux ans et depuis le temps que ça dure personne comprend. Le rap est à la mode, demain ce sera une autre forme de musique mais le rap sera toujours là. Il ne faut pas confondre la mode et le fond[9]. »

Le style et la mode tirent leur énergie d'une vitalité intrinsèque, « une pulsion fondamentale, hors de tout contexte : un simple désir de jouissance sans limites[10] ».

Le hip-hop puise son énergie dans une dynamique sociale, les interactions avec l'environnement, une interpellation incessante qui cherche la réplique. Pour lui non seulement le message est présent mais il en constitue la trame première, son essence vitale.

Les mouvements de styles sont des « innommables », « en ce qu'ils sont parfois à ce point étrangers aux références de leur temps ou, du moins, qu'ils les excèdent à ce point, qu'on ne dispose tout simplement pas de mot existant pour en rendre compte[11] ».

Le hip-hop, au contraire, s'attache à nommer, à désigner, et par là même, donne corps à la réalité sociale. Il s'oppose directement à l'inconsistance du discours politique et à l'emprise des mass médias qui font glisser le social dans un univers

---

9. B.LOVE, *op. cit.*
10. BOLLON P., *Morale du masque, Merveilleux, Zazous, Dandys, Punks, etc.*, *op. cit.*, p. 104.
11. *Id.*, *ibid.*, p. 132.

fantasmatique (voir chapitre « L'imaginaire de la "banlieue" et le "ghetto" »). Il engage une démarche volontaire, une adresse intentionnelle qui s'inscrivent dans une relation émetteur-récepteur, appel-réponse. L'information est sciemment décodée et recodée en direction de publics spécifiés et nommés. Les expressions artistiques en constituent les canaux de diffusion. Elles n'existent pas pour elles-mêmes comme « pur art ». Elles possèdent toujours un sens, elles ont une *fonction* précise. Les membres du hip-hop ne se définissent pas en premier lieu comme artistes. Si leurs expressions n'ont rien à envier aux œuvres de musée et révèlent une rigueur d'exécution, une recherche de l'harmonie, le style ne sera jamais recherché pour lui-même, il est secondaire, ou plus précisément, un effet secondaire de l'activité principale du message.

« On ne peut pas dire que le rap, que le mouvement hip-hop, est un truc musical à la base, c'est impossible, parce que Afrika Bambaataa, lui ce qu'il a essayé de faire, c'est surtout donner une forme revendicative à travers les textes[12]. »

« Le fait de l'affirmation artistique du Mouvement, c'est une prise de position, c'est une révolution un petit peu. Le rap c'est un élan artistique qui permet aux jeunes de développer un état d'esprit[13]. »

Dans la mode le style est une fin en soi. L'apparence, la superficialité des attitudes priment. L'habit en est le principal reflet, il est placé au centre.

Le hip-hop renvoie continuellement à la responsabilité individuelle et collective. Il instaure une économie où chaque acte est *utile*, producteur d'un *discours*. Dans ce cadre nous avons pu remarquer que l'habillement répondait à la nécessité d'une primo-reconnaissance. La spécificité d'une mise vestimentaire fut abandonnée lorsque le sentiment d'appartenance a pu se développer à travers la reconnaissance d'un « état d'esprit ».

« Comment tu rentres dans le Mouvement ? Ça peut être une tenue vestimentaire, mais nous on aime pas ce truc-là, ça nous prend la tête [ce n'est pas notre mode de compréhension]. Si on veut rentrer plus haut dans les choses, le Mouvement, il est là, il est dans la tête. On peut dire que tu fais partie du Mouvement par rapport à telle tenue vestimentaire,

12. DAOUD, *op. cit.*
13. PHILIPPE, *op. cit.*

c'est facile de paraître mais d'être... c'est pas permis à tout le monde. C'est toujours le contexte, il y a toujours beaucoup de paraître, il y a de l'être, mais il faut parler aux gens pour s'apercevoir de ce qu'ils ont dans la tête[14]. »

Nous avons aussi vu que cette perte de visibilité correspondait à une stratégie élaborée, un « art » de l'esquive. Alors que pour la mode il s'agit plus d'une réponse inconsciente face au renforcement du contrôle social.

« Tu sais pourquoi les gens ils disent que le mouvement hip-hop est mort, parce qu'ils ne le voient plus à la télé. Mais moi d'un côté ça m'arrange, qu'on dit ça. C'est que j'te'dis, s'infiltrer, observer, dominer. Pendant qu'on ne voit pas à la télé, pendant qu'on ne voit pas les autres boucs à la télé, et bien on travaille et on obtient[15]. »

Le hip-hop ne cherche pas à scandaliser, sa provocation est calculée, jamais gratuite. Il préfère généralement la discrétion.

A l'opposé le style érige l'outrance et le scandale en véritable esthétique.

Ainsi il s'opère un effet de masque entre style et message, mode et mouvement de conscience. Le style « efface » le message et réciproquement. Que celui-ci devienne primordial pour le hip-hop, il y perdrait son caractère de mouvement. C'est le risque qu'il encourt quand il est récupéré par une industrie culturelle qui ne s'intéresse qu'au style, laissant le message se diluer dans un phénomène de masse. Inversement quand une mode prend conscience de son rôle messianique, elle annonce sa propre disparition.

Rastas et Zulus

Si nous devions effectuer une comparaison historique entre hip-hop et mouvements culturels, nous chercherions auprès des mouvements porteurs d'un message, d'une « philosophie » et dont le style n'est que le vecteur qui permet leur diffusion. Ce fut le cas du mouvement rasta et de la musique reggae[16].

---

14. PHILIPPE, *op. cit.*
15. DAOUD, *op. cit.*
16. La cellule rythmique du reggae est caractérisée par une ligne de basse renforcée et un tempo ralenti. Ce style puise dans le blues jamaïcain, le calypso, la soul nord-américaine et s'inscrit dans l'évolution musicale jamaïcaine des années 1960 (ska, rock-steady).

Deux évolutions voisines et cousines s'influencèrent mutuellement pour donner naissance au rap nord-américain et au reggae jamaïcain. Tous deux puisent dans la tradition populaire de leur pays et prirent force dans les ghettos. La proximité géographique entre la Floride et la Jamaïque permit, dès les années 1940, aux ondes radio de diffuser les genres et les styles musicaux.

Le mode de diffusion de la musique et du message, aujourd'hui évident et repris par tous (remix, déclamation sur la musique, animation D.J.) trouve une de ses sources dans la tradition jamaïcaine : Les disco-mobiles ou « sound systems[17] » où les D.J.'s (Disc-Jockeys) intervenaient sur un fond musical recréé (« dubbing » en répétant des slogans « talk over » ou « toasting »).

Ces procédés ont inspiré le rap qui s'apparente ainsi au « toast » jamaïcain qui représente l'art de parler au-dessus d'une ligne musicale ou « dub » (rythme reggae instrumental). Le « talk-over », toast ou rap sont donc des synonymes sans pour autant être unis par un lien de filiation directe bien que différentes versions historiques existent.

« Ce mélange d'influence afro-américaine mélangé avec un truc jamaïcain a donné ce qu'on appelle le rap et la plupart des mecs qui sont des figures dans le hip-hop aux États-Unis et qui sont maintenant des figures dans le hip-hop dans le monde, sont des gens qui sont un peu jamaïcains. KRS-One par exemple est d'origine jamaïcaine[18]. »

Kool Herc, D.J. jamaïcain introduisit en 1967 le toaster à New York en l'adaptant à la spécificité du ghetto noir américain. Mais c'est aujourd'hui le ragga (voir plus loin « ragga hip-hop ») qui présente un lien de parenté direct. Dérivé moderne du reggae, il fait partie intégrante du mouvement hip-hop et confirme une nouvelle fois l'interdépendance entre les deux principales tendances musicales.

17. Les sound systems, soirées dansantes des sonos mobiles, sont les lieux privilégiés de la diffusion musicale en Jamaïque (plus que les concerts et les magasins de disques). En France, certains groupes font vivre cette tradition des « discothèques ambulantes » comme Addis Posse, Ghetto Youth Activité, African Solded, Stand Tall, Blues Party...
18. EJM, *op. cit.*

La mondialisation de ces deux mouvements fut portée par les fondements idéologiques, un message. Le mouvement de « retour à l'Afrique » fut incarné par le « rastafarisme », mouvement intellectuel qui se développa dans les années 1950 en Jamaïque, lui-même inspiré par l'action de Marcus Garvey dans ce pays au début du siècle : « Nous allons mobiliser les quatre cents millions de Noirs de la planète et planter sur le sol d'Afrique la bannière de la liberté [...]. Si l'Europe est aux Européens, alors l'Afrique doit être à tous les Noirs du monde[19]. »

A la différence de Garvey qui alla jusqu'à fonder sa compagnie maritime pour concrétiser ce retour, le « retour » des rastas est plus symbolique que réel et se fonde sur une doctrine religieuse. Elle est basée sur une analogie biblique entre l'exil du peuple noir hors d'Afrique et celui du peuple juif dans l'Ancien Testament. Le « retour » en Afrique est alors compris comme le signe de la rédemption (« rasta » provient de « rastafarians », qualifiant ceux qui croient en l'avènement d'un roi d'Afrique, Haïlé Selassié, le négus d'Éthiopie, élevé au rang de divinité : Jah).

Abandonnant l'idée d'un véritable retour, le mouvement s'ancre dans une lutte politique et sociale : « Le thème du rapatriement cède le terrain devant celui du changement ; pas totalement car, en 1966, la visite en Jamaïque d'Haïlé Selassié suscite un renouveau d'espoir. Mais celui qui devrait être Jah (contraction de Jehova, Dieu) enseigne aux rastafariens qu'ils ne doivent pas chercher à immigrer avant d'avoir libéré leur pays. Telle est au moins la légende. L'important c'est que, de ce moment, le mouvement ne peut éviter la sécularisation. La dissidence sociale devient de plus en plus ouvertement opposition politique à un pouvoir perçu ouvertement comme l'expression de Babylone[20]. »

De même les fondements de la « Zulu Nation » par Afrika Bambaataa confirment le lien originel à l'Afrique (qui devient

---

19. GARVEY M., Discours à la convention de la « Universal Negro Improvement Association » (1920), in *Marcus Garvey, un homme et sa pensée*, textes réunis par Amy Jacques Garvey, Paris, éditions Caribéennes, 1983, p. 27.
20. CONSTANT D., *Aux sources du Reggae, Musique, société et politique en Jamaïque*, Paris, éd. Parenthèses, Roquevaire, 1982, p. 72.

mythique) et posent une doctrine basée sur l'universalisme d'un comportement éthique de l'individu (non-violence en particulier). Ici aussi, peu importe que les débuts de la Zulu Nation soient mythifiés et son fondateur devenu une légende vivante. Ces symboles opèrent leur fonction d'unification. Ils maintiennent une espérance et réactivent une conscience sociale et politique.

« Marcus Garvey, il proposait de rentrer en Afrique ; Malcom X, il proposait de répondre par la violence et de créer éventuellement un État noir aux États-Unis. Mais aujourd'hui, on ne propose pas, on dénonce, on dénonce[21]. »

L'idéologie construit le caractère universel, mais c'est la musique (et autres expressions) qui l'inscrit dans les pratiques car elle ne connaît pas les frontières.

S'il n'y a pas filiation entre rastafarisme et reggae, les deux cheminements se rencontrèrent dans les années 1960. Le groupe Toots & The Maytals, créé en 1963, fut le premier à avoir fait connaître ce rythme si particulier à travers le titre *Do The reggae*. En 1972, le reggae accéda à une dimension internationale avec l'album *Catch A Fire* qui s'insurgeait contre l'esclavage, la colonisation et la situation socio-économique de la Jamaïque. Il regroupait des noms aujourd'hui légendaires : Peter Tosh, Bunny Livingston, Bob Marley. En 1975, Burning Spear reprend le message garveyien avec le disque *Marcus Garvey*.

La musique offre alors le principal support de popularisation du mouvement rasta. Les Rastas laissent pousser leurs cheveux en signe d'appartenance à l'Afrique par opposition aux règles de « Babylone », la corrompue (le monde occidental). Leurs couleurs sont le rouge, or, vert (les couleurs de l'Éthiopie).

Même remarque pour la « Zulu Nation » qui chercha par le hip-hop (rap, danse, graff) à diffuser des valeurs et une morale. Plus qu'une apparence, le look constitue d'abord l'affirmation de l'appartenance au « Mouvement » qui prend les couleurs des différentes races (rouge, jaune, noire, marron, blanche).

Le reggae comme le hip-hop marquent le son de la « Sono Mondiale ». Les « Rudes Boys » (jeunes révoltés des ghettos) s'approprièrent le reggae qu'ils écoutaient à la radio comme

21. GOTIN T., *op. cit.*

aujourd'hui les « B.Boys » utilisent la vague du hip-hop. Cette massification du Mouvement l'éloigne de ses fondements idéologiques. Quand le reggae est apparu sur la scène rock, l'influence rasta a diminué. Ce risque est présent pour le rap dont la référence à la « Nation Zulu » peut s'estomper devant son « élévation » au « Top-50 » français ou aux « sharts » américains.

« Il y a déjà des associations. Il y a le centre culturel africain « African-Socialiste-Party », un parti américain qui a un siège ici à Paris depuis 1979. Même ces gens-là avaient un discours pro-black, retour aux sources, Check-Anta-Diop[22], des choses comme ça mais qui n'étaient pas du tout médiatisées et ce sont des gens qui ont quarante ans maintenant et qui ont milité pour ce genre de choses. Il y a un cercle Ramses à Angers, un jeune qui a fait ça en 1984 mais qui n'est pas du tout rappeur [...]. Le message, au niveau du grand public c'est le rap qui a véhiculé ces idées-là, il y avait déjà un mouvement comme ça, mais le fait que les médias ont récupéré cela a un peu aseptisé le message[23]. »

Ce détournement du « fondamentalisme » réduit la portée politique et spirituelle du Mouvement. Mais elle peut difficilement disparaître ne serait-ce que par son perpétuel renouvellement et l'esprit de rébellion toujours présent. La musique des raggamuffin's, le ragga hip-hop en est l'image. Il allie les deux branches, rap et reggae. C'est un reggae mélangé de House ou de hip-hop qui accélère le « beat » (tempo imprimé par les pulsations) mais qui n'a pas renié ses origines[24]. Le hip-hop, intègre ainsi des composantes nouvelles qui régénèrent son message.

S'il fallait encore s'en convaincre, mettons bout à bout les paroles de Marcus Garvey en 1920 et ceux de Tonton David raggamuffin antillais en 1991 pour y déceler une « étrange » ressemblance :

22. Voir DIOP C.A., *Nation, nègres et culture*, Paris, Présence africaine, 1954 ; *L'unité culturelle de l'Afrique noire*, Paris, Présence africaine, 1959.
23. GOTIN T., *op. cit.*
24. « Raggamuffin » n'est pas un dérivé de « reggae » mais au contraire son développement. Il se décompose en « rag » (hordes) et « muff » (bon à rien). Il désigne initialement les jeunes du ghetto jamaïcain. Par extension, il devient la « musique des va-nu-pieds » dont « reggae » est la contraction phonétique (cf. CONSTANT D., *Aux sources du reggae, musique, société et politique en Jamaïque, op. cit.*, p. 37). Historiquement, le reggae est donc la musique des raggamuffin's. Le terme « ragga » ou « ragga hip-hop » a été inventé par les Européens pour marquer l'évolution par rapport aux racines, le « reggae roots ».

« Nous sommes les descendants d'un peuple qui a souffert ; nous sommes les descendants d'un peuple résolu à ne plus souffrir[25]... »

« *Issus d'un peuple qui a beaucoup souffert / Nous sommes issus d'un peuple qui ne veut plus souffrir*[26]. »

25. GARVEY M., *op. cit.*, p. 27.
26. TONTON DAVID, *Peuples du monde*, in *Le blues des racailles*, CD 7869832, VIR 1991.

L'expression corporelle

Nous plaçons l'expression corporelle en tête des chapitres consacrés aux expressions artistiques car historiquement elle constitue en France la première expression qui fut maîtrisée et développée. Apparaissant aujourd'hui au second plan dans les expressions artistiques du hip-hop, la danse n'en constitue pas moins un art à part entière. Rappelons que l'une des composantes du mot hip-hop, « to hop », signifie danser. La break-dance fut dans les années 1970 aux États-Unis le signe de reconnaissance des membres du mouvement hip-hop, les B.Boys (Breaker Boys), avant même le rap. L'évolution fut identique au début des années 1980 en France où elle constitua le pilier du développement du hip-hop dans les banlieues et à Paris. Les précurseurs qui iront investir la scène rap commencèrent par cette expression. Les groupes de danse Aktuel Force, Atomic, PCB (Paris City Breakers) constituèrent une école pour les futurs Johny Go, N.T.M., A.S., Assassin, Little M.C.'s, Ministère A.M.E.R...

Le groupe de rap Tout Simplement s'inscrit dans cette histoire :

« La première étape, c'était toute la phase de smurf et de break, toute la phase de danse qui a commencé avec la vague américaine qui est arrivée sur la France en 1982/83. On a mis des cartons par terre et on a commencé à breaker. La deuxième étape, ça été l'affirmation par les mots, c'est-à-dire qu'on a voulu passer à une étape artistique différente par le biais des lyrics, on s'est mis à rapper, on a acheté notre petite platine, moi j'étais D.J. Je commençais à acheter des disques à droite à gauche, dans des magazines spécialisés. On a acheté un peu de matériel, les années ont défilé, on est arrivé aux années 1988/90, on a acheté un sampleur et tout le travail a commencé à se perfectionner[1]. »

1. PHILIPPE, *op. cit.*

Le rôle précurseur de la danse

C'est dans le cadre de ces rencontres entre artistes français et américains que se créent des groupes. Les Paris-City-Breakers sont nés de la rencontre sur Radio 7 avec les New-York-City-Breakers (voir chapitre « Les débuts du hip-hop »). Ils deviennent le jury des défis dans l'émission de Sidney sur TF1.

« Il y a dix ans j'avais quand même 8-9 ans, je regardais ça, l'émission qui passait Hip-hop avec Sidney, bon je regardais ça, j'étais émerveillé, bon il y en avait qui passaient qui avaient aux alentours de 16-17 ans qui passaient dans l'émission, qui smurfaient, moi j'étais émerveillé. Mais il faut savoir que 16-17 ans il y a dix ans, maintenant ils en ont 27-28, bon, c'est pas que c'est démodé pour eux mais ils vont laisser la place aux jeunes. Ils vont peut-être les aider à progresser dans leur style de danse. Mais je sais que, moi, étant petit je rêvais de danser comme ça. Mais je pense que si eux qui avaient quasiment mon âge ont pu réussir à refaire cet impact sur moi étant jeune, bon moi je pense, que si nous on s'arrange à faire la même chose, on peut donner l'impact pour la nouvelle génération[1]. »

Cette émission est née du formidable attrait exercé par la musique hip-hop sur les ondes des radios comme Radio 7, et les expressions corporelles qui en découlent.

« Les jeunes venaient de plus en plus à la radio, ils voulaient apprendre à danser, ils venaient tous dans le hall de Radio France, et comme l'architecture de sol est lisse, ils venaient s'entraîner avec le K-way, s'entraîner à tourner et on commençait à tourner, à tourner, moi-même je mettais des fois les disques instrumentaux, je ne parlais pas, je laissais les jeunes rapper à l'antenne, j'avais trop envie de danser.

1. JEAN, *op. cit.*

Ensuite ça s'est étendu, les jeunes ont commencé à se donner d'autres rendez-vous, tout seuls, pour s'entraîner. Tout le monde se donnait la main, essayait de montrer à l'autre comment on tourne sur le dos, la tête, l'épaule, le bras et tout, c'était nouveau, tout le monde voulait apprendre à faire ça.
Ma formation de danseur faisait que je pouvais monter les chorégraphies, j'avais l'œil vite fait, j'avais le côté théorie de la danse qui fait que c'était plus facile pour moi pour montrer. Marie-France Brière qui était la directrice de Radio 7 à l'époque a été nommée au poste de directrice des programmes de variétés et de divertissements à TF1. Elle était enthousiasmée par ce mouvement, de voir tous ces jeunes qui venaient, au début on était cinquante après c'était en nombre croissant on se retrouvait à plus de deux cents dans le hall. C'était impossible, intenable, et elle a senti qu'il y avait quelque chose à faire à la télé, autrement dit d'en faire une émission de télé. Évidemment j'ai dit oui sans savoir ce que j'allais pouvoir présenter ni quoi ni comment, on est parti vraiment de rien ; on a fait une émission, on était les premiers dans le monde à faire une émission hip-hop, j'ai été aidé par les Américains qui en étaient jaloux[2]. »

Des lieux de rendez-vous s'instaurèrent à Paris (Trocadéro, Stalingrad, les Halles...), lieux centraux d'un échange qui se développa un peu partout en banlieue. Des salles de répétition se sont organisées comme la salle Paco Rabane place du Colonel-Fabien à Paris qui constitua un grand lieu de formation, des breakers s'y entraînant toute la journée de 8 h à 21 h.

Les night clubs comme la 5ᵉ Dimension à Montreuil, le Bataclan à Paris diffusaient de la musique de jazz et constituaient des lieux de représentation et de démonstration de la danse hip-hop.

« Au Bataclan ils passaient de la musique de hip-hop. C'était plutôt la conception d'une idée. On s'entraînait, on s'entraînait et tous les jours on devait aller à cette boîte pour voir qui faisaient les meilleures figures. Quand le Bataclan fermait, on repartait, on s'entraînait, on s'entraînait et puis encore le Bataclan, c'est-à-dire on était là pour montrer aux gens qu'on était le meilleur dans la créativité[3]. »

En 1983/84 s'organisaient des concours de danse proposés par la Nation Zulu, des centres culturels comme la Maison des

2. SIDNEY, *op. cit.*
3. GABIN, *op. cit.*

Jeunes de Saint-Denis, une ville qui fut un lieu de diffusion. Les concours exigeaient l'élaboration de véritables chorégraphies. Cette exigence a contribué à former ou structurer des groupes. Street-Kids, Paris City Breakers, 42e-Rue, Imperial-Breakers, Aktual Force ont acquis leur renommée en gagnant ces concours. On pouvait ainsi dénombrer vingt à trente groupes performants sur la région parisienne.

Pour la région lyonnaise, la compagnie Traction-Avant en 1983 est aussi à compter parmi les précurseurs. Elle puisa dans la vitalité des groupes de danseurs de Venissieux pour construire un travail collectif. Il aboutit à un premier spectacle, « Cascadance », qui remporta un vif succès.

Des personnes de tous les pays sont venues en France pour s'inspirer des styles qu'ils développèrent ensuite dans leur propre pays. Les groupes de breakers, dont Aktuel Force fait figure de pionnier, ont reçu des propositions pour donner des cours de danse ou présenter des spectacles en Italie, en Suisse, en Espagne, en Allemagne. Cette dernière est devenue aujourd'hui un foyer très actif de la culture hip-hop. La vague continua à déferler sur la Suède, le Danemark, la Hongrie, jusqu'au Japon, l'Australie ou la Chine !

L'émission télévisée de Sidney sur TF1, plus qu'un simple support de diffusion, représentait un lieu de référence et de reconnaissance d'une culture émergente.

Son brusque arrêt en 1985 plonge le hip-hop dans l'anonymat et une génération dans le désarroi. Cette perte de visibilité ne signa pas pour autant l'arrêt du Mouvement. Son évolution continue sur des bases plus discrètes.

Certains abandonneront la danse pour le rap, les moins motivés quitteront le hip-hop, d'autres comme Gabin, Karima et leur groupe Aktuel force continueront à s'entraîner à l'abri des salles, donneront des cours dans des écoles. Ce « repli » est aussi une manière de se protéger et de créer à l'abri des regards inquisiteurs ou récupérateurs. La tendance s'oriente vers une professionnalisation comme les autres expressions artistiques du hip-hop.

« Dans notre façon de voir, ça avait changé, et nous on était plus à travailler des chorégraphies dans des salles pour monter des spectacles. Quand tu deviens professionnel, t'es obligé de cacher un peu ton travail ; cacher pour mieux montrer. Parce que si les gens s'inspirent de nos chorégraphies, c'est pas bien parce que chaque personne doit essayer d'inventer par lui-même. C'est un peu ça la break-dance. Moi, dans ce que j'apprenais aux autres, c'était essayer d'être eux-mêmes et non essayer de faire tout ce que je fais parce que ça lui servira à rien. S'il veut essayer de se découvrir, il doit chercher grâce à des créations personnelles[4]. »

C'est une phase de gestation qui va produire ses effets dans les années 1990. La reconnaissance vient du milieu de la danse à la recherche de nouveaux dynamismes. Le théâtre Contemporain de la Danse, temple de la danse moderne, accueille les groupes hip-hop.

En 1992 trois groupes, Art Zone, Black Blanc Beur et Macadam montent sur la scène de l'Opéra-Comique et composent trois pièces courtes *Mouv' danse hip-hop*.

En juin 1993, la chorégraphe Karole Armitage crée un spectacle, *Hucksters of the soul*, à la Maison de la Culture de Bobigny, avec les danseurs de GBF Lords Corporation.

Enfin, en 1994 un spectacle au Grand Studio du Théâtre Contemporain réunit trois groupes, Aktuel Force, GBF Lords Corporation et Olympic Starz. Un nouveau spectacle, « Sobedo, un conte hip-hop » est présenté au Casino de Paris en juillet 1994, suivi d'une tournée dans toute la France. Il est basé sur le travail des chorégraphes d'Aktuel Force, Art Zone, Boogi Saï et Macadam qui répètent à partir d'un argument écrit par eux.

D'autres groupes comme les Mega Cool rap qui débutèrent au festival de danse de Montpellier en 1991, dépassent une notoriété régionale. Citons également Azanie et Accrorap pour la région lyonnaise ou encore la compagnie Melting Spot à Villeneuve-d'Asq et l'important travail réalisé depuis 1986 par l'association Dans la Rue la Danse à Roubaix.

---

4. *Id.*

Techniques et styles de danses

Le smurf et la hype (danse debout)

Le « smurf » veut dire littéralement « schtroumpfs ». A ses débuts, cette expression artistique fut appelée ainsi parce que les danseurs possédaient des gants comme les « schtroumpfs ». Les principaux smurfeurs de la première génération furent Dzers, les Street Kids, Alberto dit Junior, Soda Pop, Rodrigue, Didier dit Joe, Scapl, Willy...
Apparu en France en 1982, le smurf fut parmi les premiers styles de danse. Mister Freeze, un Français vivant aux États-Unis, en fut l'un des inspirateurs. Aujourd'hui le terme d'« electric-boogie » est plus couramment usité. Celui-ci puise dans les richesses du mime. Ainsi les figures que nous allons décrire plus bas sont à l'origine des scènes mimées de la vie quotidienne même si leur sens premier est depuis oublié.
Storm, danseur allemand réputé nous expliquait par exemple comment a été reproduite dans les figures de « locking » la scène du « bus stop » où la personne qui monte dans un autobus achète et pointe son ticket et va s'asseoir à une place. Les figures de « pointing » se sont inspirées, quant à elles, d'une affiche de propagande pour le recrutement des Noirs américains pendant la guerre du Vietnam. Celle-ci représente l'Oncle Sam pointant le doigt en disant « I want you, you, you... ».
Ainsi, plus que de simples figures, le « locking » et le « pointing » représentent une attitude, un jeu de regard. Le locking est une position de fermeture entraînée par celle des poings. Il s'accompagne du pointing où le regard, appuyé par le

pointage du doigt, donne au mouvement une direction dans l'espace. Il invite le spectateur à suivre le geste par le regard.

Une autre figure de base est le « pop » qui est une contraction de tout le corps, du cou jusqu'aux jambes. Le « blocage » est une variante qui ne bloque que les membres (jambes et bras). Le pop sert de base au robotique qui se compose de mouvements saccadés à l'image d'un robot ou d'un automate. Il permet aussi d'autres variantes comme le « stroboscop » ou encore le « tetris ». Ce dernier mouvement emprunte son nom au fameux jeu d'arcade où il s'agit d'emboîter des figures de formes différentes les unes dans les autres. Le tetris se nomme aussi « égyptien » en ressemblance avec les postures des personnages sur les fresques antiques.

Troisième base : l'« ondulation » appelée aussi « voging ». Ces noms évocateurs indiquent un mouvement coulé, fluide.

Enfin citons le « déplacement » appelé aussi « patin » ou « moon walker » (déplacement ralenti sur la pointe des pieds comme le « marcheur sur la lune »).

Ces bases vont, en s'assemblant, composer des danses originales et variées. Rodrigue, l'un des précurseurs du smurf en France (voir illustrations « Electric-boogie », p. I), mixte ces différents styles qui vont former l'« electric-boggie » (ou l'« electropop »). Ils utilisent les figures du pop, de l'ondulation, du déplacement...

La « hype », tout en intégrant certaines des figures précédentes (le locking par exemple), s'éloigne du mime qui oriente l'ensemble des figures de smurf. Elle puise librement son inspiration aussi bien dans les danses africaines que dans les clips vidéo ou encore dans la tap danse (claquettes) jusqu'au cirque et la danse classique... Elle emprunte à la jazz dance certains noms de figures comme le « glissé » ou la « pirouette intérieure » (voir illustrations « La hype et ses influences », p. IV).

A la différence du smurf qui est à l'origine une danse individuelle, la hype dégage une impression de force dans la parfaite coordination des mouvements des danseurs.

Dans la lignée de la hype, dès 1986 Louis et François Eyene et Abdou N'Diaye fondent l'association GBF Lords qui deviendra en 1991 la compagnie de danse GBF Lords Corporation. Elle contribua à la reconnaissance de la danse hip-hop dans sa diversité et sa force, des scènes chorégraphiées du spectacle

Hucksters of the soul au videoclip de M.C. Solaar *Qui sème le vent récolte le tempo.*

Karole Armitage, créatrice du spectacle *Hucksters of the soul* (les trafiquants d'âme) remarque la construction « des enchaînements étonnamment complexes, dotés d'un sens à la fois graphique et hautement rythmique. » Pour elle, « c'est de la chorégraphie au sens classique : du mouvement pour le mouvement, articulé selon des lois précises de style, de rythme, d'attitude, de virtuosité[1]... ».

Ibrahim et Ange s'inscrivent aussi dans la hype dance. Ils profitèrent de la venue en France du chorégraphe américain Doug Elkins pour enrichir leur travail et monter des spectacles. Ils créent en 1991 avec David, Walid, Bari et Regis le groupe O. Posse. Citons encore, à côté de Macadam et Boogi Saï, la troupe Art'Mo'Ny composée uniquement de danseuses.

Aujourd'hui le smurf allié à la hype possède une nouvelle vitalité et participe à la montée des « danses de la rue » sur la scène des théâtres contemporains soutenue par des danseurs d'autres pays.

C'est le cas du danseur allemand Storm, qui participa en France à la manifestation « Suresnes Cités Danses », avec les principaux groupes américains et français : Rock Steady Crew (1993), Ghettoriginal et Aktuel Force (1994).

Le double-dutch (danse avec cordes à sauter)

Le double-dutch utilise deux cordes à sauter comme instrument. Pareil à la break-dance, cette expression exige de bonnes qualités physiques. L'entraînement est basé sur celui de l'athlétisme et de la gymnastique.

Des figures chorégraphiques et acrobatiques (classique, jazz, break, gymnique, hype) sont utilisées à l'intérieur de deux cordes tournant en sens inverse à l'intérieur de l'autre (voir illustrations « Double-dutch », p. V). Sur ce principe, une grande variété de mouvements peut être élaborée. Par exemple le « croisé », mouvement simple de saut entre les cordes, ou le « tour », mouvement à 360° à partir d'une impulsion sur les deux pieds.

1. ARMITAGE K., *Hucksters of the soul*, Maison de la Culture de Bobigny, juin 1993.

Les cordes elles-mêmes produisent un son rythmé qui accompagne celui de la musique. Mais il est possible d'abandonner les cordes pour accomplir des figures de gymnastique acrobatique comme le « saut périlleux ».

Le double-dutch est réalisé par des « sauteuses ». C'est une activité principalement féminine tandis que les autres styles de danse dans le hip-hop sont mixtes.

En 1981, une tournée européenne des Double Dutch Girls originaires du Lower East Side (New York) a contribué à une reconnaissance de cette expression.

Thierry Gotin et David Smite participèrent activement comme entraîneurs à l'émergence du double-dutch. Dès 1984, l'Association pour la Diffusion de la Culture négro-africaine (association connue aujourd'hui sous le nom « Alternative »), a contribué en France à la formation de double-dutcheuses : les Dubble Girl System, qui deviendront les Ladies Night, premier groupe ayant atteint une notoriété. Elles sont rejointes depuis par les Dutch Force System et la Génération Ébène.

Au début des années 1990, le double-dutch se développe en France à l'occasion de festivals et de rencontres entre pays. Cette évolution n'échappe pas au débat sur la « professionnalisation » et l'« authenticité » (voir chapitre « La danse et l'industrie culturelle ») et deux tendances semblent se dessiner quant à son avenir.

La première s'oriente vers une reconnaissance de cette expression comme pratique sportive. La création d'une Fédération Française du Double-dutch et l'organisation de compétitions sportives en témoignent.

La seconde préfère préserver l'« esprit » des origines, et rappelle que cette activité, si elle exige des qualités physiques, ne se résume pas en un style ou une technique mais s'inscrit dans un mouvement plus large, le mouvement hip-hop.

Ce sont deux logiques différentes : l'adhésion à un club et celle à un mouvement ne sont pas de même nature. Si la première ouvre la voie à un développement massif et une assimilation rapide, la seconde privilégie une démarche personnelle et l'affirmation d'une identité.

Le break (danse au sol)

Le terme break-dance vient de « breaking » qui signifie décrocher, casser, éclater. Selon une version historique, cette danse aurait été ainsi désignée par des observateurs blancs ne comprenant pas très bien cette forme singulière d'expression des B.Boys dans le Bronx aux États-Unis au milieu des années 1970. Pionnier en France du break, Aktuel Force est le groupe le plus représentatif de cette danse.

La break-dance est un mélange de figures acrobatiques enchaînées les unes aux autres et sans cesse enrichies par les personnes qui les pratiquent en y insérant leur propre style.

La morphologie impulse des manières différentes de danser à partir des figures de base. Selon sa personnalité, chaque membre arrive à se différencier et trouver sa place dans le groupe.

« C'est ce qui est bien, c'est ce qui fait la personnalité de chaque personne parce qu'il y a plusieurs fleurs et que chaque fleur dégage un truc assez spécial. Il tourne sur la tête, moi je tourne aussi et pourtant dans l'ensemble ce sont deux attitudes différentes. Tout simplement parce que la morphologie de chaque individu implique un balancement différent quand le corps pénètre l'espace. Ainsi chaque personne a sa créativité propre, il ne sert à rien de copier. Je fais le même mouvement, ça sera différent, mais je ne vais pas lui donner la technique comme ça, parce que moi, en fonction de ma morphologie, j'ai des détentes, une façon de m'élever, en fonction de moi, et lui il trouvera cela en fonction de lui[2]. »

Les figures de break sont élaborées au sol autour d'une géométrie circulaire (voir illustrations « Break-dance », p. II et III).

« Le danseur, avant d'entamer son mouvement au sol, fixe un point de repère qui constituera l'axe central autour duquel se construiront toutes les figures de break[3]. »

Ainsi le « passe-passe », figure de base, est un mouvement circulaire. Pour exécuter un tour, on fait les six pas de base, appelés « steady », plus connus sous le nom de « foot rock ». En dehors de ces six pas, on entre dans des variations (tourniquet au sol, pas glissés ou « ice-ice ») qui se concluent par une

2. GABIN, *op. cit.*
3. *Id.*

figure originale (« freeze »). A chaque freeze sera attribué un nom différent.

Définition élémentaire du déplacement (avant/arrière, latéral ou retourné), le « top rock » réalise des pas de « danse debout ». C'est un moment de préparation souvent utilisé avant la « descente au sol » (break).

Le « up rock » qui se danse aussi debout est un préliminaire au break comme le « top rock ». Il reproduit la gestuelle du combat (danseur seul ou entre plusieurs danseurs).

Il existe des combinaisons entre le « top rock » et le « up rock » qui offrent la possibilité à chacun de définir son style.

« Le top rock et le up rock, ce sont des mouvements où on est debout, on fait des préparations qui interprètent une attitude. Le up rock, c'est plus sauté, genre expression de combat des « parades » en descente assis. On peut faire des figures de défense-attaque tout en restant sur le tempo[4]. »

La figure de la « coupole » s'appelle aussi « moulin à vent ». Le danseur au sol tourne sur le dos en s'aidant de ses jambes, il crée un mouvement circulaire, un « moulin à vent » ou « toupie ».

La « couronne » emprunte la même technique. Cependant dans ce mouvement circulaire il n'y a que la tête et les mains qui restent en contact avec le sol. Il existe des variantes : couronne croisée, à une main, sans les mains.

Le « tracks » est proche de la couronne ». Les jambes peuvent se croiser, créant des effets, toujours dans un mouvement circulaire autour de la tête (seuls les bras et la tête sont au sol).

Pour la figure « Edglay », le danseur part en coupole, puis arrive à bloquer le corps avec une main au sol tandis que la tête dessine un mouvement circulaire.

Le « thomas » copie au sol le mouvement gymnastique du cheval d'arçon.

Le « spin » est une vrille sur la tête.

Le « dos » ou « back spin » indique un tour sur le dos.

Le « scorpion » se décrit comme un déplacement du corps en rotation juste avec la force des deux bras.

4. *Id.*

Pour le « tour de main », appelée aussi « ninety nine » (« 99 »), le danseur part debout et exécute un mouvement circulaire sur une main.

L'« envolée » est une contorsion des reins, le corps se dirige vers l'arrière, on est en pont, on donne une accélération en rotation avec les reins pour que le corps puisse faire un tour et retomber sur les pieds.

Le « tic-tac avant » ou « saut du lapin » consiste en une projection alternative avant/arrière entre les pieds et les mains.

Le « tic-tac arrière » part d'une position flip arrière (position debout et contorsion du dos vers l'arrière), puis un atterrissage sur le dos pour revenir à la position initiale sur les pieds.

La pensée du corps

Les danses de la rue introduisent l'urgence de penser son corps, de le vivre. « Au départ, une explosion de vie politique, pensée politique du corps, en réponse à l'oppression sociale et culturelle[1]. »

Le corps « urbain » est désolidarisé de l'espace, « c'est un corps de "temps" qui doit faire passer la journée[2] », déplacer l'individu d'un endroit à un autre ; ce n'est pas un corps de « poids », de chair qui détient une emprise sur l'espace.

La danse hip-hop ne se résume pas uniquement en un ensemble de figures. Elle replace le corps au « centre ». Elle combat la colonisation du temps, la dépossession de sa vie en cherchant une nouvelle emprise du corps sur l'espace qui n'est pas l'espace commun mais un « autre monde ». Ce « centre » primordial est celui de la Création.

La danse hip-hop, à l'instar des autres arts du Mouvement, cherche à résoudre cette *tension créative* (corps/esprit, terre/ciel). Le corps ne se referme pas sur lui-même, il participe à une force qui le traverse, et devient lieu de passage dans un espace « sacré » dont ces figures indiquent les orientations.

La conscience corporelle serait « la vision d'un corps et d'un esprit enfin soudés, capables de transcender leur apparent antagonisme dans un geste merveilleux, "habité"[3] ».

La break-dance puise dans différentes sources dont il est

---

1. NOTARGIACOMO M., « Traction Avant Compagnie », in *PEPS*, n° 28, éd. de l'association Paroles Et Pratiques Sociales, Paris, 1989, p. 23.
2. JULLIARD A., intervention en séminaire, EHESS, 1994.
3. LEE H., « Le sol et le souffle », in *Bongo*, publication éditée par le Théâtre contemporain de la danse, avril 1994, p. 26.

difficile de relever la principale. L'Afrique, bien sûr constitue la terre fertile du rythme, des pas sautés, de la transe. La traite et l'esclavage vont transporter sur le continent sud et nord-américain la vitalité particulière à ces danses : à la fois lieu d'assemblée, diffusion d'un message, apprentissage de la résistance, entraînement au combat.

Ainsi la capoeira, danse créée par les descendants des esclaves noirs du Brésil. Cette dernière permettait de réaliser d'une manière cachée un entraînement au combat qui était interdit. « La capoeira d'Angola, qui est une merveilleuse lutte corporelle, utilisée jadis par les mauvais garçons de Rio, ou autres villes, s'est transformée — par suite des poursuites policières — à Bahia, en un ballet de soleils, cabrioles et autres pas acrobatiques, en cambapé à Rio[4]... » Antique lutte angolaise, la capoeira devient ainsi une danse d'une grande beauté comparable au jiu-jitsu (« art de la souplesse »), technique japonaise de combat sans arme qui exige plus de méthode que de force.

Ainsi l'Asie constitue une autre source. Des danseurs iront par exemple au Japon à la rencontre de la danse butô.

Pierre Doussaint, professeur de danse qui anima au Théâtre contemporain de la Danse un programme de perfectionnement avec les danseurs hip-hop, cherchera dans l'aïkido la liaison entre lutte et danse : « Je ne leur explique pas directement, mais par le biais des arts martiaux et de toute la symbolique qui leur est liée, par l'ésotérique qui existe dans le corps et les techniques de lutte de l'Orient, progressivement je leur fais prendre conscience de notions de base qui ont à voir avec une religion mais ne sont pas une religion — ce sont des notions de base que les êtres humains connaissent depuis deux milliards d'années[5] ! »

Cette mémoire historique nous rappelle qu'il n'existe pas seulement le corps d'un danseur, qu'un dialogue, basé sur le rituel du conflit, s'établit entre les danseurs et le corps de l'assemblée. Cette dernière joue un grand rôle dans la motivation des danseurs, elle impulse l'énergie nécessaire à la réalisation des figures.

Nous pourrions faire le parallèle avec le rituel de la possession

---

4. BASTIDE R., *Les Amériques noires*, Paris, Payot, 1967, p. 181.
5. DOUSSAINT P., Documentation du Théâtre contemporain de la danse, 1993.

où se jouent les mêmes formes d'interactions. « Le problème n'est pas d'y croire ou pas, c'est de reconnaître cette démarche, le fait que tout ne passe pas par nous, qu'on peut à un moment donné être le catalyseur de l'énergie de tous. » Sinon « on tombe à côté de la vérité de l'essence même de l'art[6] ». Le public ne peut se concevoir passif, « végétatif », simple observateur extérieur ne se manifestant qu'à la fin du spectacle par des applaudissements. Les danseurs chercheront à établir un lien par le canal de l'émotion, de la sensation, la vitesse, les mouvements forts, la beauté des figures. L'assemblée réagit alors par des cris, des paroles, des mouvements en rythme ; autour du rond des figures de danse, elle accomplit aussi une figure en formant un cercle qui se déplace avec les breakers.

Le corps devient alors un médiateur dans un appel-réponse. Le « passe-passe », pour l'animation D.J. ou la danse, est le mot dans le hip-hop qui traduit l'enchaînement entre ces différents corps dans le rythme, le « beat » de la musique. Entre des phases de danse collective, se produisent des morceaux individuels où chaque danseur du groupe passe la main à un autre pour qu'il exécute une prestation spectaculaire.

« Les passe-passe, c'est ce qui exprime le feeling. C'est-à-dire que si on n'a pas ça, on ne peut pas exprimer le son. Car tout le reste ce sont des trucs gymnastiques, acrobatiques, mais si on n'a pas le passe-passe, qu'on ne le maîtrise pas, on ne peut pas être danseur parce qu'il faut d'abord donner au public que tu es dans la musique pour pouvoir t'assumer et quand tu rentres dans les passe-passe, même quand tu fais des mouvements comme le thomas ou la coupole, tu dois rester dans le tempo, parce que le passe-passe, c'est une adaptation dans le feeling[7]. »

Du rituel de combat de rue au mime de la vie quotidienne, les danses du hip-hop, par leurs *fonctions* sociales, font redécouvrir à l'« art établi », le rapport au monde. « On ne crée pas à partir de rien, on redécouvre. Il faut essayer de comprendre le corps pour en faire ce qu'on veut. Il y a des formes du ballet classique qui sont des fonctions, que l'on a oubliées et qui se sont figées. Si on les redécouvre, on redécouvre le rapport au monde : pour moi, le mot fonction est un mot clé[8]. »

6. DOUSSAINT P., in *Bongo*, p. 26, *op. cit.*
7. GABIN, *op. cit.*
8. HULTMAN I., in *Bongo*, p. 26, *op. cit.*

La danse et la culture hip-hop

La philosophie

La performance artistique reste la force majeure qui anime les danseurs hip-hop. A l'égale des joutes verbales du rap, les figures que s'imposent les danseurs sont autant de défis lancés à l'assemblée qui en apprécie la virtuosité et la performance athlétiques. Un défi lancé aussi aux lois de la pesanteur par la recherche de figures complexes en l'air ou au sol. Beaucoup d'entre eux à leurs débuts ont d'abord été attirés par la formidable capacité d'expression de la danse. A cette époque le hip-hop commençait à s'installer, il n'y avait pas encore conscience d'un « mouvement ». Comme un phare l'expression artistique a guidé les énergies vers un but constructif qui vint ensuite prendre place dans une conception plus large de la vie et permit la construction d'une philosophie, l'esprit hip-hop dont nous parlons maintenant. En cela la danse, aussi bien en France qu'aux États-Unis, constitua le socle du B.Boyisme (mouvement B.Boys).

« On est rentré dans le mouvement hip-hop parce que c'est la danse qui nous plaisait, on mettait pas d'étiquette sur nous, Zulu ou quoi que ce soit, c'est la danse, la danse. Mais après la pratique tu changes ta manière de penser. C'est-à-dire on se calme plus, on devient moins violent parce qu'on est toujours créatif et encore plus ouvert à la vie et ses possibilités[1]. »

1. GABIN, *op. cit.*

Pareil aux autres formations artistiques qui se cherchent il y eut d'abord fascination du modèle américain.

« On n'a pas inventé de danse mais on était vraiment en avance sur tout ce qui se passait, toutes les danses que James Brown avait. J'avais déjà 14 ans quand *Sex Machine* est sorti, personne ne savait que le *Sex Machine* c'était une danse, chaque fois que James Brown sortait un disque il était affilié à une danse. Donc quand le hip-hop est arrivé, fallait que je danse, c'est un truc qui est venu, qui était dans la continuité, j'ai demandé comment ça se danse, le type qui est venu me voir à la radio, c'était Mister Freeze celui qui faisait des marches arrière et qui a appris à Michael Jackson à le faire, donc j'ai tout de suite demandé qu'il me montre comment ça se fait le smurf. Je suis parti avec ces gens-là à apprendre cette culture directement[2]. »

Dans la grande influence exercée par les États-Unis, les danseurs français ont progressivement tracé leur voie.

C'est l'adoption d'une certaine philosophie (ou « concept ») qui séparera ensuite ceux qui s'inscrivent dans le mouvement hip-hop de ceux qui n'en prennent que les apparences.

L'authenticité signe l'appartenance à cet état d'esprit, à la rue, à la filiation historique dans laquelle s'inscrit la danse. Tout en cherchant à créer, à évoluer, elle marque l'importance de cette fidélité à la rue, l'esprit, la mémoire d'où le groupe de danseurs puisera son énergie, sa vitalité. Les groupes reconnus aujourd'hui sont passés par toutes les difficultés et les phases de l'évolution du hip-hop en France tout en préservant l'esprit des origines.

Ainsi la danse est vivante ; comme une langue vivante elle doit se parler couramment, évoluer, constituer les points de repère de la culture hip-hop.

« Les danseurs, c'est un truc à part entière dans le hip-hop, c'est vraiment un truc qui est... autant que le rap ou le graffiti tout est sur le même piédestal. Tu as des danseurs, ils viennent ils font un show, c'est leur show, ils n'ont pas besoin de rappeurs pour, c'est à part entière quoi, ils vont mettre une musique, ils vont s'exprimer par le corps, ils vont pas dire des phrases, il font faire des phrases. Quand tu vois la danse hip-hop, il y a des pas, tu reprends des choses par rapport à tout le milieu,

2. SIDNEY, *op. cit.*

quand il y a les paroles en plus. Si t'as des graffeurs qui sont derrière, tu as des fresques, t'es dedans[3]. »

Cette attitude implique des choix, le refus de certaines compromissions. Par exemple Aktuel Force a fait les avant-premières de tête d'affiche du rap (I AM, NTM, Little M.C.'s), le festival de Bourges et d'autres grands spectacles. Mais le groupe préfère garder son indépendance. « Le danseur doit être libre dans sa tête pour danser. » Il ne souhaite pas à ce qu'on lui impose des séquences de temps précises qui le stressent. Certes, quelle que soit la forme de représentation, il existe toujours l'astreinte à la rigueur du tempo sur lequel s'accorde sa danse. Mais danser derrière les rappeurs enlève la dynamique collective propre à la danse où chaque membre apporte une stimulation à l'autre.

Danse et musique

La musique est indissociable de la danse, nous plongeons dans la culture noire nord-américaine, le jazz, la funk, la soul, des Nicola's Brother à James Brown qui faisaient aussi des passe-passe. Le hip-hop récupère les styles, se nourrit des rythmes, en cela il jette les bases de nouvelles évolutions en cherchant sa propre voie créatrice.

Dans le cas d'une prestation commune entre danseur et rappeur, une symbiose se crée.

« En fait, le danseur il est réceptif à la musique que tu fais, si par exemple tu fais une musique et qu'il a envie de bouger par rapport à ce que dit un rappeur : une expression corporelle qui aille dans un même sens qui fasse ressentir aux gens le malaise des lyrics [texte de rap][4]. »

Le rythme impulsé est un rythme rapide, le même que celui du rap hardcore. Le tempo break-dance reste toujours dans les 118,120 BPM (Beat per Minute). Il y a aussi la concentration intérieure de la musique. Le mouvement s'accordera différemment suivant l'instrument qui impulse le rythme, une basse ou un saxo par exemple.

3. JEAN, *op. cit.*
4. *Id.*

« C'est un mouvement qui est visuel, les gens voient la personne en train de bouger partout. En une mesure tu peux avoir trois variations de mouvements successifs et en même temps dans le déplacement[5]. »

La professionnalisation des danseurs, la construction de spectacles qui atteignent une heure, les engagent à élaborer de véritables chorégraphies basées sur des arguments, une histoire.

« Si on veut toucher un large public, la création d'une heure de spectacle est très importante. On est obligé de trouver une combinaison musicale, essayer de trouver des idées qui conduisent à une histoire. Une heure de spectacle c'est aussi une forme de professionnalisme[6]. »

Cependant le tempo très rapide rend difficile un travail chorégraphique avec le montage de scènes comme une comédie musicale par exemple. Pour cela il est nécessaire de placer des séquences plus lentes. En fonction des arguments de l'histoire, on choisira la musique, et réciproquement des morceaux musicaux donneront des idées sur l'écriture de l'histoire et sa mise en scène.

La création

En élaborant de véritables chorégraphies, en accédant à la scène des théâtres, la danse hip-hop ne risque-t-elle pas d'être dénaturée, perdre la vitalité qui la caractérise ?

Les groupes « authentiques » critiquent l'évolution de compagnies comme Black-Blanc-Beur qui ont dérivé, estiment-ils, vers un esthétisme formel sans grand rapport avec leur origine : la rue. Cependant en 1993, huit ans après leurs débuts sur scène, le spectacle *Rapetitpas*, en retraçant l'histoire de la danse hip-hop, s'inscrit explicitement dans sa lignée.

Autre exemple, la compagnie Traction-Avant évolua vers une « danse urbaine » qui ne veut pas s'assimiler à la danse moderne. Cette nouvelle forme d'expression gestuelle s'exprima à travers son spectacle *Au sud d'Altaïr*. Suite à un voyage au japon les danseurs s'inspirèrent du butô pour monter *Un break*

---

5. GABIN, *op. cit.*
6. *Id.*

à Tokyo. Le titre l'indique, les sources du break sont toujours présentes.

Un mouvement continuel s'effectue entre la volonté de renouvellement et le rappel des origines. « Comme toute œuvre artistique, l'œuvre chorégraphique est à la fois une libre création personnelle qui veut être envisagée dans la singularité de sa valeur, et une formation profondément enracinée dans un terrain, un sol qui en conditionne non seulement l'origine et le sens, mais aussi la genèse et la portée[7]. »

Dans cette tension permanente de la création chacun cherchera son propre style. Ainsi les breakers d'Aktuel Force défendent l'idée qu'il est possible de rester fidèle à la danse hip-hop tout en y développant sa personnalité. Pour eux, la break-dance ne se distingue pas uniquement de la danse moderne par la forme des figures, elle constitue en elle-même un espace d'expression qu'elle importe (voir chapitre « La pensée du corps »), quel que soit le lieu où cette expression s'exerce.

Qu'il s'agisse de la rue, de night club, de « Zulu party » ou de théâtre, elle s'adaptera en fonction du contexte, préservant l'esprit qui l'anime. A partir de figures de base, les danseurs disposent de possibilités illimitées de combinaisons. Ils ne feront jamais le même spectacle deux jours de suite.

« Par rapport à un spectacle qu'on fait au Théâtre contemporain de la Danse, on sait qu'on a des chorégraphies, ça dure plus de temps. On a des ordres de passage en individuel, et puis un final vraiment explosif. Mais on n'est pas conditionné par une mesure. Même quand on fait nos chorégraphies, ce travail d'ensemble, dans les passages individuels, on doit essayer d'avoir cette liberté. On essaie de ne pas rester bloqué sur un truc, sur une règle. On essaie d'avoir la règle et en même temps s'abstenir de la règle, sortir et après rentrer dans la règle. Quand je dis qu'on est libre, on pourra toujours changer, c'est comme si le spectacle était toujours changeant, même s'il y a une forme qui reste, les gens ne seront pas encore saturés[8]. »

Selon un groupe comme Aktuel Force, la danse restera acrobatique, les danseurs « au sol » inspireront les danseurs « debout ». La break-dance fait partie d'une culture qui « monte », elle reste en avance par rapport à son temps.

7. BARRE L., Documentation du Théâtre contemporain de la danse, 1993.
8. *Id.*

La danse moderne s'interroge. Elle cherche à puiser dans cette nouvelle vitalité où le danseur ne cesse jamais de rechercher de nouveaux pas de danse.

« On est toujours en train d'inventer. Ce qui fait la break-dance, c'est l'inépuisable richesse des pas. Tout ce qui peut se faire debout est aussi capable de se faire en bas, sans compter tout son attrait dynamique. Il faut absolument que dans la journée je trouve un pas nouveau et quand je dis nouveau, c'est assez compliqué, ne serait-ce qu'un pas, un truc comme ça que je ressens. Parce que quand on dit créer un pas, c'est un pas qui te fait sortir carrément dans le contexte de ta conception que tu as l'habitude de faire, donc, tu rentres, toc il te fait sortir, hop tu rentres dedans, tu vois c'est une création[9]. »

L'écriture des chorégraphies sur des cahiers garde une trace de cette recherche. Elle jette sur le papier des bases utiles à tout le monde. Elle donne un recul par rapport à sa pratique. Elle facilite une compréhension des évolutions, où l'on sépare le superflu de l'essentiel pour aboutir à des figures épurées.

La danse et l'industrie culturelle

La danse n'échappe pas aux forces d'attraction exercées par l'économie culturelle : télévision, publicité, défilé de mode.

Le groupe GBF Lords Corporation pense qu'il faut laisser à la danse sa liberté de mouvement. On peut s'inscrire dans la pure tradition du hip-hop tout en l'enrichissant de son expérience. Il faut se baigner dans différentes influences, ne pas se laisser enfermer dans les pas de danse pour s'intéresser à tout ce qui l'entoure, la construction d'un scénario, la mise en scène ou la mise en lumière d'un spectacle par exemple.

Afin de garder une cohérence, les Aktuel Force ont créé une association 1901, le « Mouvement pour le Développement des Danses et des Musiques de la Rue ». Participer à des spectacles, gagner de l'argent, cela est certes nécessaire mais ceux qui maîtrisent leur art sont confiants dans leur avenir. Quand cela fait plus de dix ans que l'on travaille avec passion, on a le temps de prendre son temps et se donner les moyens de rester

---

9. *Id.*

authentique tout en accueillant des nouvelles recrues, en développant des échanges entre pays et en diffusant cet art.

« Il y a même des gens qui disent "ouais, vous vous entraînez toujours à Châtelet?" Mais je dis que nous évoluons toujours. On peut s'entraîner des heures dans une salle et venir promouvoir la danse dans la rue. Ceci est une preuve qu'Aktuel Force fait évoluer les gens depuis plus de dix ans. Car il ne faut pas oublier que la danse vient de la rue[10]. »

La plupart des danseurs hip-hop d'aujourd'hui ont gardé cet esprit. Leur reconnaissance par le milieu de la danse moderne leur ouvre des possibilités. Le fait aussi de s'être déplacé dans les autres pays d'Europe permet à la fois de prendre du recul par rapport à ce qui se développe en France et renforcer sa conviction que le hip-hop engendre des expressions artistiques importantes.

10. *Id.*

is - Les Halles, 1995)

Entrée on(

Egyptien

Paris - Les Halles, 1995)

Freeze

Freeze Tracks (arrière-plan) et h

ıris - Trocadéro, 1994)

Salto arrière

Départ positio

Roulade acrobatique à deux

S

Charleroi, Belgique, 1993.
Championnat d'Europe de danse hip-hop.
Figures empruntées au break (passe-passe)

(93), 1992.
empruntée au rock

Figures de hype, 1994

Dutch Force System, programme en double, (Cachan, 1994)

Génération Ebène, enchainement du programme libre, (championat du Monde de Double-Dutch, Maryland, 1994)

uelques tags parmi les plus connus*

geste du tag

Ph. : Bazin H.

es écritures : du tag aux lettrages

Ph. : Kooce

₁les hip-hop et institutionnels

I AM

1938

Timide & Sans Complexe

1947

Sens Unik

1969

1984

Assassin

1994

* Extrait du carnet de croquis de Phase II, in *Tribu* N° 10, 1985

Personnage (1989)

Mode 2, personnages

Bando et Mode 2 (1989)

Mode 2 et le groupe 93 NTM (

Lettrages et free-style issus d'une fresque de 21 m (Bordeaux, 1

lettrage « new school »

lettrage « old school » et free style en fond

lettrages

Free style « zoo diacal »

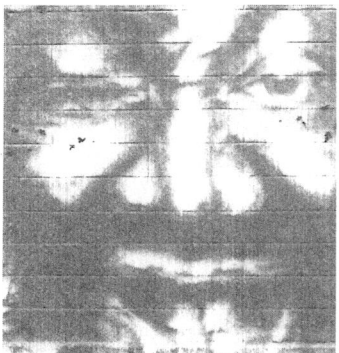

Personnage (3 x 6 m, Nanterre,

Personnage (Moscou - 1993)

Fresque, Lettrages Megaloop (30 x 3 m, Guérande, 199

Lettrage 7 x 2 m (Pa

Personnage
(Issu d'une fresque de 25 m Toulouse - 1993)

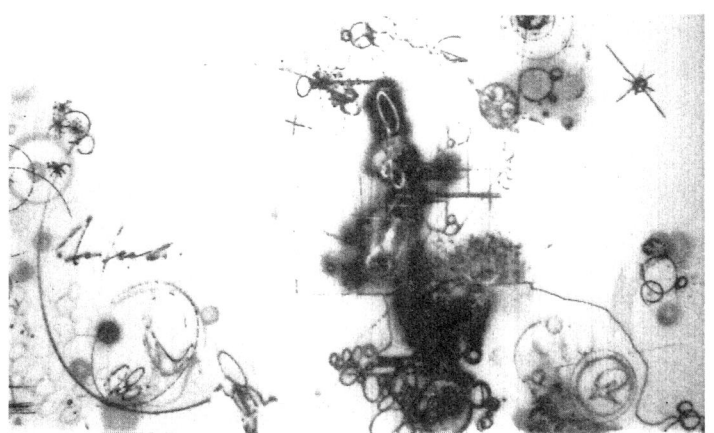
Futura 2000 (New York, 1989)

Lokiss (Paris-Convention, 1991)

Dee Nasty   Afrika Bambaataa (New Y
an rap in Paris », Paris-Trianon, 1994)

Dee Nasty, Faster Jay,

L'expression graphique

Le graff et le tag utilisent le support mural d'une façon particulière. Ils se distinguent par l'utilisation des voies de communication. Tels des « surfers » des villes, les graffeurs et les tagueurs utiliseront les artères de circulation ouvertes par les transports en commun. Par souci de clarté nous consacrerons un chapitre séparé pour le graff et le tag bien que dans leurs pratiques, ces expressions artistiques soient intimement liées.

Elles se rejoignent dans leurs principales caractéristiques : l'action non autorisée, la réalisation dans la rue, la peinture à l'aérosol. Elles agissent par détournement, récupération de l'espace de la rue, du support mural, des matériaux (bombes). Dans une troisième partie, nous reviendrons sur l'espace commun dans lequel elles se meuvent.

Plusieurs termes sont utilisés pour désigner ceux qui les maîtrisent : tagueur (ou writter), graffeur (ou graffitis-artiste). Nous ne mettrons aucun ordre hiérarchique ou évolutionniste entre eux. Ils portent de manière plus ou moins accentuée les gestes d'écrire, de graver et de peindre sans se réduire à l'un d'eux. La réunion des trois peut se comprendre « comme le tracé qui fait sens tant comme apparition d'une conscience en quête d'identité que comme regard d'autrui[1] ».

Comme les autres expressions artistiques du hip-hop, le graff et le tag font le lien entre art et message, création et fonction. Leurs origines se confondent à la fin des années 1960 aux

---

1. GENIN C., « Le grafitte : phénoménologie de la réflexivité », in *L'ordre du graffiti*, *op. cit*, p. 13.

USA. Cette tradition graphique est couramment attribuée à l'immigration hispanique (muralismes mexicains).

Les jeunes de chaque quartier s'employaient à marquer leur surnom et le numéro de leur rue partout où ils passaient. Les premiers à se faire remarquer furent en 1967 Julio 207 (207ᵉ rue à New York) et Taki 183 deux ans plus tard. Ce dernier, profitant de son emploi de livreur de journaux, couvrait les rues de Manhattan, du Bronx ou de Brooklyn de son tag.

En même temps que s'opérait un travail sur les lettrages, le métro new-yorkais devint le support de prédilection des bombes aérosol et des marqueurs. Les tags qui occupaient l'intérieur du métro s'agrandirent pour couvrir la surface extérieure sur plusieurs mètres de hauteur. Ils devinrent une calligraphie composée de lettres pleines, coloriées. Se sont les premières formes du graff : les « brûlures » (ou « burners »). C'est l'explosion du graff et du tag où se distinguent des noms dorénavant légendaires, Seen, Lee, Crash, Futura 2000 (voir illustration Futura « Graffs : Free style », p. XV), qui investirent, dès la fin des années 1970 les galeries d'art américaines pour imposer ensuite ce phénomène sur la scène internationale.

Le graff

Premier acte de l'hominisation pour certains, le graffiti connaît une longue histoire où se distingue le graffiti de contenu : celui qui délivre un message politique, marque une insoumission.
Un récent ouvrage, *Merde César*[1], expose les messages délivrés par plusieurs milliers de graffitis gaulois contre l'occupation romaine : dédicaces, lois municipales, formules de magie, notes et apostrophes de la vie quotidienne...
Mai 68 fut bien sûr l'exemple de cette « libération de la parole » dans l'espace urbain aseptisé et fonctionnel où « murs propres » rime avec « ville morte ». Michel Kokoreff note que les premiers à s'intéresser aux graffitis ont été les fondateurs de l'anthropologie criminelle au siècle dernier caractérisant « l'avènement d'un pouvoir/savoir traquant les ''papiers de la canaille'', l'expression de la ville scandaleuse[2] ».

« Mon moyen d'expression c'est un moyen de fendre un peu le moule, de changer les a priori, la vision des gens, des gens qui ont déjà fait leur vie ; leur montrer que faire autre chose, dire autre chose avec d'autres moyens. Mais c'est la crise et pour la combattre il faut changer tout, avoir une autre vision des choses, voir autrement, il faut arrêter de voir avec des œillères, il faut voir large[3]. »

1. SAVIGNAC J.-P., *Les Gaulois, leurs écrits retrouvés : Merde César*, éd. et trad. J.-P. Savignac, éd. La Différence, 1994.
2. KOKOREFF M., *Le lisse et l'incisif. Les tags dans le métro*, éd. de l'Institut de Recherche et d'Information socio-économique, Université Paris Dauphine, 1990, p. 5.
3. GREG, *op. cit.*

Le mot « graff », en abrégeant celui de « graffiti[4] » signe sa filiation avec cette famille d'expression composée de dessins et d'inscriptions non officiels utilisant les surfaces murales, dont la fonction principale se distingue des supports habituellement employés pour le dessin et l'écriture.

Denis Riout parlera de « picturo-graffitis » : « Peintures, au sens noble du terme, les picturo-graffitis sont bien, néanmoins, des graffitis : l'homme, dans tous ses états, est leur unique objet[5]. »

Nous indiquions en introduction ses caractéristiques (la rue, la bombe aérosol, l'illégalisme). C'est par ces éléments que l'on reconnaît le graffitis-artiste, non par la forme de ses dessins.

Le graff français fut fortement influencé à ses origines en 1983 par les pratiques new-yorkaises. Des voyageurs européens revenus des États-Unis apportèrent des informations, des ouvrages aussi comme Subway Art[6] ainsi que des expositions ou des films comme *Wild Style*.

L'art hip-hop trouva un terrain favorable en arrivant en France. Il bénéficia de l'influence du « street-art » français qui s'inscrivait dans une évolution de la peinture urbaine depuis les années 1970. Cette peinture cherchait un renouvellement de ses sources et dès le début des années 1980 se développait un mouvement artistique dans la rue qui contribua à l'explosion graphique qui allait suivre. Les avant-gardistes de cette peinture urbaine furent notamment Pignon Ernest, Epsilon Point, Jeff aérosol, Blek, Mesnager pour le pochoir, et Speedy graffito, Combas, Di rosa pour la figuration libre.

« L'accueil de la forme ''américaine'' du graffiti s'est donc fait par le biais d'une classe de gens avertis, déjà empreints de la culture européenne. L'aspect social de cette forme d'expression n'était considéré qu'accessoirement, dans ce début des

---

4. Selon la grammaire italienne graffiti est le pluriel de graffito. Nous suivrons dans ce texte la règle de la grammaire française singulier/pluriel (graffiti/graffitis). Suivant cette source italienne qui utilise le f et non la racine grec ph, nous utiliserons l'orthographe phonétique la plus en usage « graff/graffeur » bien qu'il soit aussi écrit grafe/grafeur, graffe/graffeur, graffitte/graffiteur, graphe/grapheur.

5. RIOUT D., « La peinture encrapulée : les picturo-graffitis », in *L'ordre du graffiti*, op. cit., p. 34.

6. COOPER M., CHALFANT H., *Subway Art*, Londres, éd. Thales and Hudson Ltd, 1984.

années 1980. Par la suite le mouvement se développa, se généralisa et atteint la banlieue, pour retrouver la force de ses origines[7]. »

Bien qu'Epsilon Point taguait déjà à la bombe début 1980 à la gare Montparnasse, Bando est considéré en 1983/84 comme l'un des premiers « cartonneurs[8] ». Le tag prit alors naturellement le métro parisien comme premier lieu de diffusion. Bando qui signifie « maître des arts » en japonais fait ses premières armes en formant le groupe Bomb Squad 2 avec les graffeurs SCAM (new-yorkais) et Graf 2. Il crée ensuite les CTK (Crime Time Kings, les rois de l'heure du crime), l'un des plus célèbres groupes de graffitis en France.

Des groupes tels RKS, Paris City Painters, NCA et le graffeur Boxer ont été avec les CTK les précurseurs dès 1983 à Paris. Les lieux de rendez-vous autres que le métro sont les palissades à Beaubourg, au Grand Louvre, à la place des Vosges, les quais de Seine.

Mais c'est vers 1986/87 que se déroule une véritable explosion. A Paris, les terrains de Stalingrad, de la Chapelle, de Garibaldi vont devenir un lieu de passage pour les tagueurs et les graffeurs d'Europe (Amsterdam, Londres, Stockholm, Berlin...) mais aussi une référence pour les États-Unis. Ils ont été relayés ensuite par le terrain de Mouton-Duvernet, la gare abandonnée d'Auteuil, la petite ceinture et des lieux en banlieue comme la prairie de Nanterre. Les murs des grandes métropoles s'ornent d'une calligraphie originale.

Ces espaces constituèrent de véritables lieux d'effervescence non seulement pour l'art du graffiti mais aussi pour l'ensemble de la culture hip-hop. Des réunions musicales spontanées s'y déroulèrent, les « free jams » animées par les grands maîtres du mixe et du scratch tel Dee Nasty (voir chapitre « Technologie et animations D.J.'s »). Ainsi c'est par le graff que se réalise une renaissance des expressions. De ces lieux naîtront sur les murs, à côté de celles des précurseurs, les grandes signatures : Squat, Sign, Sheek, Chino, Majesty, Dehi, Crazy J.M., Joe, Jaid, Lokiss, Solo, Doc...

---

7. MEGATON O., Intervention sur « les jeunes, les manifestations d'expression, les phénomènes d'identification », 1993.
8. Celui dont la force graphique (l'étendue des murs tagués) donne l'impression d'être partout au même instant.

Des échanges fructueux s'opèrent avec les États-Unis. Jon arrivera de ce pays et prendra en 1988, formant avec SKKI, ASH le groupe BBC (Bad Boyz Crew). Il apportera avec lui le free style (voir illustrations « Graffs : Free style », p. xv).

A partir de 1991 les friches et terrains vagues disparaissent au profit du béton, les interventions de police se font plus nombreuses. Paris perd sa place de lieu privilégié, et la province semble prendre en partie le relais.

Le repli sur les ateliers d'artistes ne sonne pas la fin du graffitti. Alternativement les expressions artistiques du hip-hop ont connu des périodes de moindre visibilité... pour réapparaître sur une nouvelle forme.

Les techniques et les styles du graff

La technique utilisée, l'usage de la bombe aérosol, imprime l'originalité de ses dessins.

Un graffeur chevronné se distinguera de l'apprenti non par la complexité de l'image mais la maîtrise des lignes ou « outline » (lignes extérieures qui délimitent les formes) qu'il exécutera sans autre instrument que la bombe (pas de pinceau, de règle, de scotch...). Pour ces raisons, le pochoir par exemple n'est pas reconnu comme une expression hip-hop.

Suivant la distance entre le jet de peinture et la surface, le type de « caps » (embouts des bombes) qui filtrent le jet, la rapidité et la sûreté du mouvement de la main, il est possible de reconnaître l'assurance du graffeur expérimenté. Ces capuchons sont ses pinceaux. Il en possède une panoplie qu'il garde précieusement. Fat caps (gros), médium caps (moyen), skinny caps (fin), canalisent la puissance de la vaporisation. Plus le jet est proche du mur plus le trait est fin. La régularité du trait est conditionnée par la constance de la pression. L'index sera utilisé pour appuyer les traits, le pouce pour le remplissage (« fill-in ») des grandes surfaces.

La ligne doit être franche surtout dans les changements de direction où le mouvement de la main s'arrête pour repartir. Ainsi un angle droit ne doit pas « couler » sinon le graff ne mérite pas d'être « signé » car le graffeur y perdrait sa réputation.

Le « pro » peut se permettre de se dispenser des traits de construction. Ce sont des filets légers dessinés à la bombe dans une nuance pâle. Ils créent un décalque de la structure du graff, une forme de pré-maquette murale que le graffeur remplira ensuite de couleurs. Le graffeur Hondo explique comment est né son style (voir illustrations « Graffs : Hondo », p. XII) :

« Ce qui importe dans le graffiti, savoir si t'es bon ou si t'es pas bon, c'est la netteté, ton trait est net, ton angle il est droit où il n'est pas droit, à partir de ce moment-là tu peux faire n'importe quoi.
Je maîtrise et je pose des lettres et la première lettre que je pose, elle est sublime, je ne comprends pas pourquoi. J'ai tellement eu envie de poser une lettre que je pose un H, juste outline, l'extérieur, le contour, sans filet, sans trait de construction alors qu'avant on posait toujours les traits de construction. Je peins un mur en noir, je pose un H en bleu, il était old-style, penché vers la gauche[9], maintenant ça ne se fait plus du tout, très en courbe, pas agressif du tout, je pense un H, il n'y avait pas de déco [décoration], il n'y avait rien, c'est complètement l'opposé, je faisais uniquement l'outline, du truc que j'avais jamais fait, c'était ma première lettre, ma première pièce à moi tout seul, c'était un H et c'était Hondo.
Et après j'ai commencé à faire des lettres avec des couleurs à l'intérieur, je faisais souvent des H en fait. J'ai fait des H et au fur et à mesure je suis revenu à la déco parce que je faisais la déco, je faisais des carrés, mes carrés ils étaient nickel, mes cercles ils étaient nickel, je le savais, je maîtrisais l'outil, je suis arrivé sur le mur, j'ai commencé à faire des trucs, arrivé à un moment, j'ai vu ce que faisait Popay, je l'ai rencontré très rapidement parce que ce type-là, c'était pas possible que je ne le rencontre pas. J'ai pris son style mais je l'ai développé, on s'entend très bien, il n'y a pas de tension, il y a l'esprit[10]. »

Les styles sont bien sûr influencés par les styles existants. Les évolutions artistiques sont identiques à celles des autres expressions (le rap, la danse...). Il existe une « old school » dont on s'inspire pour créer une nouvelle école, une « new school ». Cette seconde vague puise dans l'énergie de celle des précurseurs tout en intégrant leurs styles personnels qui gardent l'esprit du graffiti. Il n'y a pas de limite à la créativité car il n'y a pas de règle établie comme pour la peinture traditionnelle.

9. Style inspiré de l'école new-yorkaise, assez lisible, composé de lettres inclinées vers la gauche.
10. HONDO, op. cit.

Le graff peut être figuratif, abstrait ou encore représenter un travail sur les lettrages. Les graffeurs sont des perfectionnistes qui travaillent des heures durant sur des croquis qu'ils sélectionnent avant de les réaliser sur les murs.

Les lettrages sont de différentes sortes (voir illustrations « Lettrages : Phase 2 », p. X).

Les « flops » (ou « throw up ») représentent des lettres arrondies en volume comme des ballons (lettres « bubbles »).

« Le flop est le traçage d'une lettre sans lacher le cap [l'embout de la bombe]. La lettre peut être emplie à l'américaine, à partir d'un point on fait des traits concentriques qui touchent les deux bords de la lettre. Cela donne une impression d'ovale. Ou encore, tu pars d'un côté et l'on fait un dégradé, tu envoies la peinture pour donner aussi l'impression de volume[11]. »

Le « bloc style » est composé de lettres carrées « top to bottom » qui se distinguent en couvrant la totalité de l'espace délimité, comme pour les transports en commun, par la hauteur du wagon ou de la rame. Ces formes sont appelées également « brûlures ».

« Le top-to-bottom, c'est la lettre carrée, simple mais qui cartonne avec remplissage argenté, blanc rainuré, hachuré[12]. »

Les blocs letters ont été un des passages du tag au graff. Le bloc style possède aussi des formes plus sophistiquées jouant sur les dégradés et les effets de lumière comme les « star light ».

Le « 3D » est composé de lettres à trois dimensions.

Les traits se sont penchés, se sont courbés, complétant le travail sur le lettrage. Appartenant à la première génération (« old school » issu dans les années 1970 du mélange des styles du Bronx et de Manhattan avec celui de Brooklyn), le « wild style » et le « semi-wild style » est un graphisme sophistiqué composé de flèches ; les lettres aux angles très aigus deviennent difficilement lisibles.

Dans les fresques figuratives, les « characters » (personnages) sont souvent inspirés par l'univers des bandes dessinées. Ils habillent la ville de scènes urbaines parfois cocasses et fortes

11. JEAX, op. cit.
12. GREG, op. cit.

en couleur. Ils sont métis, comme les couleurs que le graff mélange.

Mode 2 (voir illustrations « Graffs : Mode 2 », p. XI), graffeur célèbre liée au posse 93 NTM est particulièrement connu pour le dessin de personnages. Le style de personnages peut être varié : agressif (têtes de mort, poings, bombes, têtes « méchantes ») ou plus burlesque (personnages grotesques, têtes de chiens...).

Megaton (voir illustrations « Graffs : Megaton », p. XIII) contribue à faire évoluer un autre style de graff figuratif bien qu'il fut influencé lui aussi par la bande dessinée. Selon lui les « personnages » seraient plus développés en France qu'aux États-Unis pour des raisons culturelles. L'école anglo-saxonne se distingue par un travail sur les lettres qui est le propre de cette culture dans son rapport au nom. L'explosion du tag et du graff est donc aussi liée à une crise linguistique, une évolution du nom où se creuse un écart entre le pseudonyme et la réalité. La culture latine (latino-américaine ou européenne) développera plus un travail sur la figure. Cette représentation atteint une dimension spirituelle dans son aspect iconographique. C'est le stade actuel de sa recherche où il peint des séries de grands personnages.

Ces remarques sont confirmées par Jeax :

« J'ai l'impression qu'en France, c'est là où le graff a le plus évolué, où il y a le plus grand nombre de styles différents. C'est très dur de cataloguer le graff. Il y a tellement d'artistes différents. Il y a toujours au moins une personne d'une génération qui reste accrochée à ça et qui va apporter quelque chose aux autres. »

Jeax (voir illustrations « Graffs : Jeax », p. XIV) représente encore une autre voie. « Tu ne fais rien par hasard. C'est à nous de construire notre avenir. » Pour ces raisons, il a travaillé dans des ateliers avec des peintres en lettres et s'exerce sur le dessin des figures. Ce parcours lui donne un style original et ces graffs ont un aspect « fini ». Influencé dans sa calligraphie et sa figuration par le monde arabe, sa recherche actuelle le pousse à travailler sur l'histoire de l'Algérie dont il est originaire.

A côté des lettrages et des personnages, le « free style » enfin, se conçoit comme un flash et laisse libre court au jaillissement de l'inspiration : paysages étranges, images symboliques... (voir illustrations « Graffs : Free Style », p. XV).

La fresque, le « masterpiece » (pièce de maître) constitue l'expression la plus complexe. Elle peut regrouper les différents styles précédents. Elle se distingue par sa grandeur, la complexité des formes, la juxtaposition ou la superposition des couleurs.

Le graff est inséparable du mur urbain puisqu'il participe à sa définition, son « état d'esprit ». Le graffeur connaîtra parfaitement la texture des surfaces, murs de chantier, palissades, briques, pierres de taille...

« Je ne réfléchis pas aux couleurs avant l'exécution. Je les choisis en fonction du mur. Il y a des murs qui ne prendront pas les couleurs claires, ou au contraire c'est les foncées qui partiront[13]. »

La liaison avec d'autres supports permet d'affiner et d'enrichir son propre style : vestes en jean, tee-shirts, carton, toile.

« Sur une veste en jean, ça ne peut pas couler parce que tu peux la reprendre, t'as le temps, c'est pas immense, tu la poses par terre et tu peins. En posant par terre, tu t'aperçois qu'il y a certains trucs, qu'il y a la bombe qui a de petites imperfections, etc. Tu l'utilises de plus en plus et tu te dis puisque je l'ai utilisée sur une veste en jean, pourquoi je ne l'utiliserais pas sur un carton. J'ai continué toujours sur du carton et pourquoi la toile tout d'un coup ? Je suis venu à la toile, il y a eu un autre état d'esprit à chaque fois, je trouvais quelque chose sur la toile, je trouvais un signe particulier que j'essayais de recopier sur le mur et ça, ça a développé encore plus le style, le mien, et à chaque fois, j'opère des retours, je vais peindre sur mur, peut-être sur mur je vais trouver quelque chose de nouveau, je vais réintégrer à la toile ; sur la toile, je vais retrouver quelque chose de nouveau, je vais le repasser sur mur, etc. On fait un échange comme ça[14]. »

Le travail sur toile offre la possibilité de réaliser des techniques particulières dans l'art du free style (voir annexe « Free style ») difficilement exécutables sur un support mural comme des coulures (qui ici sont volontaires) ou le travail par points. Ces réalisations procurent autant de plaisir que celles sur murs mais un plaisir différent. La constance reste l'utilisation de la bombe.

« Il y a des choses qui sont des coulures. Enfin des coulures, qui sont travaillées à la bombe, attention. Je fais point par point et

13. JEAX, *op. cit.*
14. HONDO, *op. cit.*

je récupère les points et une fois qu'ils sont étalés, ça fait la forme grise que tu vois et la forme rose que tu vois à droite. En fait, c'est que des points de départ, les gros points c'est des petites taches de peinture qui en s'écartant se rejoignent, puis on comble les trous[15]. »

Le passage au crayon et au papier permet de se lancer des défis à soi-même.

« C'est pour voir quelles difficultés j'aurai face à un mur[16]. »

Le graff et la culture hip-hop

D'autres liens peuvent être faits avec les expressions artistiques du hip-hop comme le goût de la performance. Une « performance » constitue la réalisation d'un graff qui répond à plusieurs critères : son emplacement (visibilité, hauteur, difficulté d'exécution), le danger inhérent à une pratique non autorisée, la sophistication (niveau des formes, harmonie des couleurs), la taille.

« On se lance un défi, le graff, quand le posse graffe à 10 m, le posse suivant va faire plus large et plus haut[17]. »

Le graff doit se remarquer de loin, donner envie de s'approcher pour le regarder. Alors « ça te prouve que tu as gagné ». Le plaisir de l'œuvre réussie gomme son caractère éphémère.

« On prend notre pied à peindre. Si le mur, parce que la fée Carabosse est venue pendant la nuit, disparaît le lendemain, on s'en fout, ça nous a pas gâché le plaisir de peindre. Tu fais une pièce, t'arrêtes de la faire, elle est finie, tu te retournes, tu fais quinze pas, tu la regardes, elle est bien, tu prends ton pied, elle n'est pas bien, tu dis je vais essayer de ne pas refaire les erreurs la fois d'après. C'est ça l'esprit[18]. »

Être le meilleur, lancer un style, une tendance caractérise le graffeur qui a atteint une certaine notoriété, ses lettres de

---

15. HONDO, op. cit.
16. JEAX, op. cit.
17. GREG, op. cit.
18. HONDO, op. cit.

noblesse. Ses dessins sont respectés, ils ne risquent pas d'être « toyés », c'est-à-dire recouverts par une signature étrangère. Le « toy » peut aussi se comprendre comme un signe de défi qui appelle une réponse immédiate.

« Quelqu'un qui toye cela veut dire reviens plus ici, c'est ma place[19]. »

Mais en faisant cela, il doit prouver qu'il possède une meilleure maîtrise de l'art graphique ; ses graffs doivent être irréprochables, sinon sa mauvaise réputation s'établira et il sera rejeté de tous. C'est le cas de tagueurs qui veulent passer au graff trop tôt.

« Il suffit qu'un tagueur, pourtant réputé, se décide de se mettre trop tôt sur un mur pour faire une fresque, qu'il soit dégoûté, il est charrié à fond, il y a les murs pour exprimer les vannes il y a des messages qui passent comme ça très fort. Il ne remettra jamais la main à la bombe pour faire une fresque[20]. »

Le graff partage avec le rap l'amour du texte bien fait, de la technique maîtrisée. A juste titre il est aussi comparé par les graffeurs à une poésie urbaine.

L'attache à la rue (voir chapitre « Les espaces ») est évidemment prédominante dans la sauvegarde du caractère authentique de l'expression du graffeur.

« L'aérosol peut tout accepter, l'imagination, l'originalité, l'ironie et tant d'autres choses, mais il ne supporte pas l'erreur et le mensonge. On est obligé de passer par la case départ, et par ce passé ingrat pour pouvoir prétendre accéder à un mode de fonctionnement artistique, ou du moins à quelque chose qui s'en approcherait[21]. »

Mais la rue prend de plus en plus une dimension symbolique. Les murs urbains sur lesquels s'exerce le talent des graffeurs sont bien souvent des murs « autorisés » dans le cadre de formations ou de commandes institutionnelles.

L'effervescence artistique semble actuellement choisir l'abri de l'atelier pour s'exprimer. Ce repli du mouvement graff ne signifie pas son extinction. Il peut au contraire se comprendre

---

19. GREG, *op. cit.*
20. JEAX, *op. cit.*
21. MEGATON O., exposition Bomb'art, Nantes, 1991.

comme une phase de mutation à l'image du mouvement de la danse qui connut une période d'apparente hibernation avant d'émerger avec force sur la scène des théâtres.
L'esprit de la rue est toujours présent et s'il est possible de graffer sur n'importe quelle surface, le mur reste un support privilégié.

« Si tu peins que sur toile et que tu ne touches plus à un mur pendant deux ans, je ne crois pas que tu peux rester un graffeur. Un graffeur sera toujours amené à peindre sur un mur quoi qu'il se passe. Il n'y a pas une meilleure texture qu'un mur. Il y a l'espace nécessaire et il m'arrive encore de faire des fresques de 15 mètres. Cependant je peins maintenant surtout dans la rue des rideaux de fer pour des gens. Mais ce n'est pas du graff pour moi, c'est de la décoration. Le graffiti, c'est quand tu es devant un mur et tu produis toi quelque chose. C'est un mode d'expression et un art mais c'est pas à nous de le dire. Le but est d'arriver à ce que les gens le disent[22]. »

D'autre part les graffeurs rejoignent les artistes du hip-hop en se revendiquant porteurs d'un état d'esprit plus que d'une technique. Ainsi tous les graffeurs ne se considèrent pas ou ne sont pas considérés comme appartenant au mouvement hip-hop.

Une émulation harmonieuse s'est réalisée dès le début entre les graffeurs et les rappeurs. Nombreux groupes de rap ont leurs graffeurs attitrés qui réalisent leurs pochettes de disque, les affiches de concert ou viennent réaliser des performances lors des concerts bien que cette dernière pratique soit moins courante aujourd'hui.

« Le graff et le rap, c'est la même chose dite différemment. Mêmes gens, même caractère. Je n'ai pas de mal à illustrer une chanson parce que je l'ai déjà dans la tête. J'écoute des textes de rap, j'ai des flashs, je vois ce que je peux produire comme image. Et y a des gens qui font du rap qui voient un graff et qui ont envie d'écrire un texte. Cela leur évoque pour eux quelque chose[23]. »

Le graff partage avec les autres expressions du hip-hop un « feeling », cette manière particulière de poser son geste, d'absorber les vibrations de l'environnement. Tels les danseurs

22. JEAX, op. cit..
23. Id.

qui improvisent leurs pas en fonction de ce qu'ils ressentent, les graffeurs se laisseront guider par leurs sensations, accompagnant le mouvement de leurs mains qui semblent prendre une surprenante autonomie.

Le nom du groupe identifie un concept, une idée.

« Il faut montrer que tu fais bien partie du groupe et pour cela, à chaque fois que tu fais un graff, il faut marquer le nom du groupe. Si jamais un mec qui s'appelle "poissonnerie" par exemple ne met pas le nom du groupe à côté du sien et que le groupe sait qu'il a fait son empreinte sans marquer le nom du groupe, il part tout de suite du groupe[24]. »

Le concept, cette manière d'exprimer un message est influencé par un maître artistique qui représente une référence pour le groupe.

« Seeho, c'est un mec qui a fondé le groupe, c'est lui qui maîtrise le mieux son art. Quand il voit le graff de quelqu'un il fait "ah ouais! Tu fais un graff de telle couleur à tel emplacement", il faut qu'il le fasse à côté de lui plus haut et plus large. Mais c'est gentil, c'est pour dire que c'est lui qui domine. Le jour où il sera dépassé, le groupe s'arrêtera ou lui partira et fera un groupe[25]. »

Nous notions l'existence de différentes écoles du graff. Il en est de même pour les autres expressions du hip-hop. Cependant il est bien difficile de déceler un lien par un simple regard entre une pièce « free style », par exemple, et le mouvement hip-hop. Ce lien entre école artistique et mouvement est celui des conditions d'exercice (la rue) et la démarche propre à chaque artiste (état d'esprit). Mais il n'existe pas actuellement de « théoriciens » de ces écoles qui seraient susceptibles de formaliser un mouvement intellectuel. A l'instar du cubisme par exemple, nous ne pouvons pas parler de « graffitisme » qui représenterait l'espace conceptuel dégagé par l'art du graffiti bien que des observateurs extérieurs soient tentés de proposer des théories.

« C'est des gens qui font une théorie et qui tombent amoureux de leur théorie, ils ne cherchent même pas à la vérifier, ils ont une théorie fausse, ils l'ont, alors ils l'écrivent, ils l'éditent. Le XXe siècle attend un mouvement de peinture en France[26]. »

24. GREG, *op. cit.*
25. *Id.*
26. HONDO, *op. cit.*

L'économie du graff

Les « plans autorisés » signifient un travail sur commande. Parfois gratuit lors d'une fête, par exemple, ou rémunéré pour une collectivité locale, une association, un commerce, un restaurant, une discothèque...

Fidèle à l'esprit hip-hop et plus généralement au respect de l'acte artistique, l'insertion du graff dans l'économie ne se fait pas à n'importe quel « prix » dans les deux sens où nous l'entendons. Le prix de la reconnaissance financière de l'œuvre ne doit pas se réaliser au prix du reniement d'une certaine philosophie ou mode de vie.

A la notoriété des galeries d'art calculée suivant des points qui augmentent une cote personnelle, le graffeur préférera la notoriété de la rue car elle ne peut être plaquée sur quelqu'un, elle est en lui.

Ceci explique que les « plans » de graff peuvent répondre à deux critères opposés. Soit un critère de visibilité où l'on cherche à être vu par le plus grand nombre (voies de transport par exemple), soit au contraire un critère de clandestinité où l'on désire d'abord être ensemble, faire son « trip » (expérience, voyage, façon de vivre) entre soi, pour le plaisir, dans un endroit clos (endroit désaffecté, terrain industriel en friches...).

L'artiste reconnu, susceptible d'exposer dans les galeries cherchera à garder son « authenticité » en préservant un lien avec la rue d'où est né son style.

« Après j'ai pensé à me faire rémunérer mais je peins toujours en terrain, même si je vais à Bordeaux pour peindre, mais je peins en terrain, je peins sauvage, je peins avec mes tunes [argent], c'est pas un plan organisé. Les keufs [policiers] peuvent très bien me tomber dessus, j'en ai rien à foutre, je peins. J'ai déchiré [recouvert] une maison entière.

Je suis toujours dans mon truc, il m'arrive de faire des plans organisés parce qu'il faut de l'argent. Si en plus l'argent que tu te fais c'est avec ce que t'aimes, c'est encore mieux. Tu sais que tu vas livrer une qualité, tu sais que les gens vont être contents, même si eux, ils ont du mal à te dire c'est bien, tu le sais en fait que tu les as touchés quelque part et la qualité ça paie. Moi, je préfère faire trois boulots à l'année et empocher 25 000 balles plutôt que tout et n'importe quoi[27]. »

27. *Id.*

« Le graffiti connaît aujourd'hui la même reconnaissance et récupération (les deux vont immanquablement de pair) que l'art brut vers la fin des années 1940. Le marginal quotidien, le lapsus graphique, l'art débridé de la rue est découpé, encadré, mis sous verre et exposé sous les cimaises[28]. »

Le livre ouvert du graff

Si le graff possède une dimension subversive, elle se situe autant dans le détournement de l'espace et la force de sa présence que dans une dénonciation du « système ». Son message est généralement codé. Ce dernier est plus ou moins explicite suivant que l'on s'adresse à un individu, un groupe, les membres du hip-hop ou le tout-venant.

« Si je veux m'adresser à une catégorie de personnes je sais comment utiliser le message, comment pouvoir la toucher et il n'y a qu'elle qui pourra comprendre. Si je m'adresse à d'autres personnes extérieures au Mouvement, je devrais changer la gamme de couleurs, les traits. Tu adaptes le graff en fonction de ce que tu as envie de produire réellement[29]. »

Des signes particuliers viennent délivrer un message comme les « dédicaces » adressées à d'autres graffeurs. Ainsi le chiffre 4 (prononcer « for »), veut dire « pour » (homonyme de « for »). Il précède le nom de la dédicace. « See-ya » veut dire au revoir, « wanted » indique que l'on est recherché par une tierce personne.

« C'est toujours très abrégé, toutes les lettres sont abrégées, c'est comme la dactylo. Il y a des petites choses qui font que ça veut dire quelque chose, des points, des signes qui disent toute une phrase. Il faut se faire remarquer dans le clandestin. Il marque « for » avec un 4, le nombre entouré d'un cercle, cela veut dire « for », un chiffre avec le nom d'une personne. Comme ça personne ne comprend. Tout le monde voit et pourtant c'est caché. C'est presque subliminal : les gens voient mais ne savent pas, ne connaissent pas. Quand un graffeur voit, il comprend[30]. »

---

28. MEREDIEU (de) F., « Artaud / graffiti », in *L'ordre du graffiti*, op. cit., p. 63.
29. JEAX, op. cit.
30. GREG, op. cit.

Le message du graff peut prendre une dimension plus politique. « L'auteur y transcrit ses opinions, ses idées. Le graff sert ainsi de temps à autre de support à des revendications sociales telles la lutte contre l'apartheid ou l'intolérance[31]. »

« Il y a un énorme message qui peut passer par les fresques. Il y a des gens dans des pays qui ont été opprimés qui continuent à peindre des superbes fresques pour dénoncer l'oppression. Pour le graffiti, si on veut changer quelque chose, il va falloir changer la façon de peindre. Tu n'as pas besoin d'avoir quelqu'un qui te traduit dans une langue étrangère pour comprendre[32]. »

Les fresques murales peuvent être comparées à des pages d'écriture. A l'instar des hiéroglyphes, elles demandent un décryptage et n'obéissent pas moins à une codification élaborée.

« Le graff est comme des phrases. C'est une phrase, tu avances, tu tournes de page, tu refais une autre phrase. Cela fait un grand texte. Les graffeurs ont l'habitude de photographier ce qu'ils ont fait ; pour avoir une empreinte de ce qu'ils ont fait. Souvent ils font des photographies du même mur, cela fait un grand texte sur le même mur alors que cela a été repassé, le texte est venu sur plusieurs couches. C'est comme si on tournait la page à chaque fois, la page blanche, on commençait à écrire[33]. »

Les murs, comme un terrain géologique, absorbent les différentes époques du graff et forment de véritables livres ouverts sur son histoire. Aujourd'hui ces terrains ont disparu mais il reste encore des traces. Ainsi une technique est de graffer sur les murs mitoyens des bâtiments promis à la démolition. Une fois l'édifice détruit, le graff apparaît au grand jour à plusieurs mètres de hauteur où il reste intouchable.

Les murs gardent la mémoire des différents passages : les styles, les messages, les signatures. Ils concourent à construire la culture des graffitis : « Notre histoire on la connaît en regardant les murs, on sait comment ça évolue. Entre nous, nous avons notre lexique, notre travail, notre monde, notre histoire des graffitis[34]. »

31. Graffeur du groupe TCB-ROB, in *The Zulus Letter* (fanzine polycopié non paginé), n° 14/15, 1988.
32. JEAX, *op. cit.*
33. GREG, *op. cit.*
34. Intervention d'un graffeur, in *Forum les cultures de la rue*, *op. cit.*, p. 5.

« Nous on peut être vu directement, on n'a pas besoin de parler, c'est simplement l'image, c'est comme le peintre, il parle tout seul par le tableau, il n'y a pas besoin de discuter. Un tableau, ça engendre moins de discussion, tu te trompes pas[35]. »

La mémoire de cette histoire s'inscrit aussi dans des ouvrages particuliers dont les graffeurs ne se séparent jamais. Tel un journal intime, le « book » est un cahier illustré des photos prises sur les lieux pendant ou après les « performances ». L'œuvre est saisie dans son ensemble ou par morceaux afin de ne rien perdre des détails. Ceux-ci sont ensuite rassemblés en collant les photos les unes à côté des autres ; elles restituent ainsi la totalité de la pièce. Véritable petite « bible » de l'artiste, les structures des graffs y sont scrupuleusement dessinées au préablable. Les maquettes, qui dans leur aboutissement peuvent s'étendre sur dix mètres, sont conçues dans ce petit livret comme des scénettes.

Le book révèle la personnalité de l'auteur, l'évolution de son expression au fil des jours et constitue sa meilleure carte d'identité. Il peut la présenter aux autres graffeurs en guise d'introduction à un échange qui permet de confronter ses idées et construire sa personnalité.

« Je faisais les lettrages, j'avais des books entiers de lettrages mais qui ne passaient jamais sur mur avec mon nom. Après, j'ai toujours continué sur le papier, j'avais un book beaucoup plus immense en papier qu'en photos. A cette époque-là, en 1988, c'était souvent ça. J'en ai trois gros classeurs. Bon des books, des personnages avec des flingues, c'était la mode, il fallait faire ça si tu voulais avoir la reconnaissance, si tu voulais être plus fort que les autres. C'était pas concevable un truc qui était écarté du modèle américain c'est pas possible, même si déjà on avait quelque chose de plus que les Américains. J'ai continué à faire du graffiti sur papier, donc à faire du graphisme en général et puis j'ai vu d'autres personnes parce que ce milieu-là ça tourne bien. J'ai eu des plans, j'ai commencé à partir de ce moment-là comme j'avais un peu grandi, j'avais un peu changé d'esprit, j'ai vu ce que c'était pour moi, c'était plus une mode, c'était déjà une façon d'être, une façon de vivre. Donc, à ce moment-là, j'ai continué à bouger tout seul et c'est marrant parce que j'ai bougé en terrain[36]. »

35. GREG, *op. cit.*
36. HONDO, *op. cit.*

Le book contient aussi les « décos » rémunérées (devanture d'un magasin, publicités, décorations de bâtiments...). Il devient son « curriculum vitae » quand il cherche une reconnaissance professionnelle.

Le symbole du graff

Le hip-hop crée des espaces, contrairement à ce qui est habituellement démontré, il ne force pas l'espace de la rue mais le modèle à son imaginaire. Comment caractériser cet espace imaginaire ?

Il est parfois fait référence pour le graff aux peintures rupestres des grottes préhistoriques qui remplissaient une fonction magico-religieuse (exemple des scènes de chasse).

Mais c'est peut-être auprès de la symbolique de la forêt que nous trouverons nos outils d'analyse. Les grandes zones boisées ont reculé désormais sous l'assaut de l'urbanisation et c'est aujourd'hui la banlieue qui fait office de forêt obscure dans l'imaginaire social (voir chapitre « L'imaginaire de la "banlieue" et le "ghetto" »).

Robert Harrison[37] remarque que le mot forêt est à l'origine un terme juridique utilisé à l'époque de Charlemagne pour qualifier les réserves de chasses royales.

Il en est de même pour le mot ban-lieue qui précisait les environs d'une lieue sur lesquels s'exerçait l'autorité du ban seigneurial.

Dans les deux cas nous parlons de terres confisquées, contrôlées, excluant toute velléité de vie indépendante. La banlieue d'aujourd'hui est régie par d'autres lois, celle des politiques mais aussi des promoteurs.

Les forêts furent le refuge des personnes qui combattaient ces lois iniques comme le graffeur qui se place « hors la loi » sans être en rébellion contre une société à qui il rappelle la loi idéale (loi Zulu).

« Les graffitis portent les voix de ceux qui refusent le discours du jour cru. Ce sont les jardiniers de la nuit. Qui que tu sois,

---

37. HARRISON R., *Forêt, essai sur l'imaginaire occidental*, Paris, Flammarion, 1992.

homme ou femme, tu peux sortir un soir et dire ce que tu as sur le cœur ; choisis ton mur et fais-le chanter. Et que ce soit ton message le plus sacré, ton présage le plus précis, et plein de ton mystère, qui parle là[38]. »

Ainsi pourrions-nous reprendre à son compte et mot à mot ce que Harrison expose du hors-la-loi populaire : « Robin des Bois, le hors-la-loi le plus populaire du folklore anglais, n'est pas un révolutionnaire qui rêve de renverser l'ordre établi représenté par les héros chevaleresques. Comme la plupart des hors-la-loi légendaires, Robin des Bois est en fait le champion de la loi et de l'ordre idéal. Sa proscription représente la mauvaise conscience d'une loi localement pervertie et corrompue. Le fait qu'il soit en marge des institutions sociales est le signe de l'incapacité du droit à être fidèle à l'esprit, sinon à la lettre, de la loi, et sa légende s'articule autour d'un paradoxe ironique par lequel l'injustice occupe l'espace de la juridiction tandis que la bonne cause doit chercher refuge dans les forêts[39]. »

Le graff dessine une nouvelle forêt qui n'est pas celle de la jungle urbaine. Cette *terre mère* s'oppose à la ville corrompue, un thème que nous retrouverons dans le rap et surtout le ragga-reggae. Ce réinvestissement du naturel ne participe-t-il pas au « réenchantement du monde[40] » ? Tel le « bois sacré » des communautés africaines, le cheminement dans la forêt graphique est comparable à une initiation aux responsabilités humaines auxquelles renvoie continuellement le hip-hop.

Rare et bel exemple cinématographique, Jean-Jacques Beneix bâtit intuitivement son film *IP5* sur ce principe. Il suit le parcours d'un vieil homme (Yves Montand) à la recherche de son passé et de deux jeunes, l'un rappeur, l'autre graffeur. Au début de l'histoire Montand dit au graffeur : « Tu ne sais pas c'est une forêt que tu dessines sur les murs. » C'est une rencontre entre deux univers apparemment opposés et qui se rejoignent dans une nature symbolisée par un périple dans les forêts françaises. Progressivement le trio hétérogène se compose dans une prise de conscience en unité de vie, en « posse » pourrions-nous dire !

---

38. SIMON, « Lettre de Baptiste », in *L'ordre du graffiti*, op. cit., p. 49.
39. HARRISON R., *Forêt, essai sur l'imaginaire occidental*, op. cit., p. 122.
40. MAFFESOLI M., *Le temps des tribus, Le Déclin de l'individualisme dans les sociétés de masse*, Paris, Méridiens Klincksieck, 1988, p. 63.

Le tag

Le « tag » (littéralement « étiquette ») représente une marque particulière, une « trace incisive[1] ». Il s'agit d'un pseudonyme composé d'une ou plusieurs syllabes de consonance souvent américaine. En général, un tag peut avoir plusieurs écritures, une écriture composée par les initiales, une autre constitue leur développement. Ou encore il est possible d'inverser les syllabes (voir chapitre « Sigle & logo : naissance d'un nom »).
Chaque graff, comme tout tableau, a sa signature propre qui identifie l'individu ou le groupe qui l'a réalisé. C'est le rôle du tag. Plusieurs tags peuvent « signer » s'il s'agit d'une œuvre collective. Il existe des influences réciproques entre tag et graff.

« Le graff a évolué par rapport au tag car le tag est la base du lettrage du graff. Ce qui me permet de réaliser mes lettrages maintenant c'est encore le coup de crayon, le coup de marqueur que j'arrive à voir sur une feuille qui m'apporte des outils pour la calligraphie[2]. »

Il n'y a pas obligatoirement de passage du tag au graff dans l'évolution de cette expression artistique. Beaucoup de graffeurs commencèrent par taguer et l'arrivée du tag en France se confond avec celle du graff.
Mais le tag possède aussi une vie indépendante du graff. Les tagueurs sont ceux qui se spécialisent dans ce mode d'écriture qui devient une expression pleine et entière. Celle-ci connut une

1. KOKOREFF M., *Le lisse et l'incisif. Les tags dans le métro*, *op. cit.*, p. 2.
2. JEAX, *op. cit.*

progression régulière à partir de 1986 jusqu'à la fin de la décennie. Puis un mouvement de reflux se manifesta sous les coups de la répression et la mise en œuvre de techniques de nettoyage de plus en plus sophistiquées.

Si le tag a presque entièrement disparu du métro parisien, il reste latent et apparaît par poches ou par vagues successives dans l'ensemble des zones urbaines.

« Il y a toujours des étapes où ça s'arrête ou ça réattaque, il y a toujours des tagueurs qui persistent, qui continuent[3]. »

Pour certains le tag sera un outil de perfectionnement dans une recherche calligraphique, pour d'autres un passage vers le graff, d'autres resteront à ce premier travail d'écriture, pour tous le tag offre des moments d'échange, d'émotion, la possibilité de s'intégrer dans un réseau.

L'écriture du tag

Nombre de tagueurs réalisent un travail sophistiqué sur leur signature qui résulte de longs exercices calligraphiques. Cette signature prend sa forme définitive lorsqu'on peut l'exécuter de manière identique le plus rapidement possible (voir illustrations « Le tag : quelques tags parmi les plus connus », p. VI).

Il existe différentes formes de tags qui dépassent la simple signature au feutre auquel il est assimilé. Le tag bombé constitue un travail sur les formes de lettres. Ainsi, dans sa forme recherchée, le tag fait partie intégrante du monde du graff. (Voir illustrations « Le tag : BDB », p. VII, « Kooce », p. VIII).

Le tag peut avoir différents styles bien que l'écriture s'exécute sous la contrainte de la rapidité.

« L'analyse que je porte sur les tagueurs très connus, il y a des mecs qui ont diffusé, les cartonneurs, que ce soit Bando, Boxer, au début, en passant par les NTM, par les MKC, par les VEP, les CMP, BDB. Je pense que tous ces mecs-là qui sont des cartonneurs ont en fait un style qui est très lisible et qui est très reconnaissable et

---

3. BDB, tagueur, banlieue Nord de Paris, entretien, 1994.

qui est très simple finalement et les variations d'un style à l'autre sont infimes[4]. »

Cependant la rapidité d'exécution n'empêche pas une recherche calligraphique même si elle pousse une écriture en lettres enchaînées.

« Le but d'un tagueur, ce n'est pas simplement de poser son nom, c'est aussi apporter quelque chose à sa manière d'écrire, quelque chose d'esthétique. Deux styles principaux se distinguent : le tag où les lettres sont enchaînées et le tag où les lettres sont détachées et travaillées[5]. »

Le travail à la bombe est impitoyable, un infime arrêt du geste provoquera une marque ou une coulure.

« Déjà une lettre sans interruption c'est par définition, c'est une lettre qui comprend des courbes parce que tout angle droit nécessite soit une interruption, soit, un moment donné, dans la distance où l'on va s'arrêter, ça va marquer. Il y a des courbes qui font qu'on arrive à un fini régulier et à ne pas avoir de coulures[6]. »

En cela les impératifs de la bombe sont les mêmes pour le tagueur que pour le graffeur. Il faut garder exactement au centimètre près la même distance et une vitesse régulière.

La signature du tag livre en lui-même son message. Le tagueur observant des tags ne lira pas seulement des noms mais il repérera aussi la personnalité des tagueurs et les conditions dans lesquelles ils ont posé leurs tags.

Sa lecture révélera quel type de matériel est employé : embouts, marques de bombes. Des bombes de qualité ont un pouvoir opacifiant (pigment opaque) très fort. Suivant le type de bombe et de buse, le jet sera plus ou moins net, la couleur sera plus ou moins pure ou dense.

Par le nom du groupe, il est possible de savoir avec qui le tagueur s'associe, s'il possède une réputation. Mais un tag délivre encore plus d'informations. Par la fréquence du tag, sa forme « imposante ou discrète, grosse ou petite), son emplacement (effleurement des autres tags ou au contraire toyage

---

4. KOOCE, *op. cit.*
5. JEAX, *op. cit.*
6. KOOCE, *op. cit.*

[recouvrement]) nous percevons si le tagueur cherche à imposer, provoquer, quelles sont ses capacités à effectuer des tags de qualité dans des conditions risquées.

« J'ai toyé parce qu'on m'a toyé. Automatique tu toyes. Tu peux laisser un message bien hardcore [dur][7]. »

« Tous ces éléments-là sont des choses avec une subtile chimie, nous permettant d'appréhender un peu le caractère du tagueur : même sans se connaître, on se connaît[8]. »

Autre différence avec le graff, le tagueur a le choix entre la bombe et le marqueur suivant l'effet désiré et surtout le type de surface.

« Une fois que tu es dans le tag tu es poussé à utiliser plein d'outils différents. Tu passes à la bombe, au marqueur normal ou avec des angles. Tu touches à la peinture, tu essais de jouer avec tous les produits qui existent pour que ça tienne mieux sur les surfaces. Déjà là tu deviens polyvalent, tu évolues, tu passes au pinceau, à l'aéro[9]. »

Sur un mur, la mine d'un marqueur serait détériorée, de plus elle ne peut franchir les obstacles de l'architecture ou de la texture : séparations d'une fenêtre, l'ouverture d'une porte, la forme particulière d'une statue, la rugosité d'un support.

La bombe permet de franchir ces barrières. Le tagueur peut s'en servir comme les lignes d'un cahier dans son écriture ou au contraire transgresser « la règle de la règle » et casser le cadre.

« Là, la bombe peut en faire fi, peut passer outre, c'est ça la magie de la bombe, le plaisir de la bombe. Autant on peut se servir d'une lame de store comme d'une règle, autant on peut aimer à transgresser ces frontières que sont un cadre de fenêtre, la transition d'une surface à une autre avec un tag. Là il y aura aussi un plaisir à la transgression, à casser une règle, une frontière, à sortir un cadre, à être à cheval sur un cadre, entre deux surfaces[10]. »

Le marqueur est par contre plus facile d'utilisation. Il est possible de bricoler son propre applicateur et créer sa propre couleur. Ainsi la « torche » artisanale est un applicateur de cirage

7. BDB, *op. cit.*
8. KOOCE, *op. cit.*
9. JEAX, *op. cit.*
10. KOOCE, *op. cit.*

rempli d'un mélange de peinture et de diluant. Les couleurs fluo, les plus décoratives apportent une touche de gaieté sur les murs.
Le marqueur permet dans le sytle plus de précision. Les temps d'arrêt sont moins marqués par une séparation. Il peut être utilisé dans un contexte plus difficile, il est plus discret, prend moins de place et surtout ne fait pas de bruit et n'imprègne pas l'air de cette odeur si particulière à l'usage de la bombe.

« Dans le silence de la nuit, la bombe fait du bruit, dans une rue déserte "Pschitt, Pschitt" ça peut s'entendre. Il faut la remuer de temps en temps, ça fait "kling, kling", déjà quand on la transporte ça fait du bruit. Le marqueur est complètement silencieux[11]. »

A chaque outil son plaisir.

« La bombe il y a un plaisir vraiment particulier, le plaisir de sentir cette peinture projetée, évaporée, quelque chose qui se vit. Il y a la consommation aussi de l'outil, on vide, on « tue » la bombe. Puis dans le marqueur, il y a le plaisir de la pression sur la surface, de sentir la surface, de voir aussi l'encre se déposer et suivre le geste qu'on a imposé au marqueur, qu'on a imprimé. Là je crois qu'on retrouve dans le tag au marqueur ou à la bombe un plaisir du graphisme, de l'expression, de l'écriture, enfin quelque chose qu'on retrouve, que le spécialiste japonais ou chinois retrouve dans la beauté du geste, on trouve ça[12]. »

Sigle et logo : naissance d'un nom

L'action de « placer » ou « poser » un tag, sa marque graphique sur les murs de la ville peut être comprise dans les deux sens du mot : à la fois laisser une « trace » de son passage mais aussi imposer un « logo », une étiquette publicitaire qui s'inscrit dans une véritable stratégie de marketing (voir illustrations « Le tag comme sigle », p. 9).
En cela le tag n'invente rien, il récupère les méthodes habituelles de la publicité. Il emprunte les mêmes voies de transports, parce que c'est là qu'ils sont le plus regardés, il utilise les mêmes supports muraux et agit par répétition : « Le tagueur

11. *Id.*
12. *Id.*

utilise les mêmes supports, les détournant ainsi de leur utilité première, les reprenant à son compte. Il impose, il est propriétaire de sa marque ; il dépose un nom, en fait la promotion, il le multiplie afin de lui donner de la valeur, il devient connu et reconnu [13]. »

« Ça commence par le tag : trouver une signature. Avant toute chose, il faut qu'il se trouve une signature. C'est comme tout, pour commencer dans la vie il faut une signature. Ici c'est pareil. Comme c'est un moyen d'expression au départ illégal, il doit avoir un nom qu'on puisse le reconnaître mais uniquement dans le monde du graff. Il a un nom mais personne ne reconnaît son vrai nom, c'est un numéro, un code. C'est se trouver un nom pour qu'on ne puisse pas le reconnaître [14]. »

Ceci aussi explique pourquoi certains graffeurs passent par une phase « tag », retournent, déchirent, « éclatent » (recouvrent) des quartiers ou des stations pour affirmer leur nom :

« C'est une question d'intériorité, quand tu as pigé certaines choses, à savoir que tu n'es plus obligé de faire tes preuves, que tu n'es plus obligé de faire valoir ton nom, t'arrêtes de taguer [15]. »

Comme pour tout sigle ou logo le nom de tag cherche à imprimer une singularité. Le nom doit être court (2/3 syllabes maximum) et posséder une sonorité agréable à l'oreille, facile à mémoriser. Les syllabes peuvent être inversées (Kooce et Cekoo qui renvoie à Secousse), être contractées ou être développées de différentes façons.

« Je peux vraiment faire toutes les combinaisons possibles avec mon tag. Je peux mélanger pour que cela donne BDB [prononcer « bidibi »] avec le « y » le « i » le « e ». En majorité c'est BEEDIB, BEDYB ou BDB. C'est toujours le même nom c'est pour changer les lettres. Mon nom de base c'est BEEDIB en entier [16]. »

Un chiffre peut être rajouté pour les mêmes raisons, par exemple MODE 2 (prononcer « mode two »). Le suffixe « er » (prononcer « eur ») transforme le pseudo en attribut où il

---

13. RACINE E., « Mégapole, tag et mégalomanie », in *PEPS*, n° 44, éd. de l'association Paroles Et Pratiques Sociales, Paris, 1994, p. 45.
14. GREG, *op. cit.*
15. HONDO, *op. cit.*
16. BDB, *op. cit.*

exprime une qualité, une manière d'être dont l'appartenance est reconnue, attribuée au graffeur. JONONE signera d'une façon différente JONONER, HONDO, HONDONER.

Le graffeur Hondo explique la naissance de son nom :

« HONDO c'est une île du Japon. Par la suite, j'ai appris qu'HONDO ça voulait dire quelque chose en Espagnol, en vieil espagnol ; j'en ai fait un sigle, il y a des évolutions mais au départ c'était juste un nom pour la sonorité, mais effectivement, je ne cherchais pas un truc américain, ça ne m'intéressait pas de m'appeler Mick ou je ne sais pas quoi. Étant donné que je n'étais pas connu à ce moment-là, le moyen de se faire connaître dans le milieu c'était surtout de poser son nom, se faire de la pub pour soi-même partout, donc ça m'est venu, HONDO ça existait, c'était connu[17]. »

Si comme Hondo, il est recherché ensuite une signification au nom, ce n'est pas en premier lieu ce qui dirige le choix. Il en est ainsi pour E... devenu KOOCE :

« Un copain m'a dit : prends un truc qui commence par un ''K'' ; K, c'est agressif ; j'sais pas KOOCE. Et c'est de là que vient KOOCE. Contrairement à d'autres tags qui ont une signification sémantique KOOCE n'en a aucune. D'ailleurs je pense que ça a moins d'importance parce qu'au bout d'un moment donné, quelle que soit la signification sémantique du tag, elle perd de l'importance puisque l'on perçoit le tag comme une photographie. Donc ce copain me suggère un nom, je le prends comme ça et m'amuse à l'écrire sur un bout de papier chez moi tranquillement et finalement, pour leur [les autres tagueurs] dire que j'existe je viens en faire dans leur quartier. Je rentre quelque part dans leur monde en taguant et je deviens KOOCE, je suis E... mais je deviens KOOCE[18]. »

Parfois le graffeur ou le tagueur est amené à changer de signature ou à en utiliser plusieurs pour masquer les pistes face au repérage des forces de l'ordre ou les tentatives de récupération d'un lettrage par d'autres « writers » peu scrupuleux.

Il est compréhensible que des graffeurs connus n'apprécient guère le « toyage » de leurs œuvres par des tagueurs irrespectueux. Il en va de même pour la récupération de leur propre signature, leur propre tag qui subissent des déformations. Il en

17. HONDO, op. cit.
18. KOOCE, op. cit.

fut ainsi des tags de Boxer, Bando, Echo ou Estim. Mais plus positivement nous pourrions suggérer que la copie des plus grandes signatures confirme leur notoriété. Seuls les grands maîtres attirent les faussaires...

Le réseau : tags et transports

Il n'y a rien de « sauvage » ou de désordonné à la prolifération de ces inscriptions graphiques dans la ville. Elles obéissent au contraire à une occupation méthodique de l'espace.

« On place un tag suivant le lieu : sur telle ligne de RER, on sait qu'elle passe par telle ou telle station. Plus il y a des intersections et des correspondances sur ligne, mieux c'est. C'est pour ça que par exemple la ligne 2 et 3 à Paris ont été énormément taguées[19]. »

Les Halles à Paris, à l'intersection des réseaux de transport, constituent le point cardinal du regroupement des habitants de la périphérie. Ce n'est donc pas un hasard si elles furent un pôle de diffusion du tag qui prolifère par rayonnement.

« Les Halles c'est une vitrine, les Halles c'est un lieu où se retrouvent des gens de toutes les banlieues, toutes les cultures et là, on vient s'afficher, se faire connaître dans le tag on commence par le centre, par Paris. D'ailleurs tous les tagueurs que je connais des banlieues, s'il veulent se faire connaître vraiment, s'ils veulent pouvoir dire ou se dire, je fais partie du mouvement tag, en tout cas je suis connu, ils viennent à Paris taguer[20]. »

Le tag flèche le parcours du tagueur. Celui-ci commencera par marquer les environs proches de son lieu d'habitation. S'il déménage, il cherchera à signer sa présence dans ce nouveau lieu.

« On commence par son quartier et sa feuille de papier et selon le degré de maturité le tagueur peut se faire connaître, entrer par la diffusion organisée ou alors il peut commencer progressivement comme je l'ai fait, par le quartier de ses copains, par mon arrondissement et progressivement par un élargissement et le centre peut être son lieu d'habitation[21]. »

19. JEAX, *op. cit.*
20. KOOCE, *op. cit.*
21. Id.

Nous ne pouvons pas cependant comparer cette attitude à une appropriation d'un territoire. Le tag ne s'apparente en aucune façon à un phénomène de bande mettant en jeu une conquête spatiale. Le tagueur accompagne les voies de communication. Il utilisera ces espaces de passage et d'inter-connection pour démultiplier la force de sa marque graphique.

« Quand je me déplace, à n'importe quelle heure dans la journée, si je prends les transports en commun, si je peux placer un tag au marqueur, je le fais[22]. »

La ceinture ferroviaire de la petite couronne, les gares SNCF et RER, les lignes et stations de métro et de train, les grands axes routiers de la capitale et de sa périphérie réalisent les lieux privilégiés de son expression.

Le réseau du métro met en juxtaposition deux univers, deux temps, qui se côtoirent dans un même espace. Cette relation est en cela représentative de la réaction de la société et des institutions face à ce phénomène.

Il est habituel, lorsqu'on aborde le thème des graffitis dans le métro, de présenter la somme consacrée par la RATP à la lutte contre cette présence indésirable. Il est vrai, les chiffres impressionnent : 100 MF entre 1986 et 1990, une augmentation annuelle constante puisque l'année 1990 représente à elle seule 60 MF.

Cependant le battage médiatique autour du tag ne peut s'expliquer uniquement par ces chiffres[23] mais surtout par la question apparemment sans réponse que pose ce déferlement.

Les moyens financiers mis en œuvre pour nettoyer, prévenir, au côté de l'arsenal répressif et de surveillance, font penser à une véritable guerre où les couloirs ont remplacé les tranchées. Et c'est bien ainsi que la RATP se positionne. Étrange discours qui rejoint paradoxalement celui des jeunes dans l'envoi d'un « défi » où la surenchère est la règle.

Alors que le tag ne remet pas en cause la fonction et le fonctionnement du réseau, il devient « une sorte d'opérateur

22. BDB, *op. cit.*
23. Ainsi la société Air France dépensa en 1990 la même somme pour réparer les dégradations et les vols dans ses avions qui ne sont pourtant pas utilisés par les tagueurs...

scénique des dysfonctionnements de l'entreprise [RATP] qui légitiment avec d'autres phénomènes le renforcement de la rationalité sanitaire et sécuritaire[24] ».

Le graffeur Jeax notait que les plus belles œuvres réalisées sur les voitures dans les dépôts restèrent invisibles au public. La RATP les nettoya en priorité, laissant en circulation les rames rapidement taguées, cherchant par là à s'attirer le soutien des voyageurs dans sa lutte contre le « vandalisme ».

Ces propos rejoignent ceux de Michel Kokoreff et tendraient à prouver que le conflit, pris dans une « sacralisation de la technique », se caractérise par la volonté d'une maîtrise de l'image.

« Les tagueurs pour moi, il y a des gens qui font des trucs biens — je sais qu'il ne faut pas le dire à la RATP. Je trouve que les vrais, les purs, ceux du début, étaient très esthétiques[25]... »

Tout le monde convient que les fresques réalisées sur le métro new-yorkais réhabilitaient un matériel défectueux. Laisser transparaître le caractère esthétique de ce travail sur le métro français aurait été pour la RATP une remise en cause de l'image de sa modernité technologique.

La RATP prend donc le tag comme un « challange » : au déferlement graphique doit répondre un déferlement de technicité. Ce qui conduit à inventer de nouveaux types de revêtement tel que le VRAG (Vernis Réticulaire Anti-Graffiti) qui ressemble étrangement à un anagramme du mot tag, ou encore à recouvrir les armoires métalliques des appareillages électriques de « graffitis institutionnels » (les « labyrinthes »)... pour combattre les « graffitis sauvages ».

Comment ne pas voir une similitude, sinon une « connivence » entre tag et lutte anti-tag confirmant le paradoxe dans lequel sont prises les institutions : à la recherche d'une image novatrice, elles puisent dans les arts du hip-hop pour signifier la modernité mais n'aimeraient leur prendre que l'apparence en délaissant leur dimension subversive qui tôt ou tard finit par resurgir.

Ainsi la RATP utilisa en 1984 dans sa campagne « Graffiticket », la tag comme « vecteur de la modernité urbaine et

---

24. KOKOREFF M., *Le lisse et l'incisif. Les tags dans le métro*, op. cit., p. 7.
25. Interview d'un employé de la RATP, *id., ibid.*, p. 15.

vecteur de sa communication institutionnelle[26] »... puis ensuite le combattra farouchement.

Tag et culture hip-hop

Le tag est souvent présenté comme une forme mineure, le stade primaire du graff, le passage obligatoire dans l'apprentissage de techniques plus évoluées. Cette vision réductionniste s'appuie sur des critères esthétiques pour se justifier.

Il n'y a pas de « bons » graffeurs et de « mauvais » tagueurs où les premiers seraient comparés à des artistes originaux et les seconds renvoyés dans les bas-fonds de la délinquance.

« Il faut que le tag et le graff soient vus comme deux choses parallèles. Il ne faut pas que l'un renie l'autre. Surtout maintenant, les graffeurs ne se retournent plus vers les tagueurs alors qu'à une époque, on rentrait dans un chantier, il y avait un mec qui peignait, il était réputé mais il y avait quand même un échange. Je ne connais pas de graffeurs qui n'ont jamais tagué[27]. »

La séparation entre les deux techniques est arbitraire. Souvent le graffeur a commencé par une phase tag pour se faire reconnaître. C'est d'ailleurs par le tag qu'est né le mouvement graffiti (voir « Introduction à l'expression graphique »). C'est toujours lui qui a maintenu la permanence d'une visibilité dans l'espace public, assurant ainsi un lien entre les périodes d'ombre et de lumière des expressions artistiques du hip-hop.

« En 1984/85, on a su que ça continuait [le mouvement] parce qu'on a vu apparaître les tags. Ils ont été une bouteille à la mer pour faire savoir que ce n'était pas fini pour nous[28]. »

« Je me dis que j'ai envie d'exister pour eux [les tagueurs], mais j'ai envie d'exister de façon forte, en fait j'ai envie de les impressionner. Donc, je me mets à taguer plus seulement dans leur quartier, mais dans tous les endroits où ils sont susceptibles d'aller, dans les endroits où on va ensemble et puis finalement partout. Et là il y a eu un passage à un

26. Interview d'un employé de la RATP, *id., ibid.*, p. 21.
27. JEAX, *op. cit.*
28. In *Rap inter-fac*, « Nation Zulu, culture hip-hop », Étudicop, Université Paris VIII, juin 1990.

réseau qui est le réseau des tagueurs que je ne connais pas, donc là j'ai eu l'envie de me faire connaître au sein d'un cercle plus large. La satisfaction en fait elle est lorsque l'on se met dans des situations à rencontrer d'autres tagueurs en allant dans un lieu, terrain vague où il y a les graffs, en fréquentant des gens qui connaissent des tagueurs, en rencontrant d'autres tagueurs et en déclinant son identité de tag[29]. »

Ainsi la différence entre le tagueur « sauvage » et le tagueur « hip-hop » se situe sur le plan de l'état d'esprit, d'un art de vivre au même titre que le rappeur se distinguera du « flambeur » ou du « tappeur » qui n'endosse que les signes extérieurs de la culture hip-hop sans en intégrer la profondeur.

Quand on partage la même passion, la liaison entre tagueurs et rappeurs se fait naturellement. L'internationalisation du rap contribua à celle des signatures des « writers » (tagueurs), maîtres dans l'art de créer des logos.

Comme pour tout mouvement artistique, il n'existe que quelques personnes qui impriment un style et beaucoup qui s'en inspirent. Le tag fait école, ainsi KOOCE a le plaisir de remarquer que dans son quartier un jeune à repris la sonorité de son tag et s'est appelé EOCE.

Le tagueur est souvent solitaire et n'entre en contact avec les autres tagueurs que par l'intermédiaire de sa signature. Pour cela il prendra des risques et cherchera à couvrir le plus d'étendue possible.

« J'en ai passé des nuits dehors, des nuits et des nuits pendant des mois. Sortir à 1 heure du matin et revenir à 5 heures du matin avec des bombes en prenant des risques pas possible. Qu'est-ce qui fait qu'un tagueur est connu ? C'est vraiment la fréquence des tags, la multiplicité des endroits dans lesquels il est, partout, les artères, la banlieue, les endroits les plus dingues ; le degré de risque pris en fonction de l'endroit où est placé le tag ; aussi la qualité de ses tags. Ce qui impressionne le plus, c'est la fréquence et le risque[30]. »

Cela n'empêche pas l'appartenance à un groupe, qui lui permettra, surtout à ses débuts, d'acquérir une reconnaissance. Mais il cherchera ensuite lui-même à acquérir une notoriété où la notion de défi est omniprésente.

29. KOOCE, *op. cit.*
30. *Id.*

Porter son propre logo, c'est prendre plaisir à le savoir la journée à portée de regard de milliers de personnes.

« Il m'est arrivé de taguer dans un entrepôt sur quinze wagons, la ligne n° 1 Château de Vincennes et d'aller le lendemain prendre des photos sur les quais du métro qui passait[31]. »

Un tagueur repasse souvent devant ses tags. Ainsi peut-on laisser un message à un tagueur connu et respecté que l'on a perdu de vue. Il y a de fortes chances qu'il soit lu par l'intéressé.

Le sens du tag

Si le tag délivre un message c'est peut-être avant tout dans la force de son développement, la prolifération de sa présence. En 1984, 36 000 m² de graffitis ont été nettoyés à Paris. En 1987, la surface a triplé et atteint 108 000 m²[32].

« Insurrection par les signes » (Baudrillard), « émeute silencieuse » (Vulbeau), pour le tagueur « l'inscription se vide progressivement de son sens à force de répétition, comme ce serait le cas pour n'importe quel mot. Une fois fondu l'enrobage de la signification, érodé par l'usage, on peut percevoir le sens profond du tag, sa fonction de support à l'expression[33] ».

Ainsi cette forêt de symboles est en elle-même le symbole d'une réunion à laquelle elle donne sens. L'expérience sensorielle du tagueur transcende des éléments urbains prosaïques en un temple de correspondances. Face aux correspondances des transports en commun, réunion sans sens de vies solitaires, il indique par les tags aux voyageurs quotidiens la correspondance possible avec un autre univers[34]. Au risque de scandaliser, le

31. KOOCE, *op. cit.*
32. *Liaison*, revue d'information et de relations publiques de la préfecture de Police, septembre-octobre 1988, n° 289, p. 19.
33. RACINE E., « Mégapole, tag et mégalomanie », in *PEPS, op. cit.*
34. Nous préférons le concept de « correspondance » à celui de « métamorphose » présenté par Alain Vulbeau qui reprend la mythologie du héros que nous avions esquissée pour le *symbole du graff*. S'appuyant sur l'homologie entre « Zulu » et « Zorro », il donne à la lettre « Z » la faculté de métamorphose dont le but « est de rétablir un ordre social momentanément compromis par l'injustice ». Mais le masque implique une nouvelle inversion, un « retour à l'état antérieur », une « énantiomorphose » (VULBEAU A., *Du tag au tag*, préf. Lapassade,

tag, par sa trace, humanise les voies de transport en révélant l'existence d'une autre vie. A l'opposé du sentiment d'insécurité il procure une sensation de familiarité au tagueur inconnu qui, retrouvant la trace d'anciennes explorations, partout se trouve chez lui.

« Je sais que j'aime bien voir les tags qui m'appartiennent là où je vais. Ça m'arrive d'aller chez une personne chez laquelle je ne suis jamais allé et par la fenêtre, de sa fenêtre je vois un tag, je suis passé par là déjà, quelque part je me sens chez moi. Donc là je suis le récepteur de mon propre tag et ça me fait du bien[35]. »

Le rapport urbain se caractérise par une perte de l'ancrage spatial qui était, dans les campagnes, l'ancrage aussi d'un nom : le nom était de celui de la terre. En ville il n'y a pas de territoire qui garantisse la pérennité de son nom.

Cette désolidarisation s'est accrue avec les nouvelles technologies de communication qui effacent le nom au profit du chiffre ou de l'icône. La « crise » consomme la rupture entre identité, espace et nom.

« J'ai posé mon nom, je suis connu, j'ai déposé mon nom ; mon nom est breveté en quelque sorte, je suis propriétaire[36]. »

Le tagueur réimprime le nom — son nom — sur la ville, un nom anonyme, propriété exclusive, sans attache spatiale, qui glisse le long des voies. Contrairement au nom propre, celui-ci ne se transmet pas. Il ne peut y avoir qu'un seul porteur du nom, le tag étant ce qui signifie cette référence unique, la forme qui renvoie à son nom. Si on peut ensuite attribuer à la prolifération du tag le sens d'un message, le tag est d'abord essence avant de faire sens.

« Le mur de l'immeuble, la paroi du wagon de métro ne sont que des supports transitoires. La surface d'inscription qu'il vise est une surface abstraite qui sera atteinte au terme d'un jeu de relais : c'est la mémoire du plus grand nombre de lecteurs[37]. »

Paris, Desclée de Brouwer, 1992, p. 71). Si le tag peut effectivement se comprendre comme identité de remplacement, la notion de correspondance par contre ouvre un nouvel espace ».
35. KOOCE, op. cit.
36. Id.
37. FRAENKEL B., « La délinquance lettrée des graffitteurs de New York », in L'ordre du graffiti, op. cit., p. 17.

Il ne s'agit donc pas d'une conquête de l'espace mais de la révélation d'une présence unique dans ce « non-lieu », le fléchage d'un déplacement.

Le tag se comprend aussi bien sûr comme une adresse envers les autres tagueurs.

« J'ai été confronté au désir d'échos, j'allais voir d'autres tagueurs pour avoir un écho, je déclinais mon identité et là tout était de savoir si l'autre me reconnaissait[38]. »

Si le tag est un geste transgressif, il n'agresse pas directement et physiquement.

« C'est pas méchant, si vraiment les tags ça dérange les gens, c'est vraiment pas des problèmes qui sont ultra-importants. Je me demande si tous les jeunes qui taguent, s'ils n'avaient pas le tag, qu'est-ce qu'ils feraient d'autre, ils pourraient faire[39] ? »

Il participe à une révolte contre l'uniformisation de l'espace urbain, certes silencieuse mais significative d'une volonté d'inscription sociale. Certains feront « carrière » dans l'univers du tag, d'autres s'en serviront comme outil ou comme tremplin.

« Le tag tu fais carrière par rapport à tous les gens qui sont dedans, c'est largement suffisant, tu n'as pas besoin d'autre chose[40]. »

« La mégapole isole, le tagueur balise. Il balise par l'écriture — expression on ne peut plus personnelle — le labyrinthe d'acier, de verre et de chair qui l'entoure. Le réseau uniformisé, informatisé, régulé, aseptisé dont il fait partie, dont il subit l'inexorable fonctionnement[41]. »

---

38. KOOCE, op. cit.
39. BDB, op. cit.
40. Id.
41. RACINE E., « Mégapole, tag et mégalomanie », op. cit.

L'univers commun au graff et au tag

L'art du graffiti, comme les autres arts du hip-hop, s'inscrit dans un « équilibre tendu ». La place de l'artiste n'est jamais reposante. Dans le hip-hop plus qu'ailleurs, il se met en danger. Cette tension même participe à l'énergie créatrice. Elle s'inscrit pour le graffitis-art dans ce lieu particulier entre légalité et illégalité, une faille du temps et de l'espace.

Illégalisme et pratiques artistiques

La confusion est avant tout liée au caractère juridique de l'acte. Le graff et le tag aussi recherchés soient-ils restent un acte illégal. C'est principalement sur l'illégalisme et non sur l'expression artistique que le regard extérieur sera tenté de porter son jugement.

En effet une différence fondamentale sépare l'art de la rue de l'art « légitime ». « Les œuvres d'art légitime — c'est-à-dire légitimées — jouissent d'une juste législation. La loi les protège, et garantit ainsi les droits moraux des artistes : « L'œuvre est alors une quasi-personne. [...] En revanche, les picturo-graffitis sont, le plus légalement du monde, effacés, ou recouverts d'une couche de peinture réglementaire par les soins des services officiels compétents. [...] Ces peintures relèvent, aux yeux de la loi, davantage de la souillure graffitienne que de l'histoire de l'art[1]. »

---

1. RIOUT D., « La peinture encrapulée : les picturo-graffitis », in *L'ordre du graffiti*, *op. cit.*, p. 26.

« Les gens qui voient pensent que c'est des délinquants. Quand ils ne connaissent pas c'est "destruction", "saccage", "détérioration". C'est banni. Il y a des gens qui regardent et d'autres qui passent devant parce qu'ils essaient même pas de regarder, ils savent que c'est bariolé, ils n'observent pas, ils passent, d'autres regardent et se demandent pourquoi il y a du graff et du tag, ils ne savent pas. C'est comme quelqu'un qui a jamais réellement lu il dira que la littérature c'est barbant. Comme toutes les formes d'art d'ailleurs[2]. »

Il sera bien souvent amalgamé à une « pollution visuelle », sinon purement et simplement au vandalisme. Prenons comme exemple le titre d'un journal parmi tant d'autres : « graffiti : quels remèdes contre la pollution[3] ? ». C'est donc sous l'angle répressif que le tag et le graff seront pris en compte.

Le nouveau code pénal, promulgué en mars 1994, insère un article concernant les tags. Nous assistons à une « criminalisation » de l'acte. Il entérine l'accroissement des peines encourues depuis quelques années. Les poursuites judiciaires contre le graff ou le tag ont été requalifiées suivant la désignation de la dégradation qui dépend principalement du lieu d'inscription et de la profondeur de la surface touchée[4].

Des hommes politiques, peu frappés par la contradiction, invoquent comme justification à l'emprisonnement la possibilité de développer l'alternative « Travaux d'Intérêt Généraux » (TIG) qui seraient une façon de *surveiller et punir*[5] plus « éducative ».

Miroir de l'imaginaire social, du rêve d'une société « propre » et « sans risque », ce nouveau code pénal reflète les peurs modernes.

---

2. GREG, *op. cit.*
3. In *Les cahiers techniques du bâtiment*, n° 118, juin 1990, p. 108.
4. « Le fait de tracer des inscriptions, des signes ou des dessins » sur les façades, les véhicules, les voies publiques ou le mobilier urbain est puni de 25 000 F d'amende (peine maximale) s'il y a eu peu de dégâts, de trois ans d'emprisonnement et 300 000 F d'amende pour la détérioration d'un bâtiment public, de cinq ans de prison et 500 000 F d'amende si le tag vise un magistrat, un juré, un avocat ou tout officier public (Art. 322-1 et suivants).
5. Sur la logique de l'univers carcéral et l'emprise sur les corps : FOUCAULT M., *Surveiller et punir, Naissance de la prison*, Paris, Gallimard, 1975.

Les graffeurs clament l'hypocrisie de ce jugement, fustigeant le fleurissement de panneaux publicitaires et autres débordements d'industries peu scrupuleuses qui défigurent la ville[6] : « Vous vous sentez agressé par des signes, vous dites que cette forme d'expression vous gâche les yeux mais quand je vois les publicités sur l'autoroute ou dans le métro, ça me gonfle autant. On les subit. On paye pour cette publicité que l'on est obligé de voir[7]. »

Ainsi, les graffs viennent parfois embellir l'uniforme laideur des palissades comme pour le chantier du Grand Louvre. Si bien remarquées que certaines d'entre elles seront déplacées ou reproduites au centre Beaubourg dans le cadre d'une exposition.

Des initiatives comme « hip-hop dixit » en 1989 chercheront à réduire l'écart entre la direction des musées, les conservateurs et les membres du hip-hop. L'association Acte II fut le support de cette « médiation » sur l'initiative de la Direction des Musées de France.

Nous pointons ici le paradoxe d'un art de la rue jouxtant ou introduit dans les lieux symboliques du « Grand Art » mais poursuivi par ailleurs par la justice. Nombre de graffeurs connaissent l'expérience d'être invités le jour par une municipalité pour décorer le mur d'un bâtiment public et, à quelques encablures de ce lieu, clandestins la nuit dans le même exercice de leur activité.

Ce paradoxe existe aussi sur le plan des politiques institutionnelles (concernant la RATP voir « Le réseau : tags et transports »). Nous pourrions relever la même ambivalence dans les campagnes gouvernementales en direction des jeunes qui utiliseront la compétence des graffeurs (exemple de la « Carte Jeune ») ou encore certaines sociétés d'HLM dont le logo s'inspire directement du tag...

Paradoxe aussi sur le plan économique où la tentative de restreindre la vente de bombes aux seuls professionnels s'est heurtée au lobby des commerçants.

Ces exemples confirment l'ambivalence des pouvoirs publics et du jugement social vis-à-vis de cette forme d'expression.

6. Les délits de pollution sont quasiment absents du code pénal.
7. Intervention de DARCO, graffeur, *Forum les cultures de la rue*, *op. cit.*, p. 6.

Afin d'échapper au contrôle de l'ordre public les graffeurs et tagueurs développeront à côté de leurs expressions, un art particulier, celui de « l'esquive ». Ils se déplaceront en petit groupe afin de parer à toutes éventualités.

« Le mieux c'est d'être toujours à deux ou trois à l'extérieur, de ne pas être en groupe et de se réunir dans des endroits où on les voit pas, où ils peuvent être seuls sans que les gens puissent les voir[8]. »

Ils ne porteront aucun signe extérieur qui pourrait indiquer leurs pratiques clandestines.

« Avant c'était bonnet, grosses chaussures, mais maintenant le graffeur se voit de moins en moins. Les vrais graffeurs, les grands graffeurs sont habillés de plus en plus normalement parce qu'ils sont trop recherchés, parce que les flics commencent à connaître leur style d'habillement[9]. »

L'acte ne peut être séparé de son caractère illégal. C'est la part de risque qui pimente l'expression. Nous parlons du risque, non de l'interdit. Encore une fois, rappelons que le tag, s'il transgresse une norme, une loi, ne peut se résumer à un simple jeu avec l'interdit que la psychologie a analysé dans le parcours de l'adolescent.

Cette part de risque est connue et assumée. Il s'agira de reconnaître le bruit qui précède l'électrification du rail central dans le métro, de repérer le recoin le plus proche pour se mettre à l'abri dans l'hypothèse de passage d'une rame.

Le tagueur ou graffeur connaît parfaitement l'arsenal répressif, les postes de police et les fameux « maîtres chiens ». Quel que soit le lieu de leurs exercices, ils garderont toujours une main sur leur sac afin d'y ranger hâtivement leurs bombes. Dans le cas d'un contact avec les forces de l'ordre ils tenteront de se délester le plus rapidement possible de leur matériel, afin que, s'ils sont pris, de ne garder aucune preuve de leur activité.

Tous graffeurs et tagueurs ont des aventures à raconter sur leurs expéditions nocturnes.

« Tu ne peux pas savoir, être dans une rue, voir une bagnole de flics débouler au coin, se faire poursuivre, faire une fresque, avoir un flic en

---

8. GREG, *op. cit.*
9. *Id.*

civil qui était à côté de moi, il était par terre, il me met la main sur l'épaule, je me tire en courant, je pars à fond, il me court après sur 100 m, c'est du risque, c'est de la tension, t'as l'impression d'avoir la mort aux trousses. T'as un flic dans le dos, tu penses à la balle. Ça m'est arrivé d'être à Épinay-Villetaneuse, dans la gare, de mettre un tag sur les rails, sur un mur dans la gare, pensant que le RER qui va passer va s'arrêter à la gare, donc j'aurai le temps de le voir, donc il n'y avait pas de danger ; finalement, ce jour-là, j'ai failli mourir, c'était un train direct[10]. »

La nuit les manifestations sonores prennent une consistance différente. Le silence envahit la ville, et le moindre bruissement semble le déchirer. Le « pshit pshit » des bombes devient assourdissant et risque de révéler à chaque instant une présence non désirée.

La tension permanente, l'exigence d'avoir les sens en alerte, être à l'écoute du moindre bruit, du moindre changement de l'environnement, les décharges d'adrénaline qui en résultent, produisent un état « second » qui s'apparente à la transe.

« Je suis en transe, moi je suis en transe quand je tague. Avant d'aller taguer, avant de sortir, en préparant le matériel, j'éprouve une excitation incroyable, ça me donne une énergie, je suis prêt[11]... »

Un désir irrésistible pousse à retrouver les mêmes sensations, à rechercher des expériences que la société contemporaine se montre incapable de provoquer.

Une faille du temps et de l'espace

Le graff et le tag ne peuvent être séparés du mur. Ils perdraient bien plus qu'un simple matériau, mais le socle qui le soutient. Les conditions de son exercice font partie intégrante de son essence.

« Il y a des lieux comme ça où il y a des règles propres. C'est le lieu du hip-hop et on se bat pour garder les murs, ce serait une perte pour le mouvement hip-hop[12]. »

10. KOOCE, op. cit.
11. Id.
12. GREG, op. cit.

Des graffeurs, bien qu'exposant dans des galeries, éprouvent la nécessité de poursuivre une activité nocturne régénératrice. La vitalité du graff réside dans l'univers particulier où il s'exprime. L'acte possède un aspect « dangereux » ; physiquement dangereux quand il s'agit des lignes de chemin de fer ou de métro ou des endroits difficiles d'accès ; pénalement dangereux en risquant d'être repéré et pris par les forces de l'ordre ou de sécurité.

« Il y en a plus d'un qui étaient passionnés par le tag ou le graff et qui ont laissé leur vie. Et ça la RATP dans leur guerre du tag, elle en n'a jamais parlé. Je le dis en hommage à Zone, un tagueur qui a été fauché par un train, il y en plein d'autres. C'est aussi ça qui me pousse à rester dedans et qui m'a motivé puisqu'on vivait pour la même passion. Même si tu vieillis et que tu n'as plus quinze ans, c'est quelque chose qui te prend au fond de toi. C'est comme la peinture, un peintre il n'arrêtera jamais[13]. »

L'accroissement de la répression depuis ces dernières années a rendu l'exercice de cette expression périlleuse.

« Il y a eu la création d'une brigade de vigiles que nous appelions les ''robocops'', puis ce fut les caméras de surveillance, les maîtres chiens. Descendre dans le métro est devenu un plan commando[14]. »

Ces conditions impriment le rythme et la rapidité de l'exécution et renforcent la notion de « performance » artistique. Ainsi les graffeurs parleront de réaliser une « performance » pour désigner un projet de graff même si ce projet s'inscrit dans un cadre autorisé comme une manifestation culturelle par exemple.

Sa nature clandestine implique l'usage d'un langage codé et de pseudonymes (rôle du tag) confirmant l'appartenance à une « autre société ».

« Ils savent la direction du message, d'où vient la base, et ils sont plus ou moins d'accord avec le message. Et s'ils veulent répondre à ce message ils font un graff à côté. C'est un réseau très fermé mais quand on y est, c'est très ouvert, on peut parler avec n'importe qui. Quelqu'un qui est dans un groupe, il vit. Il n'est pas tout le temps dans le groupe.

13. JEAX, *op. cit.*
14. *Id.*

Tu peux discuter avec les gens toujours sans divulguer les choses concrètes du posse, te dire comment ça se passe mais tu ne peux pas dire des noms clefs, des endroits clefs, il y a des choses qui ne peuvent pas se dire, et qui sont ancrées dans le graff, le graffeur, ça ne lui viendrait même pas à l'idée de le dire. Il y a des choses qui se disent et d'autres qui se disent pas. C'est le savoir-vivre du groupe[15]. »

Elle renforce les pratiques solidaires (par exemple réaliser des « plans » pour trouver un lieu, du matériel), autant de signes d'une appartenance à un même groupe.

« Quand y a un plan, que tu es appelé pour faire un graff au mur, tu as un bon plan et que tu n'avertis pas ton groupe, tu es rejeté. C'est une question de principe, ne pas être égoïste, le faire partager par tout le groupe. Tout ce que tu gagnes, tu le partages avec le groupe autant les bombes, tout, c'est de s'aider dans le groupe[16]. »

Le support utilisé attribue à l'expression son caractère éphémère. « Nous sommes les hors-la-loi de l'éphémère[17] », proclamait un graffiti sur un mur très symbolique, celui de Berlin.

« Même quand je peins sur toile, ça reste éphémère. Je n'ai aucun problème pour repeindre dessus. C'est un travail qui continue, il faut que ça reste de l'éphémère, c'est notre force, pouvoir à chaque fois renouveler les images[18]. »

« Cet espace [le mur], ces menaces, l'anonymat […] confèrent aux *Éphémères* une signification qu'ils ne parviendraient pas à atteindre s'ils s'inscrivaient dans l'espace trop policé de la feuille, de la toile. Quand d'aventure ils s'exposent en galerie, c'est encore de la rue qu'ils se réfèrent : elle demeure la source unique de la vigueur d'une protestation sociale, individuelle, et, pour tout dire, morale[19]. »

Le graffeur n'aime pas l'éclairage cru des médias, il préfère l'ombre propice à l'exercice de son art. C'est le mur qui devient le média, le support d'un appel-réponse.

---

15. GREG, *op. cit.*
16. *Id.*
17. KOKOREFF, *Le lisse et l'incisif. Les tags dans le métro*, *op. cit.*, p. 2.
18. JEAX, *op. cit.*
19. RIOUT D., « La peinture encrapulée : les picturo-graffitis », in *L'ordre du graffiti*, *op. cit.*, p. 31.

« Le graffeur n'aime pas que quelqu'un se prenne trop pour un graffeur. Ils essaient d'esquiver la médiatisation. Les vrais graffeurs sont médias par l'acte, par le graff mais pas par lui-même. Un vrai graffeur il ne voudra jamais passer à la télé[20]. »

Il s'agit d'un détournement puisqu'il utilise des surfaces non dévolues à cet effet dans un espace public où toute chose est prévue pour remplir une fonction spécifique.
Le tagueur ou le graffeur est un nomade. Mais s'il prend le métro, ce n'est pas au même moment que les voyageurs diurnes. Le temps lui-même, celui de la nuit, acquiert une dimension particulière. Certains graffeurs insistent sur ces moments particuliers.

« C'est une sorte de faille spatio-temporelle, ils sont arrêtés dans le temps, ils sont quelque part entre deux zones[21]. »

---

20. GREG, *op. cit.*
21. *Id.*

L'expression parlée et musicale

Les racines du rap, principales composantes du hip-hop, se ramifient entre la Jamaïque (voir chapitre « Rastas et Zulus »), dans la transformation des musiques populaires (particulièrement celles des ghettos durant les années 1960/70), et les États-Unis dans l'évolution de la musique noire (blues, jazz, soul, funk...).

« Bavarder », « jacter », « baratiner » sont les sens attribués au verbe « to rap ». Le rap est avant toute chose un texte scandé, improvisé ou non. Bien qu'ils n'atteignirent pas la renommée des rappeurs actuels, les Last Poets (« Poètes du temps qui passe ») imposèrent dans les années 1960/70 le « spoken word », ce parler si particulier rythmé par des percussions dont s'inspirent tous les groupes de rap. Encore aujourd'hui les Last Poets rencontrent un succès d'estime, particulièrement en France où certains membres de ce groupe se sont installés.

« Le rap à l'origine tu vois, c'est pas la musique, c'est les paroles, le rap c'est les paroles. A l'origine c'est du disque, il n'y a même pas de musique : c'est juste un tempo qui tourne comme ça et tu rapes dessus[1]. »

Le développement des technologies sonna l'arrivée des « beat box » (percussions synthétiques), du « sample » (musique mise en boucle). Le « dub » (simple ligne mélodique) laisse place à une sophistication musicale de plus en plus grande, terrain de prédilection des D.J.'s ou disc-jockeys (voir chapitre

---

1. OLYVE, *op. cit.*

« Technologie et animations D.J.'s ». Cette base sonore appuie les mots qui prennent d'autant plus de force que le « beat », le tempo, est rapide.

L'alliance entre une langue du ghetto (jive-talk), une scansion de la parole (celle des Last Poets, des compétitions verbales...) et un son nouveau (le break-beat[2]) donna naissance au rap.

Une force formidable s'en dégage, atteignant une dimension que certains qualifieront de « métaphysique ». Comme les autres arts du hip-hop, le rap est un art de vivre, une arme, une expression, avec la singularité de jongler avec les mots.

Le single *Rapper's Delight*, premier rap enregistré, signe en 1979 l'arrivée du rap américain sur la scène musicale officielle. Puis, en 1982, Grand Master Flash est reconnu comme celui qui, pour la première fois, utilisa les techniques du rap pour divulguer un « lyric » (texte), détenteur de sens, traduisant une réalité sociale. Grâce à son fameux texte *The Message*[3], il contribue à la reconnaissance internationale du rap dans sa fonction de diffusion d'un message.

Le rap français a mûri au cours des années 1980 pour atteindre la maturité et la diversité que nous lui connaissons aujourd'hui. Popularisé en 1982/83 par des émissions de radio et de télévision, il se confond au début avec l'aventure du smurf et de la break-dance (voir chapitre d'introduction à « L'expression corporelle »). Dee Nasty et son album *Paname City Rappin* ouvre en 1984 l'histoire du rap français. Aujourd'hui présenté comme le père fondateur du hip-hop en France, on oublie trop souvent qu'il est avant tout un créateur dans l'art D.J. (ou Djing). Si Dee Nasty a pris cette place, c'est parce que le Djing occupe une place centrale (base musicale et rythmique) dans la création rap. Son dernier disque où il fait une large place à la technique du scratch, nous rappelle cette évidence.

Parmi les autres précurseurs citons Lionel D, Johny Go, Destroy Man, Iron 2, New Generation M.C.'s, Shoes... C'est

---

2. Le break-beat s'obtient avec deux platines où tournent deux disques identiques. Sur la première le D.J. laisse jouer le morceau entier, sur la seconde il impose le beat (tempo) en ramenant sans cesse le diamant au niveau du break de batterie que contient le morceau.

3. GRAND MASTER FLASH AND THE FURIOUS FIVE, *The Message*, Surgarhill Records, ZL 619, 1982.

l'époque des « free-jams » dans les terrains vagues comme celui de La Chapelle : « J'installais mes platines sur un vieux frigidaire et, pour deux francs de participation, des gens pouvaient breaker, écouter du son ou prendre le micro[4]. »

L'ouverture de la boîte de nuit le Globo, la reprise des émissions consacrées au rap sur Radio 7 avec Sidney et les émissions de Radio Nova ou de Voltage FM signalent en 1988 un nouvel essor du rap. Les premiers membres dont la notoriété dépasse le cercle des initiés furent Nec + Ultra, EJM, Little M.C.'s, M.C. Solaar, Timide et Sans Complexe, NTM... Le parcours d'EJM est à ce titre représentatif de l'évolution du rap français :

« Le fait que je sois dans le hip-hop c'est tout simplement parce qu'à l'époque de Sidney, quand il a commencé ses émissions, Radio 7, moi j'aimais bien tout ce qui était funk, soul et tous ces dérivés. Mes copains, ils écoutaient ça, bon ils dansaient, c'était à l'école tu vois. Comme j'avais une oreille avertie sur l'anglais parce que j'aimais bien, je m'amusais à bien capter les paroles et à les reprendre. J'arrivais à les rechanter tout simplement. Puis ils m'ont dit, c'est bien ce que tu fais, tu devrais être rappeur. C'était en 1984, il y a eu un trou. Pendant quelque temps j'écoutais de la musique mais sans plus, je ne suis pas trop resté là-dedans et à partir de 1987/88, je me suis remis un peu à écrire en français et puis essayer de rapper, parce que ça correspondait à un besoin personnel. Après on a fait des groupes, il y a eu des associations qui ont été faites. Au départ, le premier groupe dans lequel je suis rentré s'appelait Perfect-Line et ensuite ça s'est dissous, moi j'ai continué mon chemin tout seul. Après j'étais dans les Atomic qui après ont disparu et les membres des Atomic ont formé les Little M.C.'s qui sont devenus un groupe de rap. Moi j'ai continué ma route en tant que EJM et je me suis mis avec des mecs de Trappes dans les Yvelines et puis on a créé EJM-État-2-choc. Parce que moi j'avais déjà réussi à faire deux ou trois trucs en vinyle, une compilation sur un label indépendant. Le titre s'appelait *Nous vivons tous*. C'était ragga hip-hop. Ensuite, j'ai fait en 1989 et 1990, la compilation *Rap-attitude*. J'avais un titre, c'était *Éléments dangereux* toujours en tant que EJM, mais j'avais déjà à cette époque-là formé le crew État-2-choc. Et après on m'a signé dans une major-compagnie, BMG. J'ai fait *Je veux du cash*. C'était mon premier maxi. Et puis un an après en 1991, j'ai fait un mini-album qui était sans nom qui s'appelait juste EJM-État-2-choc. Il y avait des titres qui avaient plus marqué les gens, c'était *Renégat* il y avait aussi *Je détiens le zéro*, c'était un mini-album[5]. »

4. DEE NASTY, interview in *L'Affiche*, n° 17, 1994, p. 9.
5. EJM, *op. cit.*

Aucun pays d'Europe n'échappe à la vague rap. En témoigne la Scandinavie qui forma ses premiers groupes dès 1987 tel que The Master Brothers, Damn The Band et Definitive 4.

Cette génération arrive à maturité au début des années 1990 et ouvre une scène rap française et même francophone (exemple du groupe suisse Sens Unik). Les plus connus sont Assassins, NTM, I AM, M.C. Solaar. Le succès principalement des deux derniers dépasse largement l'audience rap classique et touche l'ensemble de la société. En 1995, ils atteignent la consécration : en étant primé aux « Victoires de la Musique », ils sont jugés les meilleurs représentants de la chanson française.

Cette « victoire » signe-t-elle pour autant une meilleure reconnaissance ou compréhension de la culture hip-hop ? Si le succès des groupes « phares » a ouvert la porte à certains, d'autres ne se sentent pas représentés ou soutenus dans leurs démarches.

Ainsi, une « nouvelle génération » au milieu des années 1990 s'affirme et cherche une voie originale dans l'auto-production (voir chapitre « Auto-production »). A la différence de la précédente, elle a baigné depuis le début dans la culture hip-hop, elle possède un recul historique et bénéficie de ce fond culturel. Elle « digère » avec une grande rapidité l'expérience de ses aînés en s'opposant parfois à eux.

Citons en particulier les Root's neg, les 2 neg, KII Conscience, N.A.P. (New African Poet), East et Cut Killer, La cliqua, Fabe, Clan Actuel...

Elle est rejointe par ceux qui ne se retrouvent pas non plus dans les tendances les plus médiatisées du rap français. C'est le cas de Ministère A.M.E.R., Too Leust (ex-New Generation M.C.'s), de Da Lausz (ex-Little Mc's). Ce dernier produit aujourd'hui la jeune rappeuse Sté.

Dee Nasty, « premier de toutes les générations », soutient l'authenticité du mouvement à travers son dernier disque *Le deenastyle* qui retrace musicalement l'histoire du hip-hop français.

Cependant la frontière entre ce qui serait un rap « commercial » et un rap « underground » n'est pas aussi franche. L'argent du rap est souvent réinvesti dans le rap et sert à financer des auto-productions.

Dans la mouvance du posse 500 One de M.C. Solaar et

Soon-E M.C., Jimmy Jay produit en 1993 sur son label indépendant Sentinelle Nord la compilation *Les Cool Sessions*. S'y retrouvent des artistes qui font aujourd'hui parler d'eux et qui se lancent aussi dans l'auto-production comme les Sages Poètes de la Rue, Moda & Dan, Democrate D, S.L.E.O. (Syndrome Lyrique d'Expression Orale)... Ainsi Moda & Dan lancent leur propre compilation *Ça se passe comme ça*, S.L.E.O. sort son disque *Je lance les dés*.

Le groupe marseillais I AM, quant à lui, soutient le « coté obscur », à la fois collectif de développement et label qui regroupent rappeurs, D.J.'s, musiciens, danseurs..., pas uniquement sur la région sud de la France.

Face à cette explosion de styles et de contenus (voir « Le concept »), le véritable fossé ne semble pas se situer entre rappeurs « médiatisés » et rappeurs de « l'ombre » mais entre un mouvement créatif, incontrôlable, et les grosses maisons de disque, les « majors compagnies » trop pesantes pour suivre le rythme de cette évolution.

Après plus de dix ans, le rap atteint sa maturité dans l'indépendance.

Le message

Du paroleur au rappeur

Quelles que soient les branches musicales qui supportent le rap, les racines puisent dans les mêmes origines, celles du paroleur, du tchatcheur, du prédicateur. Du conteur au rappeur, du griot au journaliste social des temps modernes, une filiation recomposée est revendiquée, celle qui suit le chemin de la « littérature orale » et se produit dans la « poésie urbaine ».

« *Mais que fait donc ce mec avec un micro à la main ? / Mais que fait-il donc ? Il rappe ? Ah bon, très bien / Il raconte sa vie, des histoires, celles des autres / On ne peut plus l'arrêter mais ce n'est pas de sa faute / Envie de s'exprimer, de vouloir se montrer / Il existe, il le dit et ça s'appelle rapper / Maître de cérémonie, un ambianceur, tchatcheur / Bonnes gens n'ayez pas peur, c'est un feeling du cœur*[1]. »

Dans cette tradition certains rappeurs revendiquent une filiation avec le griot : « Il y a toujours eu le rap en Afrique. Les griots devaient chanter dans la langue courante en utilisant les moyens d'expression de l'époque. Ils jouaient la Kora ou tapaient sur un tambour et racontaient tous les événements courants. Ils s'amusaient et informaient les gens de village en village[2]. »

---

1. LIONEL D, *Rappeur*, in *Y'a pas de problème*, op. cit.
2. OYEWOLE A, in DESSE, SBG (interviews réalisées par), *Free style*, Florent Massot & François Millet éditeurs, Paris, 1993, p. 48.

Georges Lapassade propose aussi un parallèle avec la tradition maghrébine et le majdoub (« le ravi, l'illuminé, le fou de Dieu en état de transe permanente »). « Le poète des rues et des souks dit et improvise souvent ses poèmes, en arabe dialectal rythmé, en s'accompagnant d'un tambourin, s'il n'a pas un petit orchestre à sa disposition, pour les spectacles et les liturgies[3]. »

En France certains groupes comme les « Fabulous Trobadours » s'inspireront de la langue occitane et se présenteront, comme leur nom l'indique, descendants des troubadours.

Enfin les raggamuffin's s'inscriront, pour certains d'entre eux, dans la lignée des prédicateurs qui délivrent les visions messianiques du retour à la terre mère, la terre africaine, l'Éthiopie ou plus généralement le retour à la nature face à « Babylone » la corrompue.

Ils empruntent au gospel, au sermon des pasteurs de l'Église noire, la scansion répétitive des phrases qui acquièrent une force dramatique. « Le preaching consiste en une improvisation vocale très libre, tout entière centrée sur l'émotion poétique, sur une ferveur extrême, scandée selon les règles bien connues du public noir, ce qui lui permet de suivre et de répondre en cadence[4]. »

A la fois porteur et organisateur des voix, celui qui dans le rap mène la joute verbale, impulse le rythme de la parole, est nommé « Maître de Cérémonie » (ou M.C., se prononce [emsi], initiales anglaises de Master of Ceremony). Ce qualificatif n'est pas auto-proclamé, c'est l'usage du langage qui rend son emploi légitime.

« Quand on est rappeur on est tout, on est journaliste, orateur, chroniqueur, maître de cérémonie en même temps dans l'assemblée, celui qui parle, qui a la parole et avoir la parole comme disent les rappeurs : ''C'est moi qui ai le micro en main'', c'est une suprématie superficielle mais agréable, d'être sur la scène, au-dessus des autres et de parler. Ces jeunes ont pour une fois le moyen de s'exprimer ouvertement, on va les entendre, on leur donne un micro à la main, il suffit qu'ils écrivent un texte[5]. »

---

3. LAPASSADE G., ROUSSELOT P., *Le rap ou la fureur de dire*, op. cit., p. 16.
4. *Id., ibid.*, p. 68.
5. SIDNEY, *op. cit.*

Il assure les fonctions de porte-voix et porte-parole, il transmet un message, provoque une prise de conscience, ravive une mémoire, diffuse une énergie.

« Le dénonciateur doit avoir un rôle suffisamment défini pour que le public le perçoive comme le support de valeurs partagées. Il doit lui-même, au cours de la situation, s'identifier suffisamment au public, pour que celui-ci le considère, le temps que dure la cérémonie, comme personne publique, et non plus comme une personne privée. Il doit enfin illustrer les valeurs communes d'une manière assez provocatrice et explicite pour que la dénonciation s'opère en leur nom[6]. »

Le rappeur est, comme le conteur, celui qui maîtrise la langue. Il sort des usages convenus et stériles pour développer une parole vraie. Le maître-langage nomme celui qui parle.

« *Maître de cérémonie, rappeur pour te servir / Pour te servir si fort que tu vas réfléchir*[7]. »

Il s'inscrit dans la lignée de ceux qui exigent la parole : « Ainsi la voix de l'homme n'était en rien brisée, couverte, elle se redressait ici comme l'épi même de la lumière. Aimé Césaire, c'était le nom de celui qui parlait[8]. »

« C'est une guerre pour la normalisation des esprits. La différence se situe entre ceux qui veulent penser par eux-mêmes et ceux qui veulent imposer leur pensée aux autres[9]. »

La parole « vraie » du paroleur rejoint la parole « authentique » du rappeur. L'intervention du conteur procédait de la mise en scène. Comme pour le rappeur son intervention est d'ordre théâtral et nous pourrions reprendre au compte du rap ce que Chamoiseau décrivait du conteur : « Son langage, ses intonations, ses onomatopées, sa gestuelle, ses mimiques muettes ou bruitées, ses pas de danse, ses chantés, ses symbolisations

---

6. BACHMANN C., BASIER L., « Junior s'entraîne très fort ou le smurf comme mobilisation symbolique », in *Langage et société*, n° 34, décembre 1985, p. 63.
7. LIONEL D, *Les mots, les mots*, in *Y'a pas de problème, op. cit.*
8. BRETON A., Préface au *Cahier d'un retour au pays natal*, Paris, Bordas, 1947.
9. STÉPHANE P., *op. cit.*

de l'eau, du vent, de la pluie relevaient d'une théâtralisation presque totale[10]. »

Le rappeur comme le paroleur brise le silence en nommant la vie qui continue et qu'il faut vivre. « Il incite à ne pas arrêter la vie, à ne pas se soumettre au silence des afflictions, et, dans cette vie ressaisie, à vouloir exister[11]. »

« Donner la force de persévérer et de continuer, de ne pas baisser les mains. Il y a des personnes malgré leur état, sais pas moi, de pauvreté, ça leur permet d'avoir foi en quelque chose et de persévérer dans des principes et dans une spiritualité, ça c'est fort. Dans le rap, je crois qu'on respecte tout ça. Essayer de faire avancer les choses et ne pas se laisser aller[12]. »

L'arme des mots

Le rappeur est le maître des mots, il est respecté, il est celui qui porte le message d'unité et de force.

Cette maîtrise ne s'est pas faite en un jour. Plusieurs années, jusqu'à dix parfois, tracent un long chemin d'écriture. L'écriture est formatrice. Sans renier ses attaches populaires, le rappeur cherche à enrichir son vocabulaire, non pour réaliser des belles phrases mais pour mieux se faire comprendre, atteindre son public, bousculer sans le braquer. Les personnes évoluent à travers le rap, le rap à travers les textes.

« Le rap a évolué à travers le texte. Comme ça fait longtemps qu'on galère dans le Mouvement, on a appris d'autres choses, en traînant dans les concerts... Le vocabulaire que tu apprends dans la rue, tout le monde le sait : fils de pute, va te faire enculer, tatati, tatata, bon ça c'est bien, parce qu'on peut le mettre dans le rap parce que justement, c'est notre identité, on sait d'où on vient et ça on le renie pas. Mais ceci dit ce n'est pas parce qu'on sait d'où on vient qu'on doit pas aller chercher ailleurs[13]. »

---

10. CHAMOISEAU P., CONFIANT R., *Lettres créoles, tracées antillaises et continentales de la littérature*, op. cit., p. 137.
11. *Id., ibid.*, p. 63.
12. PHILIPPE, *op. cit.*
13. DAOUD, *op. cit.*

Il doit résoudre la contradiction de préserver une appartenance (sémiotique de la rue), un vocabulaire direct propre au rap, tout en répondant à la norme linguistique (accessibilité). Mais la soumission aux règles syntaxiques peut se comprendre comme une « assimilation », c'est-à-dire une perte de son « authenticité » qui est par essence transgressive. Le rap s'inscrit dans la tradition des « dozens » (rituel d'insultes) où le locuteur excelle dans l'art de la repartie. Il cherche avant tout à « casser », « tuer », l'adversaire dans l'accomplissement de la joute verbale. Ce parler « sale » prend une dimension sociale et politique en posant une rupture avec le « blanchiment » du parler « propre », celui officiel de l'establishment[14] dont le rappeur dénonce l'hypocrisie. Il oppose à cette domination le parler « authentique », véridique de la rue.

L'insulte a pour but de dévaloriser. Le rappeur de couleur retourne l'insulte raciste qui l'agresse. En s'affirmant par le nom d'insulte qu'on lui attribue il attaque la discrimination raciale. C'est le cas du « signifying monkey » américain (singe vanneur) qui utilise les surnoms péjoratifs du Noir (singe, babouin, macaque).

« *J'ose dire que dans les films français / Jamais ils ne proposent à un étranger, à un immigré, sauf pour balayer... / Je veux voir plus d'étrangers à la télévision / Pas seulement sur FR3, au Dom Tom régional... / Je veux qu'ils sachent, je veux qu'ils sachent / Que les étrangers, quoi qu'il arrive / Un jour ou l'autre auront leur place, yee man ! Leur place / Place aux nouveaux Héros, place aux nouveaux Négros / Je m'intègre, je suis un enculé de Nègre*[15]. »

Contrairement au jugement habituel, le rappeur ne parle pas « mal » à cause de l'ignorance des règles. Les gros mots, l'argot ou le verlan, le choix et l'articulation des mots obéissent au contraire à un ordonnancement étudié. Ainsi ceux qui

14. La question du « rap inaudible » cache bien souvent des jugements de valeur sur un « rap inacceptable ». En cela le débat est ancien. Rappelons l'intervention d'André Malraux en 1966 contre ceux qui voulaient interdire les représentations de la pièce anticolonialiste *Les paravents* de Jean Genet dont le théâtre était qualifié « le plus sale, le plus grossier, ce tombereau d'immondices » (*Le Figaro* du 23 avril 1966) ; Genet, faut-il le rappeler, s'exprimait dans une langue la plus pure.
15. TIMIDE ET SANS COMPLEXE, *Place aux nouveaux héros*, in *Le feu dans le ghetto*, CD 592278, WM, 1994.

reprochent au groupe NTM la « grossièreté » de leurs textes et de leur nom (« Nique ta Mère ») oublient que celui-ci reprend le rituel du « motherfucker » américain, vannes cruelles structurées autour des « malheurs de ta mère ».

« Prétendant au titre d'arrogant poète / Rien ne m'arrête, je vocifère chacune de mes pensées / Déclarant à tout moment l'hostilité lancée / Protège ton foie si tu m'approches / Car le swing de mon phrasé / C'est clair, t'as le toucher "Nique Ta Mère"[16]. »

Comme des « coups au foie », l'« explicit lyrics », le parler cru et direct, le « motherfucker » en affichant un goût pour la provocation, cherche à déstabiliser l'ordre établi, celui des mots, des valeurs qu'ils représentent et, conséquemment, l'ordre social des institutions qui les colportent.

« Quelle gratitude devrais-je avoir pour la France / Moi Joey Starr qu'on considère comme un barbare ? / Donc j'encule tous ces moutons de fonctionnaires / Tous ces pédés de militaires / Qui pendant oui presque plus d'une année / M'ont séquestré, malmené / Sous prétexte de faire de moi / Un homme, un vrai / Avec des couilles dans le béret / Avec le cerveau dans le paletot / Et à la place du cœur / Une saloperie de drapeau[17]. »

Mais la transgression des règles langagières présente le risque d'une perte de l'intelligibilité du « message » et de réduire le public susceptible de le comprendre à un cercle restreint d'initiés. La manière de gérer cette contradiction en fonction d'un public visé, de marcher sur la crête entre authenticité et intelligibilité est une conception propre à chaque rappeur à laquelle il intégrera les facteurs rythme et musique. Sous le terme « concept » il définit la manière originale de résoudre cette problématique (voir chapitre « Le concept »).

Le rappeur est l'Auteur, l'Unique. Il ne laisse à personne le soin de scander ses mots à sa place. Au plaisir de l'écriture, de cette richesse écrite, s'ajoute la jouissance de dire ses mots aux autres, de les faire partager.

Il possède la magie du verbe qui libère la conscience, révèle les rouages de l'oppression.

16. NTM, *Freestyle*, in *Authentik*, CD 4679942, CBS, 1991.
17. NTM, *Quelle gratitude ?*, in *Authentik, op. cit.*

« *Débiter des paroles inutiles sans aucune portée ne fait de toi en aucun cas un rappeur confirmé / Et quoi que tu dises ou quoi que tu fasses ça ne sera pas facile / On ne lutte pas contre un quatrain embarrassé et subtil*[18]. »

Cette batterie de mots est comparée à un arsenal, des expressions significatives l'indiquent : « solaarsenal », « criminosical » (qui tue avec les mots), « balistique linguistique »...

« *Pose avec le mic* [micro], *le mic est devenu ma tenue de combat [...] Le Solaarsenal est équipé de balles vocales*[19]. »

Travailler les mots est aussi une façon de travailler les maux, ceux de son environnement. Le rappeur attribue au mot la force magico-religieuse d'ébranler les murs de la cité occidentale, de produire une réalité par la langue.

« *Rappeur fanatique, ces mots sont magiques / Embrasse les foules et déclenche dans leurs têtes un déclic / Prise de conscience instantanée c'est automatique / Tel un 45 tirant des "dum-dum" linguistiques / L'empereur taoïste, mystico-philosophique / Transforme son art en une puissante doctrine / Puis tente de l'inculquer à ceux qui se sentent blasés*[20]. »

« *Bientôt sous l'effet de nos lyrics tchacher avec fureur / Babylone s'effondrera, Jah sais que je ne suis pas un joker* [manœuvrier][21]. »

« *Tout le monde crie, tout le monde trace / Devant l'attaque des poètes venus de la planète Mars...*[22] »

Le rappeur crée un espace où il construit une identité. Pour le groupe I AM cet espace épouse la réalité urbaine et culturelle de la région de Marseille. Il érige une entité, un univers, « la planète Mars », qui est à l'image de la société d'aujourd'hui et de demain. De ce territoire il lève une armée contre ceux qui s'arc-boutent sur des valeurs passéistes. En première ligne de mire est visé le Front national dont il retourne la rhétorique nationaliste.

« *Commandeur Akhenaton du vaisseau amiral / De la flotte asiatic de Marseille invincible armada / Ordonne d'une vive voix / L'invasion*

18. I AM, *La tension monte*, in *De la planète Mars*, op. cit.
19. M.C. Solaar, *La concubine de l'hémoglobine*, in *Prose combat*, CD 5212892, PG, 1994.
20. I AM, *La tension monte*, in *De la planète Mars*, op. cit.
21. Tonton David, *Peuples du monde*, in *Le blues des racailles*, op. cit.
22. I AM, *Planète Mars*, in *De la planète Mars*, op. cit.

immédiate de la France / [...] Une attaque en règle venue de la planète MARS [...] / De la planète Mars...eille. Mars...eille elle même / A subi des tentatives d'invasion française / Des hordes ténébreuses lors des élections / Qui ne veulent que diviser la population / [...] Quand 25 % ont collaboré avec l'envahisseur / [...] Pour la peine, j'exige une pénalité / Pour avoir essayé de tuer notre identité[23]. »

Le rappeur s'inspire de l'imagerie guerrière et considère le rap comme une arme. Mais il s'agit d'une arme positive, constructive, dont les mots affûtés tranchent sur les discours politiques ou les paroles de variétés. Ces mots il les adresse à ceux qui sont opprimés afin qu'ils puissent eux aussi accéder à la parole et se libérer. Nous accédons à la dimension du message.

« *La solution c'est d'avancer, regarder devant toi / Oublier le béton, tout ça, tout ça que tu n'aimes pas / Au son de ces rimes que je fais pour toi. / Ça peut pas faire de mal. La vérité, c'est bien / Mais ce qui serait encore mieux / C'est que tu serres les poings / Car si tu crois en moi, ces mots-là sont pour toi / Oui, les mots, ces mots qu'on a au fond de soi / Allez relève la tête, ne sois pas si bête / Finis de dire pourquoi, fonce et c'est mieux comme ça / Car les mots, les mots... oui, toujours les mots / Et encore des mots... mais j'ai ce qu'il te faut ouais toujours les mots / Pour toi, pour toi*[24]. »

Les conditions du message

La parole (le rap) en première place occupe un rôle de dénonciation, d'identification et de projection dans l'avenir. Le rap comme les autres expressions du hip-hop ne peut se concevoir sans une adresse aux autres. C'est la portée du message qui donne à ces expressions leur consistance, leur raison d'être, leur sens.

« *Sans vantardise excessive le rap est l'une des solutions / Pour parler des problèmes sans discrimination / ... Alors bouge, bouge contre la bêtise / Car c'est matière grasse contre matière grise*[25]. »

23. *Id., ibid.*
24. LIONEL D, *Les mots, les mots*, in *Y'a pas de problème, op. cit.*
25. M.C. SOLAAR, *Matière grasse contre matière grise*, in *Qui sème le vent récolte le tempo, op. cit.*

Que le message s'éteigne, le rap disparaîtra avec lui. Les pionniers du Mouvement en France ont acquis cette conscience.

« Ce sont eux maintenant les véritables porte-parole du message, c'est eux maintenant qui donnent l'image de ce que représente le hip-hop maintenant parce qu'ils sont nés dans cette culture, ils peuvent tout éteindre, comme tout réenflammer, tout allumer comme il faudrait continuer cette flamme du hip-hop en France[26]. »

Le rap représente le retour du rôle primordial de la parole. Il pose le locuteur comme sujet dans sa dimension subjective (dresseur de mots) et social (s'adresser à quelqu'un). Cette prise de parole pour être efficace doit satisfaire à plusieurs définitions. Le *je* et le *tu*, le *nous* et le *vous* sont inséparables, ils ordonnent les conditions du dialogue. Le *eux* ou le *ils* déclarent une opposition entre le locuteur ou le groupe qu'il représente et les « Autres ». Ils s'inscrivent en rupture avec les deux premiers couples.

— La définition d'un *je*, celui qui parle s'inscrit toujours dans un contexte social ou une symbolique, il ne parle pas de nulle part.

« *Sais-tu pourquoi j'écris tout ça, c'est parce que je me rappelle / Le mec bloqué que j'étais pour qui la vie n'était pas belle / Tu m'as remonté le moral, remis en forme / Explosant mon cerveau de mots qui firent de moi un homme*[27]. »

Le rappeur parle de soi en train de parler. D'entrée, le *je* s'affiche complaisamment, cherche à imprimer sa marque et capter les esprits.

« *Cynique comme toujours pour ne point faillir à sa réputation / ASSASSIN va tuer juste pour toi et tu le sais*[28]. »
« *Quoi que tu dises, quoi que tu fasses L.I.O.N.E.L. D. Comprenez*[29]. »
« *Tonto, j'suis TONTO, plus coriace que Rambo*[30]. »

26. SIDNEY, *op. cit.*
27. LIONEL D, *Pour toi le Beur*, in *Y'a pas de problème*, *op. cit.*
28. ASSASSIN, *La conscience de l'homme change*, in *Le futur que nous réserve-t-il?*, vol. 2, CD 787002, VIR, 1993.
29. LIONEL D, *Clair et net*, in *Y'a pas de problème*, *op. cit.*
30. TONTON DAVID, *Tonto*, in *Le blues des racailles*, *op. cit.*

— La définition d'un *tu* est celle d'une adresse directe, indissociable du rap. Une adresse sans intermédiaire, qui interpelle une personne.

Ce *tu* devient *vous* quand l'adresse se dirige vers une même famille d'opinion, vivant les mêmes problèmes. Le rappeur cherche avant tout à provoquer une plus grande prise de conscience.

« *Longue est la route pour aller vers toi / Mais j'ai les mots qu'il faut pour ça / car je suis un tu sais quoi / RAPPEUR / Je te provoque, débloque ces portes / Toi qu'on prend trop souvent pour un cloporte*[31]. »

« *Yo man, écoute ça / Ce n'est pas bon de galérer / Dans toutes ces banlieues / Écoute ces lyrics, réfléchis / Pense à tout ce que tu as vécu*[32]. »

« *Viens jeunes il serait peut-être temps de faire les choses consciemment / Construire des choses concrètes pour être indépendant / Es-tu satisfait de ta vie, de ton environnement / Travaille si ce n'est pour toi ce sera pour tes enfants / [...] Saute avec moi si t'es jeune ambitieux / Progresse jeune homme il faut faire de ton mieux / Danse avec moi si tu veux des choses sérieuses*[33]. »

— La définition d'un *nous*, offre un lieu de référence collective (une philosophie, un mode de vie, un message...). En donnant la parole aux humbles, aux petits, le rappeur présente un lieu d'identification. En s'adressant à eux, ils leur permettent de dire *nous*. Ils s'inscrivent dans la tradition du conteur : « C'était crier une cohésion en pleine diversité quasi indéchiffrable[34]. » Par la fonction de *donner-voix-avec*, un jeu d'appel-réponse, il suscite la complicité de l'assemblée. Cette réappropriation par la collectivité permet la pérennité du message et la prise de conscience des participants en tant que groupe.

« *Une jeunesse blasée, génération nouvelle / Aux valeurs brisées, jetées à la poubelle / [...] Que l'on juge un homme parce que sa peau est noire*

31. LIONEL D, *Rappeur*, in *Y'a pas de problème, op. cit.*
32. TIMIDE ET SANS COMPLEXE, *Galère dans les banlieues*, in *Le feu dans le ghetto, op. cit.*
33. TONTON DAVID, *Des choses sérieuses*, in *Le blues des racailles, op. cit.*
34. CHAMOISEAU P., CONFIANT R., *Lettres créoles, tracées antillaises et continentales de la littérature, op. cit.*, p. 62.

/ *Allez donc après me parler de savoir* / [...] *Le principal est d'être soi, être sûr de soi*[35]. »

« *De ceux qu'on accuse, parias d'une société ?* / [...] *On te dit fermé ou trop dur, mental à part* / *Voleur, frappeur, flambeur, zonard ! ! !* / [...] *Ces adjectifs maudits, que tu connais par cœur* / *Je voudrais tant voir le contraire pour mon frère le Beur*[36]. »

« *Toi le Black, l'Arabe, Français* / *Écoute ça* / *Ça s'appelle du rap et je le fais pour toi* / [...] *Car oui je rappe pour ceux qui aiment cet art* / *Oui, je frappe, jamais au hasard*[37]. »

« *Pour tous les bougues qui vivent* / *Dans la galère, say boum clap* / *Pour toutes les femmes qui bougent* / *Sur le rythme say boum clap* / *Pour tous ceux qui n'aiment pas la police* / *Say say boum clap*[38]. »

« *Nous sommes des Bad Boys qui avons grandi en enfer*[39]. »

— La définition d'un *eux* qui s'oppose au *nous*, ce sont ceux qui n'appartiennent pas au hip-hop, qui font partie du « système » (show business, médias, administration, appareils d'État, politique, policier, juridique...) et oppose une résistance à l'émergence d'une nouvelle culture ou d'un nouveau type de lien social.

Le *nous* et le *eux* différencie les « lascars » des « bâtards ».

« *Le bâtard, par nature, se sent menacé par tout ce qui est pur et authentique ; c'est pour cela qu'il existe un antagonisme total entre le mouvement hip-hop (ainsi que tous les mouvements de la rue) et les bâtards*[40]. »

« *Mort au clown que je ferais sauter comme du Pop Corn* / *Ils rient de nous, ils ont tort*[41]. »
« *Toi l'bourgeois soit pas choqué si mes paroles sont à l'extrême* / *Mets ton môme dans l'ghetto* / *Du jour au lendemain il se transformera en chien* / *Enragé, dégoûté, survolté, complètement métamorphosé*[42]. »
« *D'une main ferme sucker* [profiteur bête] / *Entends ma théorie tu resteras blême* / *Au son de ces mots devrais-je dire I AM*[43]. »

35. LIONEL D, *Les années 80*, in *Y'a pas de problème*, op. cit.
36. LIONEL D, *Pour toi le Beur*, in *Y'a pas de problème*, op. cit.
37. LIONEL D, *Inutile de résister*, in *Y'a pas de problème*, op. cit.
38. TIMIDE ET SANS COMPLEXE, *Galère dans les banlieues*, in *Le feu dans le ghetto*, op. cit.
39. TIMIDE ET SANS COMPLEXE, *Le feu dans le ghetto*, in *Le feu dans le ghetto*, op. cit.
40. Définition du « bâtard », in *Get Buzy*, n° 4, 1991, p. 3.
41. SENS UNIK, *Le sixième sens*, in *Le sixième sens*, op. cit.
42. TIMIDE ET SANS COMPLEXE, *Le feu dans le ghetto*, in *Le feu dans le ghetto*, op. cit.
43. I AM, *I AM Concept*, in *De la planète Mars*, op. cit.

Le médiateur

Le rap consacre l'art de la parole. Une parole travaillée qui délivre un message, qui s'adresse toujours à une assemblée, qui relie les hommes et informe des faits sociaux. De cet acte il tire une grande énergie et aussi une jouissance parce que les mots prennent un poids, une consistance... Ce ne sont plus de simples mots, ce sont des mots qui engagent, il va falloir, en les « jetant », assumer cette responsabilité de juge-arbitre.

« Le rôle du rappeur dans la société, c'est une histoire de juge, lui c'est le juge, ou bien l'arbitre. Il démonte des choses : ça s'est passé, alors que ça et ça... Jamais on aurait dû voir ça[1]. »

La force de persuasion du message puise dans le caractère authentique de la parole. Le rappeur ne peut divulguer un message moral contre la violence, la drogue, le racisme s'il n'applique pas lui-même ces préceptes.

« J'essaye d'aider d'autres gens, tu vois parce que je ne peux pas chanter des choses sur scène, essayer de faire comprendre des choses à un public si moi je ne les respecte pas. C'est-à-dire j'suis obligé d'avoir des convictions et des convictions et des revendications par rapport à ce que je dis. Et ces convictions, il faut que je les maintienne. Quand je dis que je ne vole pas, il ne faut pas que je vole, ça c'est clair, quand je dis je ne vais pas dépouiller les gens, il ne faut pas que je les dépouille, parce que dans ces cas-là, ça sert à rien[2]. »

1. DAOUD, op. cit.
2. Id.

La parole engage, la prendre devant d'autres c'est poser une responsabilité, assumer une fonction. La légitimité de l'engagement du rappeur est conditionnée par la cohérence entre ses actes et son discours.

« On pense qu'il faut agir, pour agir, il faut déjà savoir dans quel sens, il faut déjà être irréprochable dans un certain sens[3]. »

Le rappeur envisage l'avenir. Sans le décrire ni apporter de réponse en terme de projet de société, il rappelle avant tout le rôle des générations futures appelées à prendre leurs responsabilités.

« La crise ça fait longtemps qu'elle a commencé, c'est clair. Et nous on trinque mais les futures générations elles vont encore plus trinquer si nous on ne réagit pas. C'est pour ça que le mouvement hip-hop faut réagir[4]. »

« Nous on est des adultes et les acteurs de demain. Il se trouve que les acteurs de demain font de la musique, mais ne font pas n'importe quelle musique[5]. »

Chroniqueur social

« Sentinelle universelle[6] », le rappeur prend la place délaissée par le journaliste qui préfère la rubrique politique ou le grand reportage à la rubrique « sociale » qui garde une consonance péjorative.

« Oui c'est un moyen de s'exprimer, de communiquer, de dire aux gens ce qui se passe réellement, ce qui se passe dans la société, je pense que ça les interpelle plus qu'un discours[7]. »

A l'opposé du « néant verbal[8] » journalistique, le rappeur peint des tableaux réalistes, restaure les couleurs de la vie de tous les jours. Il parle au nom des sans-voix.

3. ARNAUD, *op. cit.*
4. SYLVAIN, *op. cit.*
5. DAOUD, *op. cit.*
6. I AM, *I AM Concept*, in *De la planète Mars*, *op. cit.*
7. VINCENT, *op. cit.*
8. I AM, *Elvis*, in *De la planète Mars*, *op. cit.*

« *Le rap est en plein boum. J'en suis le journaliste et mon stylographe est le zoom*[9]. »

« *Laisse-moi te parler de l'histoire de Nono et Fabien / Le premier était rebeu le second guadeloupéen / Ils habitaient la même cité et sont devenus copains / Ils devaient avoir dix ans à leur premier larcin /* [...].
[...] */ Ont stoppé leur scolarité pour se prendre en main /* [...] */ Premièrement de l'argent ils en avaient besoin /* [...].
Un jour ils se sont fait serrer en flag [arrêter en flagrant délit] *à Pantin / A 14 ans ils ont fait une semaine chacun / Mais une semaine au CJD* [Centre des Jeunes Détenus] *pour les mineurs c'est rien / A la sortie, ils seraient respectés comme jamais par leurs copains / Ils méditèrent, réfléchirent, il faudrait être plus malin /* [...] *Ils tapaient plus les apparts* [cambriolaient plus les appartements] *seulement les magasins / Dans la cité tout le monde disait qu'ils assuraient bien / C'est peut-être ça qui rendit jaloux certains / Si bien qu'un jour les civils* [policiers en civil] *les attendaient / Tout près de la cave où ils cachaient leur butin / A 17 ans, majeurs, pénal, ils prirent six mois chacun / Pas d'bol, Nono, pas d'bol, Fabien !*

Y'a pas longtemps Fabien j'ai rencontré / Il me dit qu'il avait une affaire à ne pas louper / Le braquage d'une bijouterie là il allait toucher / Nono avait un contact pour tout refourguer / Si je trouve une moto pour être véhiculé / Si je trouve deux pétards il pourra me faire croquer / Je lui dis je ne trouverai rien parce que ça sent mauvais / Il me dit depuis que tu fais de la musique tu t'es embourgeoisé / Leur affaire ils l'ont faite et ça a mal tourné / Nono s'est fait descendre et Fabien est tombé [emprisonné] */ Imagine que leurs feux n'étaient même pas chargés / Surtout ne souris pas cette histoire est vraie*[10]. »

La prise de conscience

Le rappeur dénonce tout ce qui contribue à obscurcir la perception de la réalité et la compréhension du sujet en tant qu'acteur potentiel.

« *Le faux, les bourrages de cerveau qui te / Ramènent, aussitôt aux abords du nouveau zéro / Mental, car l'éducation est complice / Fatale corrompue comme la police et c'est / Normal, la France est un pays de chevaliers / Qui ne cessera de vivre dans son passé*[11]. »

---
9. I AM, *La tension monte*, in *De la planète Mars, op. cit.*
10. TONTON DAVID, *Le blues des racailles*, in *Le blues des racailles, op. cit.*
11. I AM, *Non soumis à l'État*, in *De la planète Mars, op. cit.*

La fameuse interpellation du groupe Public Enemy « Don't believe the hype[12] » résume cette attitude. Elle pourrait se traduire par « ne crois pas à l'intox » ou « ne te laisse pas intoxiquer » selon que « hype » prend le sens de « tout ce qui est trompeur » (publicité, médias...) ou le sens de « drogue ».

« J'enseigne les jeunes que j'ai derrière moi. Je leur explique qu'il ne faut pas qu'ils se laissent endormir. On a déjà du mal à vivre, nos parents ont du mal à vivre, et si j'veux pas qu'mon p'tit frère ait du mal à vivre. On essaie de rentrer dans la tête des gens. Notre concept, c'est l'homme par rapport à la société et essayer de voir comment la société réagit par rapport à certains sujets. C'est des sujets toujours sociaux, on essaie de tourner toujours du côté social[13]. »

Le rappeur est un insoumis.

« On ne vit pas la vraie liberté, t'es libre de faire ce que tu veux mais on n'a pas une vie qui plaît. Il faut que les gens commencent à comprendre qu'ils ont un esprit avant tout. Il faut que ce soit les esprits qui communiquent entre eux. Les corps ils sont un peu trop maladroits[14]. »

Tel le Nègre marron[15], il est rebelle à l'ordre établi, ouvre un espace, seul lieu où il « parvient à exprimer sa défiance ou son refus d'un destin dont il n'a pas pièce maîtrise[16]. »

« Le trottoir, le trottoir, si sombre quand vient le soir / Où la mémoire n'a plus d'espoir, semble trop / Noire, comme la couleur de la peau de mon peuple enchaîné par / L'esclavage mental car / L'ignorance est telle que le malin l'emporte / ... Noire est la couleur de l'unification[17]. »

Cette « colonisation de l'esprit », comparée à un « esclavage mental », se traduit en particulier dans le traitement médiatique ou politique des phénomènes sociaux, par un morcellement des représentations sociales, la difficulté de prendre position.

---

12. PUBLIC ENEMY, *Don't believe the hype*, in *It takes a Nation of millions to Hold Us Back*, Def Jam, 1990.
13. DAOUD, *op. cit.*
14. SYLVAIN, *op. cit.*
15. « On appelle "Nègre marron" celui qui, du temps de la société esclavagiste, fuyait les plantations pour se réfugier dans les mornes [collines] et y vivre en perpétuelle rébellion. » BLERALD A., *Négritude et politique aux Antilles*, Éd. Caribéennes, 1981, p. 45.
16. CHAMOISEAU P., CONFIANT R., *Lettres créoles, tracées antillaises et continentales de la littérature*, *op. cit.*, p. 115.
17. I AM, *Red, Black, and Green*, in *De la planète Mars*, *op. cit.*

« Une société c'est un amalgame de plein de choses, de plein de secteurs, de plein de choses. Dès que tu sépares tout ça tu n'es plus en phase avec les réalités. On essaie de maintenir l'homme comme ça et de fait il est complètement déconnecté de la réalité vu qu'il ne sait pas ce que c'est la réalité dans sa globalité. Ou la chose qu'on lui représente dans sa globalité, c'est de la merde[18]. »

Le hip-hop offre un canal d'expression à un mouvement légitime d'aspiration à l'égalité des droits politiques et humains fondamentaux ; par ce canal il réintroduit l'homme dans le monde comme unité, il recompose « l'homme total[19] ». A l'instar du mouvement de la négritude, il restaure cette dignité enfouie par l'humiliation qui ressurgit et permet au dominé de demeurer un homme.

« En étant dans le mouvement hip-hop, et en étant citoyen français et étant être humain, en ayant déjà ces trois rôles dans la société, j'vais casser beaucoup plus de briques[20]. »

Les expressions artistiques du hip-hop atteignent un « caractère universaliste et transculturel[21] » mais il ne peut uniquement se résumer à cela car il se dissoudrait dans l'espace social sans laisser de traces culturelles. Il se meut dans un espace particulier, qu'il crée et modifie constamment et inscrit par ses pôles dans un rapport entre des minorités et la société dominante.

« J'ai pris conscience que t'es pas tout seul. Il y a des gens qui ont envie, par le biais de ce que tu fais, que tu exprimes leur cri, leur souffrance : le mec qui est dans ta cité qui se fait pécho [arrêter] parce qu'il a vendu du techi [shit], bon tu vois, ses parents, c'est des immigrés, ils font les chantiers ou sa mère elle travaille à la RATP ou dans les hôpitaux... tu peux parfois être pour quelques secondes la voix des opprimés[22]. »

---

18. ARNAUD, *op. cit.*
19. Concept de Franz Fanon : FANON F., *Les damnées de la terre*, préface de J.-P. Sartre, Folio actuel, Gallimard, 1961.
20. DAOUD, *op. cit.*
21. DE FREMONT M., BENSIGNOR F., « Compte rendu du séminaire Rap & Société », in *L'aquarium*, n° 11/12, Centre de Recherche administrative et politique, Rennes, printemps 1993, p. 238.
22. EJM, *op. cit.*

Ce rapport est tangible, palpable lorsque nous entrons dans les zones sociales les plus exclues ; les expressions du hip-hop porteront ces zones, révéleront les exclusions, créeront la possibilité de conflit. Elles se révèlent un puissant médiateur.

Rapport de minorités à la société globale

Suivant la voie ouverte par Grand Master Flash avec son « Message », le rap s'ancre dans une réalité sociale.

« Moi j'arrête pas de répéter, il y aura du rap en France tant qu'il y aura des problèmes dans les cités. Parce que si on regarde bien, les jeunes de banlieue sont plus à même à faire du rap, parce que c'est eux qui ont plus de galères. Ce sont eux qui sont le plus représentatif de ce qui se passe dans la banlieue. Donc c'est pour ça, il y a toujours à travers le rap un poème évident[23]. »

La fin d'une société dont la progression était gérée sous le mode conflictuel où l'adversaire était révélé, représente aussi l'impossibilité d'organiser de façon cohérente et constructive toute lutte de type social et politique.

« *La loi de la jungle n'est pas où l'on croit / Les réels prédateurs ne traînent pas dans les rues / Ils fréquentent les cercles et les clubs bourgeois / [...] Ceux-là sont tranquilles, on ne les traquera pas / Car ce sont les protégés par la police et l'État / Ce sont des PDG, ils siègent à l'assemblée / Peut-être même que pour eux vous avez voté*[24]. »

Le rap éclaire l'opposition entre les zones populaires et l'ordre établi. Si sa lutte contre le « système » perpétue l'esprit des concerts « rock against police » qui fut l'apanage du rock-alternatif des années 1970, il donne à cette lutte, grâce à ses techniques propres, une force singulière.

« Je pense depuis le début du siècle, la seule musique qui tape au niveau texte, c'est-à-dire qui parle directement du texte sans faire le tour et détour pour arriver au but : c'est le rap. Tu as pas eu une musique autant revendicative que ça, c'est-à-dire autant claire, tu vois, nette, directe au but. Le rap ça rentre directement dans le vif du sujet, c'est pour ça que les gens ça les gêne. Par exemple, il y a eu en 1986 la mort

23. DAOUD, *op. cit.*
24. I AM, *Non soumis à l'État*, in *De la planète Mars, op. cit.*

de Malik Oussekine[25] et moi j'ai écrit un texte dessus, il y a d'autres gens qui ont écrit des textes avant, qui ont fait des tours et des détours pour faire comprendre qu'untel l'a tué. Alors que moi en tant que rappeur, je tape directement[26]. »

Le hip-hop contribue à éclairer une domination que la complexité du monde moderne (ou post-moderne) aboutit à rendre abstraite ou diffuse, même si les conséquences, elles, sont bien concrètes.

« *Trop de jeunes n'ont plus d'ambitions mais à qui la faute / Trop de jeunes oublient leur culture mais à qui la faute ? / Tout le monde a peur des caillera* [racailles] *mais est-ce vraiment eux en cause ? / Mais dites-moi quelles sont les solutions que les dirigeants proposent*[27] ? »

Le rap, dans son message, dessine cette domination dans le cadre d'un rapport de minorités à une société globale. Dans ce rapport, il se place naturellement comme médiateur, c'est-à-dire celui qui crée ou résout le conflit. Il commence par pointer les lieux de conflit : le racisme, la police, la justice, l'État, les médias..., les causes et les conséquences.

Il dénonce les processus qui contribuent à faire des minorités, des boucs émissaires.

« Les gens dans le quartier vivent mal, que ce soit les Noirs, les Français, les Rebeus [Arabes], enfin on vit tous mal. Ce n'est pas notre faute, c'est ni la faute à quelqu'un en particulier, mais il faut trouver un bouc émissaire et quand on est chez soi, c'est facile de dire : c'est l'étranger, c'est à cause de l'étranger que je suis au chômage et que je ne peux pas payer ça et ci. Moi je le vois tous les jours les gens se dire : ''Ils m'ont refusé les allocations et ma voisine immigrée elle les a touchées.'' Tu vois ça change pas, il faut trouver un bouc émissaire, il est tout trouvé, il est là, il est vulnérable. C'est toujours les plus faibles qui prennent[28]. »

Contre la stigmatisation, il cherche à restituer une dignité à ceux qu'on enferme dans la marginalité.

---

25. Jeune tué lors d'une manifestation étudiante en 1986. Le ministre des Universités démissionna et le gouvernement de l'époque se coupa d'une frange de la jeunesse. On parle désormais du « syndrome Oussekine » pour qualifier la crainte des forces de l'ordre dans une intervention contre une manifestation de jeunes (*cf.* manifestation anti-CIP en 1994).
26. DAOUD, *op. cit.*
27. TONTON DAVID, *A qui la faute ?*, in *Le blues des racailles, op. cit.*
28. B.LOVE, *op. cit.*

« Moi j'suis un mec de la rue. J'parle avec des drogués dans le parking, à Cergy-Pontoise, j'y reste toute la nuit, il n'y a pas de problème. C'est pas parce qu'ils ont 30/40 piges que j'ai peur d'eux. Les drogués c'est qui, ce sont des êtres humains, OK, s'ils sont drogués, c'est à cause de l'État français, faut pas rêver. On dit pas un drogué, c'est un drogué, le mec il ne désire pas s'droguer. Quand il rentre chez lui, il baisse la tête comme ça, parce qu'il a honte devant son père, parce que son père il le sait, il a perdu sa dignité devant son père[29]. »

Nous avons de nombreuses fois souligné le poids considérable des médias dans la formation du hip-hop et les représentations qu'ils produisent en particulier par rapport aux jeunes, aux immigrés et aux banlieues. Pour ces raisons le rappeur intègre les médias dans la catégorie des rapports de domination. Dans la société du spectacle il peut être celui qui les unit tous.

« Quand ça a été à Mantes-la-Jolie[30], on a amené les caméras, pourquoi, qu'est-ce qu'il y a dans la cité. Il y a des camés, il y a des mecs qui veulent s'en sortir, il y a des mecs... Le rap, "ah! C'est bizarre", j'dis, j'parle du camé, du mec qui veut s'en sortir, on englobe le tout. "Alors tiens on va faire voir ça, c'est gentil, alors." Donc on fait voir ça à la télé. Quand ça s'est calmé, quand on a donné des "Projets J" [Projets Jeunes], cet été, l'été dernier, ça s'est calmé, on a arrêté de parler du rap[31]. »

Le rappeur cherchera à démontrer l'existence de manipulations.

« Il y a un jeune qui est mort, à la télé on va dire à 17 piges, il va vouloir sauter de chez lui, du 7ᵉ étage alors qu'il y a quatre keufs [policiers] dans sa chambre. Moi quand j'pense à Bamoro[32], j'suis dégoûté. Quel mec de 17 ans qui commence sa vie, sa vie commence, va vouloir sauter par la fenêtre. Faut arrêter de rigoler. Et tout le monde croit[33]. »

29. DAOUD, op. cit.
30. Émeutes, fin mai 1991, dans le quartier du Val-Fourré à Mantes-la-Jolie suite à la mort d'un jeune en garde à vue dans un commissariat. Quinze jours plus tard, dans la même ville, un autre jeune tombe sous les balles d'un policier. Après Vaux-en-Velin, l'année 1991 fut parsemée d'émeutes dans les quartiers populaires (Sartrouville, Argenteuil...).
31. DAOUD, op. cit.
32. Des tentatives pour rétablir la vérité sur la mort de ce jeune lycéen seront faites : voir à ce propos *Lettre à Bamoro*, reportage collectif réalisé par les jeunes d'Ermont (Val-d'Oise) et le soutien logistique de l'association Les Pieds dans le Paf, Vidéo de 16 mm, 1990.
33. DAOUD, op. cit.

La police est inséparable du paysage urbain. Elle représente parfois le seul « interlocuteur » dans les situations conflictuelles.

« C'est une culture citadine. Les références c'est la ville et puis les flics aussi mais il y en a partout, il y en a aux États-Unis, il y en a ici, donc les flics font partie intégrante de la culture rap[34]. »

Ainsi le couple police/justice est peu ménagé par des « lyrics » qui ne font que refléter la réalité des vexations quotidiennes où la connotation raciale, le « délit de faciès » sont souvent présents.

« J'suis quelqu'un qui a la haine, quoi, tous les jours quand j'me lève, je me dis ouais, mon dieu qu'est-ce que j'vais voir, donnez-moi la force. Et parce que je sais, tous les jours, j'vois des trucs qui me plaisent pas, tous les jours voient des flics en train d'arrêter des Rebeus [Arabes] pour rien. C'matin, j'ai été taffer [travailler]. J'ai pris le métro — normal —, il y a deux C.R.S. qui s'pointent, on marche et tout normal, ils étaient derrière moi, il y a deux rebeus qui sont en face de moi, je dis obligé ils sont serrés [contrôlés]. Je retourne ma tête, ils étaient en train de se faire contrôler[35]. »

L'album de NTM, *J'appuie sur la gâchette*, particulièrement un texte touchant au thème de la police, a fait l'objet d'une convocation de justice et d'un boycott plus ou moins affirmé sur les ondes.

Le groupe Ministère A.M.E.R. rencontra le même problème avec son morceau *Brigitte, femme de flic* sur l'album *Pourquoi tant de haine ?*

Pour toi le beur de Lionel D a connu aussi en 1991, lors de la sortie du titre remixé par Dee Nasty, une censure des radios et des magasins... le jour où la guerre du Golfe a éclaté.

Pris dans le traitement éphémère des « faits divers », le rappeur rappellera à ceux qui ont la mémoire courte, la longue liste de ceux qui sont tombés sous les balles[36].

« *Depuis combien d'amis sont tombés / Ne sont pas relevés / Combien de mères j'ai vu pleurer / Sur le corps de leur fils par la mort*

---

34. GOTIN T., *op. cit.*
35. DAOUD, *op. cit.*
36. Le MRAP (1991) recense 250 étrangers ou jeunes d'origine étrangère tués en dix ans. Des policiers sont à l'origine de 46 de ces morts violentes.

fauché ! ... La note est lourde, / Tu ne vois pas ce sang ? T'as la mémoire courte[37]. »

Mais au-delà il cherchera à analyser cette situation afin de sortir du cercle infernal haine/violence/répression et le rituel des affrontements entre jeunes et police.

« Les jeunes vont se sentir opprimés par des flics qui se trouvent un peu partout et des contrôles de papier tout le temps et quand tu te fais contrôler tout le temps tu commences à avoir une certaine frustration qui monte en toi et après tu vas vouloir la revendiquer et ça c'est un schéma vicieux qui incite à la violence et à t'affirmer, t'as la haine et c'est là que la haine revient. Et nous on avait mis au point, mis à jour l'idée de faire un texte là-dessus, l'idée de la description du flic frustré, dans cette société qui emmerde les jeunes[38]. »

« Je ne dis pas on tue un petit renoi [Noir] dans le 18e[39] et on va laisser faire, on va rien faire, mais il faut être organisé, il faut avoir un but, on va pas faire une émeute comme ça puis ensuite regarde ce qui s'est passé, ils se sont battus avec les flics et qu'est-ce qu'il y a eu ? Il faut avoir un but[40]. »

Le rappeur ne s'intéresse pas particulièrement à la politique mais son rôle est éminemment politique et l'oblige à prendre en considération cette dimension. Face à la crise et les processus d'exclusion le rap représente un vecteur, parfois, dans certains lieux le seul de l'émergence d'une revendication sociale. Il participe ainsi à une repolitisation du social en revoyant les responsabilités. Par une prise de conscience progressive, son rôle de médiation le conduit à interroger le politique.

« On a commencé à analyser la politique, les politiciens, et ça c'est quelque chose qui remonte à six ans. On ne le savait pas, pour nous c'était des bourgeois et on s'en tapait. Mais à force, on a compris c'était eux qui nous maîtrisaient, vaut mieux qu't'ailles parler à lui directement, parce que c'est lui qui établit les lois, et c'est lui qui les respecte

---

37. I AM, *Red, Black, and Green*, in *De la planète Mars*, *op. cit.*
38. PHILIPPE, *op. cit.*
39. Le 6 avril 1993, un jeune Zaïrois de 17 ans est tué d'une balle dans la tête par l'inspecteur qui l'interrogeait en garde à vue au commissariat du 18e arrondissement de Paris. Il s'ensuit des affrontements violents avec les policiers devant la mairie de cet arrondissement. Dans la même période (4 jours), un adolescent est abattu par un gardien de la paix à Chambéry, un autre est grièvement blessé par un fonctionnaire de police à Wattrelos près de Roubaix.
40. B.LOVE, *op. cit.*

pas. Par contre c'est lui qui t'envoie les flics pour toi tu les respectes. C'est sûr, tu ne peux pas comparer, le rôle d'un homme politique avec un rappeur. Parce que ça n'a strictement rien à voir. Lui il a les rênes, toi tu ne les as pas, tu vois ; mais ceci dit il fait des choses parallèles[41]. »

Il interpelle les responsables.

« *Monsieur le président, je m'adresse à vous / Lettre ouverte, dans ce monde de fou / Entouré de vos conseillers, vous gérez l'embarras / L'embarras de tous ceux qui voudraient respirer / Et même j'en suis sûr espérer / Liberté-Égalité-Fraternité / C'est inscrit sur un mur je ne l'ai pas inventé*[42]. »

Il démonte les mécanismes de traitements des problèmes sociaux locaux dont il éclaire la logique perverse : le DSQ (Développement Social des Quartiers) par exemple.

« Tu vas voir le DSQ. Tu leur dis, quand vous allez rénover les cités, prenez les camés de la cité, prenez ceux qui galèrent et allez leur faire réparer leur cité et payez-les, donnez-leur une formation. Les mecs ils te disent non, on travaille déjà avec des entreprises. Mais qui est le mieux placé que le grand frère pour réparer sa boîte aux lettres afin que le petit frère ne va pas la casser. Qui ? Personne, il n'y a que lui qui connaît la cité. Mais non. Pourquoi parce que bon, c'est un drogué, voilà, il n'a qu'aller à la police[43]. »

« A la limite ils vont faire les ravalements, et après ils vont augmenter les loyers et les personnes sont au chômage et après ils seront obligés de quitter, là-bas c'est ce qui s'est passé pour notre copain, tu vois il est obligé de quitter pour aller encore pire qu'où il était. En vérité c'est un cercle vicieux dans lequel on est actuellement[44]. »

« Le fait d'avoir foutu le feu, d'avoir revendiqué, de faire comprendre aux politiques on va tout casser si vous ne nous laissez pas l'opportunité de pouvoir percer socialement. Et bon après, glup ! Ils ont envoyé des tunes en banlieue, des associations..., ils ont envoyé des tunes pour que ça se calme mais les problèmes ils sont toujours là[45]. »

---

41. DAOUD, *op. cit.*
42. LIONEL D, *Monsieur le Président*, in *Y'a pas de problème*, *op. cit.*
43. DAOUD, *op. cit.*
44. PHILIPPE, *op. cit.*
45. SYLVAIN, *op. cit.*

Messianisme

Mémoire vive

Dans une histoire reconstruite, remodelée ou réappropriée, le rappeur cherchera les mots pour signifier les formes oppressives que nous avons exposées. Le hip-hop prend une dimension historique et révèle ce lien qui parcourt l'histoire et qui caractérise le rapport entre minorités et société dominante.

« *Et il est temps de reconnaître / Que l'histoire actuelle est fausse et malhonnête / Afin de maintenir, asservir, assouvir / La soif de pouvoir de l'occident à l'avenir / Contenir, les colonies dans l'ignorance / L'Europe a instauré l'esclavage par l'absence / De vérité historique, connaissances imprégnées / De cultures indigènes en présence / Récusant l'hypothèse profonde / Que certains pays noirs ont civilisé le monde*[1]. »

Le rappeur remplit une fonction de *gardien de la mémoire*. Devant les situations d'oppression actuelles, il rappelle, que pour certains le joug remonte à bien plus longtemps.

« *Issus d'un peuple qui a beaucoup souffert / Nous sommes issus d'un peuple qui ne veut plus souffrir*[2]. »

Face à l'effondrement ou l'invalidation des valeurs, des représentations du monde, il cherchera à restaurer des repères culturels, les rendre opérationnels par la revitalisation d'une

---

1. I AM, *I AM Concept*, in *De la planète Mars, op. cit.*
2. TONTON DAVID, *Peuples du monde*, in *Le blues des racailles, op. cit.*

mémoire collective dans laquelle il pourra trouver une inscription.

« *L'histoire de l'humanité est un sujet facile à manipuler* / [...] *Nous cacher le passé n'est pas bon pour le futur* / [...] *L'Histoire suit son cours et nous sommes tous de l'Histoire*[3]. »

La référence à la colonisation et à l'esclavage dans les textes de rap n'est pas liée à un héritage, dans le sens d'une transmission entre générations.

« *De génération en génération. Crimes et destructions* / *Le peuple noir a dû subir les pires abominations* / *Et le temps libère mon imagination,* / *Me rappelle que ma musique est née dans un champ de coton*[4]. »

Cette référence est de l'ordre d'une prise de conscience qui fait appel à l'histoire des minorités.

« Ce mouvement de négritude a dépassé les frontières et est arrivé partout où on pouvait, où les Noirs avaient la possibilité de s'exprimer. Les Antilles jusqu'à présent, Martinique, Guadeloupe, Guyane, c'est encore sous domination colonialiste. Mais le colonialisme il n'est plus vu de la même manière. C'est un colonialisme moderne, c'est un esclavagisme monétaire[5]. »

Face à la négation des individus, l'état de non-mémoire, le rappeur cherche à ressusciter le sentiment d'appartenance.

« Pour un mec comme moi qui est black, je m'en rends compte maintenant, j'ai été à l'école, on me parlait de nos ancêtres les Gaulois. Tu vois c'est paradoxal et Joséphine de Beauharnais, c'était une Antillaise, tu vois. On ne m'a jamais parlé de ce qui s'est passé aux Antilles. Ce que j'ai su aussi pendant la guerre 39/45, tu vois. Ce qui s'est passé aux Antilles, il y a aucun truc qui s'est passé aux Antilles pour moi qui est black, qui est marqué dans les livres d'histoire, je l'ai appris par ma grand-mère[6]. »

---

3. ASSASSIN, *A qui l'Histoire ?*, in *Non à cette éducation*, Assassin prod. Delabel 724389216721, 1993.
4. I AM, *Tam Tam de l'Afrique*, in *De la planète Mars, op. cit.*
5. EJM, *op. cit.*
6. *Id.*

Cette appartenance en relation à un passé se distingue par la tentative de donner aux conditions actuelles de vie une réponse et un sens dont une histoire serait la mémoire et le témoin.

« Quand on fait un rapport au passé c'est toujours pour essayer de voir ce qu'on peut en tirer pour la vie de tous les jours, pour les gens[7]. »

Terre-mère

Entre la restauration d'une « mémoire vive » et la façon d'envisager le futur, la « terre-mère » assure le lien mythique. A travers des valeurs de référence, une manière de sentir et d'être, le hip-hop cherche l'ancrage d'un sentiment d'appartenance dans une histoire commune, la participation à un modèle culturel. Les résistances qu'on lui oppose rendent difficile l'inscription de cette démarche dans une pratique prospective, l'espérance en un futur. Les expressions artistiques représentent une voie pour « forcer » cet espace qu'on lui refuse. Il y puise l'énergie créatrice. Il dessine alors une alternative idéelle, la construction d'un lieu idéal, que nous appelons la « terre-mère ».

« Terra Mater », « Tellus Mater », l'image fondatrice de la mère tellurique est bien ancienne. Elle donne naissance à tous les êtres humains. Embryons de l'humanité, les premiers hommes préhistoriques ne vivaient-ils pas dans ses « entrailles » (cavernes, grottes) pour se développer ensuite à sa surface ?

Ce n'est pas la terre ancestrale mais la Terre Natale. A l'histoire linéaire sont substituées des histoires en boucle qui se gonflent en « bulle », en mythe, en « caverne ».

« Tout en étant dans la société, faire notre propre troc et nous dire un moment, nous retrouver au moment ou on en a envie de se retrouver et délirer ensemble. Je veux dire, face à la crise, on ferme les portes et on reste entre nous. Les personnes qui sont à l'intérieur sont dans le même état d'esprit, on va s'éclater, on va essayer de dénoncer ça, passer un bon moment ensemble. Ça peut être aussi artistiquement tu peux avoir un langage prononcé politiquement, dire vraiment les choses, faire

---

7. STÉPHANE P., *op. cit.*

comprendre ; et à la limite, tu vois refermer, c'est un peu le mythe de la caverne, tu vas élever les esprits, faire en sorte que la mayonnaise tienne[8]. »

La terre-mère prendra d'autant plus de place que les possibilités d'inscriptions sociales et culturelles se réduisent.

« *As-tu vu le vert / Des plaines souriantes de la terre-mère / Enfants déracinés, on a participé / A construire le grand pays de la liberté*[9]. »

La terre-mère, dans sa dimension symbolique, atteint la terre africaine, elle devient la source de toute authenticité, de la liberté.

« *Demain à mon réveil je pourrais danser / Sur le sable chaud de la terre de mes frères / Les Africains / [...] Sage j'ai su tourner la page / En oubliant d'où je venais / En espérant plus que jamais / qu'enfin pour moi le vrai bonheur s'annonçait et, je ne me suis pas trompé car parmi tous ces gens / Je réappris à savoir prendre le temps d'observer et d'apprécier la vie que je menais, de prendre conscience qu'autour de moi / le monde existait et d'enfin pouvoir profiter de mon corps*[10]. »

La terre-mère est la terre sacrée de la Création, le centre du monde qui s'oppose à l'image de « Babylone », le « chaos », le « désordre », les « ténèbres », lieu profane de corruption, d'aliénation.

« *Les ghettos brûlent par le système de Babylone / Hip-ho, hipipopop, bang, bang, kill Babylone / [...] Ouais la plupart du temps babylone veut toujours avoir le dernier mot / On parle d'égalité mais je vous le dis je n'en crois pas un mot*[11]. »

« *L'État est malicieux et t'as mordu dans l'appât / Babylone veut régner mais qui roule c'est Jah, Jah*[12]. »

Qu'il soit africain ou non, chacun peut se référer à cet espace et y dessiner son propre retour aux sources, à la nature, à l'essentiel. C'est le cas pour certains groupes de raggamuffin's qui voient dans la « Campagne » le nouveau référentiel.

8. PHILIPPE, *op. cit.*
9. I AM, *Red, Black, and Green*, in *De la planète Mars, op. cit.*
10. SENS UNIK, *L'Africain*, in *Le sixième sens, op. cit.*
11. TIMIDE ET SANS COMPLEXE, *Le feu dans le ghetto*, in *Le feu dans le ghetto, op. cit.*
12. TONTON DAVID, *Des choses sérieuses*, in *Le blues des racailles, op. cit.*

« On ne peut pas créer le village dans la cité. Je crois qu'il faut prendre les choses autrement, éduquer les gens pour faire un exode en sens inverse, vers les campagnes. Les campagnes se vident soi-disant... Il faut aussi faire comprendre aux gens que le crédit n'est pas une manière de vivre. Dans les cités les mômes jouent en bas, il n'y a que ça. Les gens ne se connaissent pas réellement et dès qu'il y a une embrouille, c'est fini. Ils vont travailler, ils rentrent le soir se reposer et nourrir les gosses, copinage avec untel. La fête samedi soir c'est rare[13]. »

La démarche d'habiter la « Campagne », travailler la terre peut se comprendre comme le sacrement d'un nouvel espace, une prise de possession rituelle, la fondation d'un monde. « On ne fait "sien" un territoire qu'en le "créant" de nouveau, c'est-à-dire en le consacrant[14].

Nous pouvons y déceler une dynamique bi-polaire fondamentale de l'ordre du pur et de l'impur, du sacré et du profane. Nous entrons dans les zones de la métaphysique et du religieux. « Cette nostalgie religieuse exprime le désir de vivre dans un Cosmos pur et saint, tel qu'il était au commencement, lorsqu'il sortait des mains du Créateur[15]. »

« C'est-à-dire chez moi, j'pratique tout seul, quand j'prie, j'encourage les gens à croire en Dieu, celui qui est chrétien je lui dis crois, crois à la Bible, celui qui est juif je lui dis crois à la Thora, tu vois, celui musulman, je lui dis crois, tu vois mais celui qui est musulman, j'peux lui dire, si tu as un problème, viens, je t'explique, parce que c'est dans mes cordes. Puisque tous les chemins mènent à Dieu. Dans le Coran, il y a une partie du livre, le judaïsme, dit que le christianisme ne repose sur rien et le christianisme dit que le judaïsme ne repose sur rien mais eux ils ont eu des prophètes différents, donc des envoyés de Dieu, pour avoir, des paroles de Dieu, tu vois, qui n'est mieux placé que Dieu, que dire que ces trois livres me reviennent. Il y a que lui qui peut dire ça, donc un tel va dire à un autre moi t'as fait ci, t'as fait ça. Pas vrai, parce que tôt ou tard, ils vont se retrouver devant la même personne, devant Celui qui a conçu ces phrases, les points et les virgules, tu vois. Peux pas permettre de dire ça[16]. »

13. JEAN-LUC, raggamuffin, groupe T.R.I.B.U., entretien, banlieue est de Paris, 1993.
14. ELIADE M., *Le sacré et le profane*, Paris, Gallimard, 1967, p. 30.
15. *Id., ibid.*, p. 59.
16. DAOUD, *op. cit.*

Défenseur de *La Loi* (voir aussi chapitre « Le symbole du graff »), face aux lois que le politique a détournées, certains membres du hip-hop se tournent « naturellement » dans un rapport direct avec Dieu. Dialogue « naturel », car les expressions du hip-hop en posant les bornes d'un « autre monde », en révélant des lieux « sacrés », ouvrent un passage vers le « Cosmos ».

« Il existe réellement un Dieu vivant. Quand je dis vivant, c'est pour dire qu'Il n'est pas homme mais qu'Il existe. Il est supérieur à nous et notre cerveau n'a pas les capacités pour L'envisager. On sait simplement qu'Il est là, Il émet des lois[17]. »

Quel que soit son appartenance religieuse, c'est une religiosité sans religion.

« Dieu, c'est le Dieu des Musulmans, des Juifs, des Chrétiens mais sans les quatre murs, sans le rabbin, sans le grand chef spirituel, sans le curé, le pasteur. Pas de hiérarchie, pas de grand chef religieux, pas de gens qui t'apprennent la parole pour te dire ''il y a des trucs qu'il ne faut pas que tu lises, tu peux pas comprendre[18]...'' »

Dans cette forme cyclique de retour aux origines, il existe une phase particulière que nous pourrions appeler le « retournement » qui signe la fin du « chaos » et l'avènement d'une nouvelle unité.

« J'ai créé une autre société mais qui va casser la société. Il faut construire, faut commencer à faire une chaîne et le jour où la chaîne elle sera assez grande on aura juste à serrer les mains, tu vois. Et le Mouvement, la société sera dedans et nous on sera dehors, après on aura plus qu'à resserrer. J't'dis on forme des clans et après on commence ça fait un fil conducteur. Le fil, tu vois il n'est pas relié, mais le jour où on va mettre le prix, ça va exploser[19]. »

Le rappeur acquiert dans son message la dimension prophétique de celui qui annonce cette phase particulière, ce qu'une certaine époque appelait le « grand jour » ou si nous reprenons la référence religieuse, la « fin du temps ».

17. STÉPHANE, *op. cit.*
18. *Id.*
19. DAOUD, *op. cit.*

« Toujours dans le même esprit d'vouloir aider les gens que tôt ou tard on va se rassembler, tu vois parce que tôt ou tard, c'est écrit dans le Coran, dans la Bible, partout, il y a le Jour Dernier, tu vois. Et nous tôt ou tard, on dit il y aura un Jour Dernier. Très bientôt on pourra plus rien faire sans demander aux peuples leur avis. On a trop laissé faire les politiciens, trop, trop, trop, trop. Mais le jour, tu vois, mais le jour tu vois, ça va être à nous de jouer[20]. »

Mais dans la référence à un cycle nous devrions plutôt parler de la fin « d'un temps », celui synonyme du « progrès » continu dans une évolution linéaire.

« Toute civilisation a son évolution, son point culminant et puis sa chute. Nous on est venu pour dire que "ça y est", le point culminant a été atteint et la chute n'est pas loin quoi. Le Mouvement c'est ça, c'est la vérité, la réalité[21]. »

Afrocentrisme

L'afrocentrisme peut se comprendre comme une variante particulière de la « terre mère ». L'Afrique représente la vision la plus courante du « berceau de l'humanité ».

« Champollion raconte que les Égyptiens étaient des Arabes alors que les Égyptiens disent dans leur histoire qu'ils viennent de la source du Nil. La source du Nil n'est pas en Arabie Saoudite mais en Nubie d'où vient le peuple noir[22]. »

Le hip-hop participe à la recherche fondamentale pour la création d'une histoire et d'une terre commune. Nous avons déjà évoqué les mouvements de la négrité (ou négritude) qui déclarent l'attache à l'Afrique, non dans la survivance d'une tradition mais dans la reconstruction de la terre mère africaine.

« J'aurais aimé que ce soit un peu comme les juifs quoi, ils ont une nation, ils ont une terre... Là, on est trop éparpillé, c'est une diaspora en général de tout un peuple, beaucoup n'ont pas conscience[23]. »

20. DAOUD, op. cit.
21. STÉPHANE, op. cit.
22. Id.
23. OLYVE, op. cit.

« Je parle de mes frères, je parle de la diaspora noire en général. Moi, je cherche, moi j'ai un problème d'identité et à travers le rap je cherche à le résoudre[24]. »

Ils donnent sens à la spécificité des Noirs au regard de leur histoire. Ainsi rupture et continuité ne sont pas opposées mais au contraire, elles sont liées. La rupture du « marronage » idéologique puise dans une continuité africaine. L'afrocentrisme approfondit cette rupture dans la continuité.

« Ce n'est pas du racisme d'essayer de parler de son peuple, des souffrances que son peuple a subies, de l'histoire du Noir en général, c'est pas du racisme ça ? ça n'a rien à voir[25]. »

Ces pôles représentent les forces de préservation : à l'ethnocentrisme blanc correspond l'afrocentrisme. Un mouvement en balancier se crée entre ces deux pôles. La résurgence de l'afrocentrisme réactualise les débats qui prirent naissance au début de ce siècle. Il représente le « baromètre » de la condition des Noirs. Celui-ci prenant d'autant plus d'ampleur que la mobilité sociale est restreinte et le sentiment de non-reconnaissance important. A une oppression radicale répond le radicalisme afrocentriste.

« L'afrocentrisme vient combler un vide ; il n'y a pas de vide dans le monde. Dès qu'il y a un vide, on le comble et la manière de combler ce vide c'est le développement de l'afrocentrisme ; les embryons qui existaient il y a 20/30 ans maintenant remontent à la surface, pourquoi, parce qu'il y a un besoin, il y a un besoin au niveau des communautés. Les musulmans, comment ils répondent à ce besoin de connaître leur passé en faisant l'intégrisme, l'intégrisme qui se développe aussi en banlieue. Les Noirs, ils n'ont pas d'intégrisme, ils n'ont pas de structure ou de religion, la seule réponse c'est l'afrocentrisme pour eux, c'est comme ça que l'afrocentrisme s'est développé, il existait déjà depuis longtemps mais il s'est développé[26]. »

Mais le centrisme noir et blanc ne sont pas du même ordre, même si les deux, par leur extrême, poussent vers une exclusion de l'autre. L'afrocentrisme, est celui d'une culture métissée cherchant son origine africaine et pose la question du

---

24. B.LOVE, *op. cit.*
25. B.LOVE, *op. cit.*
26. GOTIN T., *op. cit.*

séparatisme (nationalisme porté au sein de la société dominante). L'ethnocentrisme (Blanc) refuse tout métissage et affirme son identité par assimilation ou ségrégation des groupes hétérogènes.

« Une fois que les Blancs ont débarqué en Afrique, qu'il y a l'esclavage, qu'ils se sont appropriés leurs terres et leurs biens et leurs richesses et bien on a été perçu comme les derniers des sauvages, comme des bêtes. Voilà l'image des Noirs après que le Blanc ait posé le pied sur la terre d'Afrique. Et maintenant, on nous demande de nous intégrer dans la société européenne, la société blanche. Ils nous demandent de nous intégrer sans qu'on nous donne les moyens de nous intégrer. On voit des Noirs à la télé, on voit des Noirs dans les pubs, mais on ne voit pas des Noirs dans des postes importants, des Noirs au gouvernement. On est de nationalité française, tu n'as pas de représentant dans le domaine, le pouvoir, le domaine politique. Si tu n'as pas de représentants dans ces domaines, comment veux-tu dire "va te faire intégrer"[27]. »

L'ambivalence du rapport de domination se traduit par le mouvement oscillatoire d'attirance/répulsion entre les deux pôles.

« Les Noirs occidentaux prennent les habitudes des Occidentaux puisqu'ils vivent avec les Occidentaux depuis des siècles. Donc la notion de race, ils ont la même notion de race que les Occidentaux. Contrairement, en Afrique, avant la notion de race n'était pas basée sur la couleur de la peau, elle était basée sur la culture. La notion de couleur... c'est une notion qui est occidentale[28]. »

---

27. B.LOVE, *op. cit.*
28. GOTIN, *op. cit.*

Le concept

Les groupes NTM, M.C. Solaar et I AM réalisent parmi les meilleures ventes de disques mais ils sont aussi porteurs, chacun à leur manière, d'un univers particulier. Ce que nous appelons le « concept », c'est l'identité du groupe définie par cette manière différente de faire passer le message. D'un point de vue extérieur, si l'on se réfère principalement au support musical, la tendance est de séparer le rap « hardcore » et le « rap cool », représentés respectivement par les groupes leaders NTM et M.C. Solaar. Cette division est arbitraire si l'on se réfère à la dimension du message.

« Solaar ce qu'il fait c'est du rap totalement différent de ce qu'a fait NTM et c'est deux styles, c'est deux raps différents et nous on ne rentre pas dans ce débat. On ne rentre pas dans le style bon on aime les deux. De telle manière à ce qu'il y ait une originalité même si tu peux être original dans un trip cool [voyage sympa] ou original dans un style hardcore [style dur[1]]. »

Le contenu possède la même teneur mais il y a différentes manières de le diffuser suivant que l'on s'adresse à un public plus ciblé ou plus large. Or souvent, c'est le style musical, le rythme sonore qui marquent les esprits et provoquent les jugements positifs ou négatifs.

La frange la plus « dure » du hip-hop a tendance à exclure M.C. Solaar du mouvement rap en le qualifiant de rap « commercial ». Si effectivement le « rap cool » est plus

1. PHILIPPE, op. cit.

commercialisable parce que son concept effarouche moins les médias, est-ce pour autant un rap qui a vendu son âme ? Mais bien souvent, dans ces reproches, ce n'est pas le style ou le nombre de disques vendus qui sont remis en cause mais la médiatisation et le système de vedettariat.

Dee Nasty que l'on ne peut pas accuser de complaisance vis-à-vis du « système » rétablit l'ordre des choses : « Le rap soft légitime le rap hardcore, et inversement. Chaque facette est importante, l'une ne pourrait pas exister sans l'autre. Ma vision est globale, j'aime autant le hardcore que le doux, tant que c'est intègre, que ça n'est pas fait uniquement pour vendre[2]. »

Nous rejoignons l'idée de tension créative qui participe à l'élaboration du concept artistique[3].

Autrement dit, la diversité contribue à la richesse et par conséquent à la force d'un mouvement. Nous développerons cette notion quand nous aborderons le rapport entre styles, créations et identités.

Rythme et musique

Suivant le tempo, le support musical, le parler (vocabulaire, intonation, coupure, respiration) le public touché sera différent. Ainsi nous discernons une variété d'approches allant du « rap social » (hardcore) au « rap lyrique » (rap cool).

« La musique est, à travers le texte, forte ou cool. Elle est à deux vitesses. La musique ressort toutes les paroles, la musique ne domine pas les paroles. Plus le texte est violent, plus tu auras un tempo hard [rapide], plus ton texte est cool, mais attention, quand je dis cool, la musique tape. Quelqu'un qui écoute du jazz il serait plus attentif s'il y a une mélodie

2. DEE NASTY, interview in *Terminal*, n° 56, 1991, p. 32.
3. Cette conception a aussi le mérite de dépasser la « petite guerre » qui existait déjà au temps de Radio Nova entre « nordiste » (NTM et/ou banlieue nord et/ou nord de la France) et « sudiste » (M.C. Solaar et/ou banlieue sud et/ou Iam-sud de la France), bien qu'elle reste souvent de l'ordre du jeu de mot et que dans la pratique la majorité des groupes se fréquentent. Ainsi X Unity Posse qui réunit des groupes du sud et du nord de la région parisienne considère « comme des histoires d'enfants » les rivalités Nord-Sud (*Black News*, n° 14, 1993, p. 33).

jazz, celui qui écoute du rock, il serait plus attentif s'il y a une guitare qui se trouve,... celui qui écoute du blues, il aimerait bien avoir un petit coup[4]. »

Il existe donc un lien très fort entre musique, rythme et concept. Une harmonie est recherchée.

« On essaye de construire le morceau de manière à ce qu'il ressorte par rapport au rap et toujours de faire un lien par rapport au thème sur lequel on veut parler. Ça peut être le sida, essayer de faire un lien entre la musique et les lyrics. C'est-à-dire, si on parle du sida, on essaie de faire apparaître un malaise, faire en sorte que la musique colle aux paroles, que ce soit un tout, un "Tout Simplement" [nom du groupe]. Mais ça le concept, c'est le lien musique/lyrics et que ça fasse un tout et que les gens soient sensibles à ce qu'on dit[5]. »

NTM est présenté comme un groupe « dur » parce que la réalité sociale est dure et qu'elle est décrite d'une manière directe, le langage est épuré pour préserver la force de la dénonciation.

Les organisateurs de concerts et les municipalités projettent leur propre peur et leur fermant leur porte, craignant les batailles rangées. La vague de médiatisation[6] des banlieues dans les années 1990 a contribué à amalgamer rap et violence. « Quand on parle du rap, on parle directement de Sarcelles, de Vaulx-en-Velin, parce qu'il y a eu de la casse. Alors que cela fait archi-longtemps que l'on est dans le Mouvement[7]. » Ce à quoi le groupe I AM répond en écho :

« *On existe dans les médias par notre vision du crime / Faut-il tuer pour une page dans un magazine*[8] *?* »

Si le message se distingue par l'agressivité de son intonation et la dureté de ses propos, les membres de ce groupe doivent-ils pour autant être considérés comme violents ?

« Quand on connaît bien Joey Starr, c'est quelqu'un d'agréable, il faut le connaître, ils revendiquent leur groupe, NTM, leur image c'est un groupe de hardcore mais ça veut pas dire par là que ce sont des gens

4. DAOUD, *op. cit.*
5. PHILIPPE, *op. cit.*
6. Sur médias, banlieue et phénomène médiatique se reporter à la bibliographie, section « Langage et communication », p. 295.
7. Intervention d'un rappeur, in *Forum les Cultures de la Rue*, *op. cit.*, p. 5.
8. I AM, *Unité*, in *De la planète Mars*, *op. cit.*

violents, ça veut aussi dire que ce sont des jeunes qui maintenant sont nés dans la culture hip-hop[9]. »

NTM a choisi de s'adresser aux personnes les plus concernées, celles qui sont confrontées à l'exclusion sociale, économique ou culturelle, qui subissent les vexations policières, les tracasseries administratives, la relégation médiatique, la stigmatisation des regards et des paroles. Il crée un espace de référence, d'appartenance, pour tous ceux-là qui sont sans voix.

« NTM ça mobilise plutôt les gens des cités. C'est du hardcore, du pur donc ça interpelle pas tout le monde. Tandis que du jazz-rap par exemple ça, c'est du jazz, donc tous ceux qui aiment le jazz normalement ils aiment le jazz-rap et tout ceux qui aiment le rap ils aiment aussi le jazz-rap, donc ça mobilise plus de personnes[10]. »

M.C. Solaar aura plus les faveurs d'un auditoire « classique » parce qu'il prend comme support une mélodie plus « harmonieuse », un rythme lent, les mots sont travaillés, les sonorités recherchées.

« *C'est le style Solaar et message dit "radicool" / [...] Je laisse parler mon âme le rap a besoin d'aide / Il sort de la sclérose grâce au jazz, pousse les limites de la boîte à rythmes / Ternaire sont les rythmiques et naissent les mêmes mythes*[11]. »

Écouté d'un large public, son style est parfois perçu par les membres du Mouvement eux-mêmes, comme une trahison quand certains de ses morceaux provoquent un succès commercial et montent au « Top 50 ».

M.C. Solaar n'est pas un récupérateur. Son posse 500 One participa au fondement de la culture hip-hop. Il a choisi de faire aimer le rap à ceux qui ne l'aiment pas. En s'appuyant sur des références multiples il ouvre cette culture au reste de la société.

« Ils m'ont dit ''je viens à un stage de rap [animé par Sidney] parce que j'entends M.C. Solaar qui reprend un truc de Serge Gainsbourg et je n'aime pas le rap mais c'est tellement bien dit, c'est tellement bien

---

9. SIDNEY, *op. cit.*
10. VINCENT, *op. cit.*
11. M.C. SOLAAR, *A dix de mes disciples*, in *Prose combat, op. cit.*

fait il me fait aimer ça alors je viens savoir comment, pourquoi on arrive à faire ça[12]″. »

Est-ce pour autant que M.C. Solaar a perdu le sens du « message » ? Le titre de son dernier album *Prose combat* nous rassure sur ce point.

« *Pour l'alphabétisation des néo-fachos, à froid ou à chaud / avant le Bacho, ils souhaitent le Cachot, va revoir Dachau / Tel est le béaba de l'A B C du jeune Facho / C'est la horde aux ordres d'un nouvel ordre / Un peu partout dans les villes, les crétins tissent leurs cordes*[13]. »

Le message ne couvre pas la poésie, et la poésie ne couvre pas le message. C'est l'image, le « flash » poétique qui délivre en lui-même le message. Ainsi dans le morceau ci-dessus les mots de la phrase obéissent à un ordre alphabétique : « (A)vant le (B)acho, ils souhaitent le (C)achot, va revoir (D)achau ». A-B-C-D : « béaba de l'A B C du jeune Facho ». Le poète nous alerte de l'ordre qui se tisse derrière les mots : « C'est la horde aux ordres d'un nouvel ordre. » « Lorsqu'on lit, on comprend, c'est visuel[14]. »

L'autre versant, représenté par les groupes NTM ou Assassin n'en développent pas moins un nouveau vocabulaire et « une esthétique de la pensée car le rap c'est la manifestation d'une nouvelle poésie urbaine[15] ».

Sigles et slogans

La dimension conceptuelle a pour conséquence d'induire plusieurs niveaux de compréhension. Le message n'est jamais unidimensionnel, il révèle un second degré. Le nom du groupe de rap rassemble aussi les différentes dimensions du concept, plus qu'un nom il est un sigle (une marque) et un slogan (un message).

NTM, « Nique Ta Mère » est compris au premier degré comme une injure bien que par ailleurs il s'inscrive dans le rituel des « dozens ».

12. SIDNEY, *op. cit.*
13. M.C. SOLAAR, *La concubine de l'hémoglobine*, in *Prose combat, op. cit.*.
14. M.C. SOLAAR, interview in *Keyboards*, n° 20, 1994, p. 22.
15. MADJ, interview in *Get Busy*, n° 1, 1990, p. 3.

Dans « Tout Simplement » nous retrouvons les valeurs fondamentales d'authenticité et de pureté.

« Par rapport au nom, c'est essayer de faire, de comprendre : on fait du rap, on est tout simple, on est ''Tout Simplement'', on fait ce qu'on a à faire et voilà, c'est tout[16]. »

Dans la partie du ragga hip-hop il existe aussi des tendances différentes. Représentante de la branche dure, la « T.R.I.B.U. » (Tape la Race Inférieure des Bâtards en Uniformes) affiche un cri de guerre contre l'ordre policier. Elle défend un *Ragga-Mesrine* reprenant l'épopée du célèbre hors-la-loi, popularisée par la chanson du groupe hard-rock Trust : *Antisocial*.

« Nous on est la T.R.I.B.U. : Tape la Race Inférieure des Bâtards en Uniformes. C'est pas du raggamuffin, c'est du ragga-Mesrine, un dérivé un peu plus dur. Pour l'instant ce n'est qu'un mot[17]... »

I AM représente une autre voie entre NTM et M.C. Solaar que nous pourrions qualifier de « rap régionaliste » dans le sens où il développe un concept propre à une spécificité locale sans pour autant s'y enfermer.

« En province, ça aussi ça existe et on peut pas dire ils nous rattrapent, ils évoluent à leur rythme par rapport à ce qui a été fait et peut-être par rapport à l'originalité. Bon I AM, ils ont une originalité par rapport à l'esprit méditerranéen, une façon différente de penser, pas la nôtre, on rejoint là-dedans, ils ont amené leur esprit, leur esprit critique, leur personnalité et ça peut être des personnes de Marseille, des personnes de Brest, des personnes de Toulon, des personnes de Dunkerque, n'importe où[18]. »

« Ce nom I AM traduit le concept d'existence, cela veut dire ''je suis'', j'existe, même si les politiciens ou les riches n'ont pas de considération pour nous. Le deuxième sens, c'est Imperial Asiatic Men. Cela a plus une connotation religieuse, on est beaucoup intéressé par l'Islam, l'Égypte et la Chine. Le choix de ce nom s'est fait à la suite de la lecture du livre d'un

---

16. PHILIPPE, *op. cit.*
17. STÉPHANE, *op. cit.*
18. SYLVAIN, *op. cit.*

écrivain sénégalais dont le titre est "Nations Nègres et Cultures[19]". Parce que toutes les religions ont un foyer de naissance en Asie et l'Égypte est le berceau de la civilisation. Le troisième sens c'est : "Indépendantistes Autonomes Marseillais", C'est notre petit délire à nous. C'est pour nous démarquer un peu de la France et de l'esprit français. Parce qu'au XIIIe siècle, le sud de la France n'appartenait pas à la France. On lit beaucoup sur l'histoire de notre région[20]. »

« *Crie au monde bien ceci que "je suis" / I AM, Imperial Asiatic Men / I comme Imperial, indivisible et immuable / Impulsif et inéchangeable / A comme Asiatique / première lettre de l'alphabet par la terre mère / Afrique / M tous mes frères, M tel que men signifie / Hommes, égaux en droit, les mêmes et en somme / fait renier les diadèmes de la reine / Unité : Devrais-je dire I AM / Qui es-tu ? Bien posé "je suis" par état de fait / I AM deux peuples éloignés géographiquement / [...] Inutile de lutter devant les poètes de l'Alliance afro-asiatique*[21]. »

Styles, créations et identités

Si tout est récupération, la démarche artistique fait de cette récupération une création, une construction unique et le hip-hop en est une preuve. Il ne s'agit pas dans les propos suivants d'imposer une unité et chercher absolument à concilier des positions qui participent à la richesse du rap mais de comprendre comment les diverses tendances du rap peuvent contribuer à cette richesse.

Une branche du mouvement rap défend l'idée d'un « rap *en* français » en opposition à un « rap français ». Elle pense qu'il n'est pas possible de rattraper le retard sur les États-Unis et qu'on ne peut que s'inspirer d'eux sur le plan du concept. Quitte à copier, autant copier les meilleurs rappeurs américains, disent-ils. Ils utiliseront la même base sonore (basse lourde), la même tonalité, la même accentuation de la voix, seule la langue est française. Il privilégie donc le son même si le texte a sa place. Dans cette mouvance s'illustrent les groupes de la

---

19. DIOP C.A., *Nation, nègres et culture*, op. cit.
20. I AM, interview in *Get Buzy*, n° 1, 1990, p. 9.
21. I AM, *I Am Concept*, in *De la planète Mars*, op. cit.

Mafia Underground qui a fait du « rap en français » son slogan comme L.R., Da Lausz, Noxious, Sté Strausz, Mad Fonguts, Boo Treev (ce dernier possède cependant un style différent). D'autres groupes comme Ministère A.M.E.R. rejoignent cette vision. Leur dernier album *95 200* (code postal de Sarcelles), s'identifie à une ville, un quartier, un groupe de soutien, il signe leur appartenance à la réalité sociale de la banlieue nord de Paris.

Les rappeurs *en* français par l'affirmation de ce slogan tiennent en épousant totalement un style américain à marquer leur identité : se différencier et être reconnu (dans le sens d'une distinction). Mais ils sont aussi par leurs modes et conditions de vie, la texture même de leurs œuvres, des artistes français, non des clones américains.

Nous pourrions faire le parallèle avec les Noirs américains, afrocentristes sans être allés en Afrique. Dire qu'ils ne sont pas africains mais Afro-Américains, ne remet pas en cause leurs stratégies identitaires, mais pose autrement le débat.

La question est pourquoi et comment se mettent en place ces stratégies. Elles émanent le plus souvent d'un sentiment d'injustice, de la prise de conscience d'être discriminé en tant que groupe et elles engagent un rapport conflictuel d'une minorité à une société dominante. L'interface africaine pour les Afro-Américains, afro-américaine ou afro-caribéenne pour les minorités européennes vont jouer le rôle de tremplin sur lequel pourront rebondir une affirmation ou des revendications.

C'est la première face du débat où la question culturelle telle que nous venons de la définir est intimement imbriquée avec la réalité sociale dans laquelle chacun est plongé.

L'autre face est celle de l'art qui sera utilisé comme vecteur, moteur, creuset. Il n'appartient pas à un pays mais possède une dimension universelle. C'est ainsi que le rap a pu s'exporter et que chaque groupe ou minorité se considérant opprimé a pu se l'approprier en forgeant son propre style.

Cette fonctionnalité accordée à l'art est la marque de fabrique de tout art de la rue. C'est la réalité sociale qui donne un sens et une valeur à l'expression artistique. Dans l'alliance entre art et sens, création et message, se forge l'originalité de la culture hip-hop.

Ainsi serait-il vain d'opposer rap *en* français et rap français. Le premier n'est pas moins « français » (ni plus d'ailleurs) que le second. Ils sont l'émanation de stratégies identitaires différentes (voir aussi chapitre « Inspirations multiples »). D'autres lignes de séparation apparaissent qui traversent ou rejoignent la première que nous venons d'évoquer et qui donnent lieu à autant de débats : rap socio-politique / rap commercial, rap hardcore / rap cool, rap underground / rap variété, rap « communautaire » / rap « universel »...

Pour certains, ces lignes se superposent et le rap ne peut être que social, hardcore, underground, communautaire, *en* français... Pour d'autres, elles se chevauchent avec un décalage ou se coupent. Ainsi peut-on faire du rap social sur un rythme cool sans faire du « gangsta rap »[22]. Ou au contraire faire du rap underground « égotripping »[23] sans élaborer des textes à dimension socio-politique. Ou encore affirmer une identité « pro-black » et s'inspirer d'une tendance hardcore-rap-jazz...

Nous pourrions aussi parler du style ragga/hip-hop inscrit dans la sphère caribéenne. Massilia Sound System par exemple va mélanger tradition reggae, rythme antillais, « parla patois » et prouve, s'il le fallait, de la vivacité aujourd'hui du groove reggae qui s'infiltre depuis les années 1960 « dans les tissus culturels les plus divers sans jamais en dénaturer la personnalité ou en diluer la force[24] ».

Les variantes sont infinies car tous ces pôles constituent autant de tensions qui participent à la définition même de l'œuvre de création. L'important est de ne pas se laisser piéger par des mots qu'il faut restituer dans le mouvement d'un style et d'une conscience. Ainsi le « gangsta rap » ne veut pas dire « être

---

22. Le gangsta rap, né au milieu des années 1980 sur la côte Ouest des États-Unis, s'inspire du mode de vie des gangs. Une partie de la communauté noire s'inquiète de la valorisation du « gang-member » auprès des pré-adolescents. Mais le rap ne fait que refléter et non provoquer une réalité sociale et économique. Rappelons pour mémoire la guerre fratricide entre « Crips » et « Bloods » à Los Angeles qui a fait plus de 5 000 morts en vingt ans. « Le gangsta rap est censé être l'expression abrupte de tout ce qui nous vient du cœur [...]. Nous exprimons ce qui se passe sur des tons qui nous semblent les plus appropriés à notre perception des choses. » (BOO YAA, interview in *Black News*, n° 17, 1994, p. 26).
23. L'égotripping se base sur l'environnement immédiat (la vie du groupe, le quartier) en privilégiant le plaisir d'être ensemble.
24. DORDOR F., « Bleu et Vlan », in *Best*, n° 305, 1992, p. 58.

gangster » : « Gangsta Rap, c'est dans la tête, moi, c'est un état d'esprit. Je n'ai pas de calibre, ce sont des mots[25]. »

Cependant il est nécessaire tôt ou tard d'accorder les différents éléments du concept. Il est par exemple difficile d'accepter longtemps l'étiquette « pro-black » sans être en accord avec sa propre implication sociale.

« Avant d'être pro-Noir, il faut être capable de faire le don de sa personne afin d'aider les autres, être capable de dénoncer les souffrances tout en agissant concrètement afin de les apaiser. Autrement dit voir beaucoup plus loin que sa simple et unique réussite personnelle[26]. »

« Tout ce qui amène une prise de conscience est bon à prendre. Pour nous il ne suffit pas d'être Noir pour faire partie de la communauté, cela doit résulter d'une prise de conscience[27]. »

Quelle que soit l'option prise, la force de l'expression artistique proviendra de la cohésion de l'approche conceptuelle. Le concept synthétise les différents éléments culturels (sentiment d'appartenance, mémoire collective, conscience sociale, mode de vie, langage...) dans un but stratégique (toucher un public, diffuser son produit, provoquer un rapport de force économique et/ou renforcer des liens communautaires, et/ou interpeller le politique...). Ce travail de maturation prend du temps, passe par différentes phases d'apprentissage. Certains rappeurs ne veulent pas se laisser enfermer dans une seule approche, changeront de noms au cours de ce cheminement ou prendront des noms à « géométrie variable » (polysémiques).

Il n'y a pas de recette mais une étrange alchimie entre art, rythme et message. Dans la « boîte noire » de la création, s'instaure un équilibre, une sorte de « paix tendue » entre les pôles que nous avons évoqués.

« Le rap utilise des choses électroniques (sampling de jazz par exemple), alors que le processus même de création exige une démarche intérieure à destination de l'extérieur et non l'inverse[28]. »

Que l'équilibre soit rompu et le concept perd de sa

---

25. STE, interview in *Da Niouz*, 1995, p. 7.
26. Éditorial de *JAM*, n° 3, 1991, p. 3.
27. SOOBAROO, interview in *Get Busy*, n° 8, p. 11.
28. LAST POETS, interview in *Black News*, n° 16, 1994, p. 18.

pertinence. Il dérive par exemple dans la simple expression (message sans art) ou dans l'effet de style (art copié sans message), ou dans l'esthétisme pur (l'art pour l'art).

« Nous travaillons des journées entières pour essayer des morceaux originaux. Quand on entend des nouveaux groupes, leur style est terrible, mais les textes ne vont pas très loin. Le rap ne doit pas se limiter à une fantaisie, c'est trop facile car le rap, c'est des paroles. Ce qu'on veut faire, c'est avoir du style et avoir en parallèle des paroles qui tuent, chose qui est très dure[29]. »

---

29. Legitime processus, interview in *Down With This*, n° 5, 1994, p. 21.

La base sonore du rap

« Le rap est tellement une autre manière de créer de la musique qu'on ne peut pas le comparer avec un musicien traditionnel[1]. »

Le Human Beat-Box

Le Human Beat-Box, constitue, comme l'indique ce nom, la réalisation du son d'une boîte à rythme uniquement grâce au corps humain (bouche, cou, poitrine). C'est la forme la plus simple mais aussi la plus spectaculaire de la création d'un rythme rap. Sheek en France fut un adepte reconnu de cette pratique.

Aujourd'hui le groupe féminin Zap Mama s'inscrit dans cette filiation. Il crée une franche rupture avec l'univers électronique des boîtes à rythme et des sampler et vérifie l'hypothèse que l'exploration des capacités humaines (voix, bouche, poitrine, doigt) à produire des sons est infinie. Dans ce « complexe » dénuement, il sonne le retour à l'authenticité, à tout ce qui est essentiel, à la matière. Les sons récupérés sont ceux du quotidien, de la vie de tous les jours. Les rythmes sont ceux du monde « hip-hop indien », « polyphonie pygmée », « enfant de James Brown »...

Cette forme d'expression trouve un lien naturel avec la tradition du paroleur : « Sa narration se fera tournoyante, rapide,

1. DEE NASTY, interview in *Terminal*, n° 56, 1991, p. 33.

parfois même hypnotique, brisée en longues digressions humoristiques, érotiques, ésotériques. Il va barder la phrase d'un bruitage de rupture et d'onomatopées, de dialogue incessant avec son auditoire[2]. »

Technologie et animations D.J.'s

L'expression des D.J.'s (Disc-jockeys appelé aussi Deejays) est non seulement une expression artistique à part entière mais le rap n'aurait pas pu exister et se développer sans elle. Le D.J. hip-hop est avant tout un musicien. Ainsi les fondateurs musicaux et moraux du hip-hop aux États-Unis ont commencé par l'art du Djing : Herc, Flash, Bambaataa.

Kool D.J. Herc est présenté comme celui qui amena en 1967 à New York le toasting de son pays natal, la Jamaïque (voir chapitre « Rastas et Zulus »). Il deviendra l'un des premiers rappeurs en reprenant le toast et en l'adaptant sur un style de break-beat[3] original. Il influence les D.J.'s du Bronx dont Flash qui deviendra Grand Master Flash. Ce dernier, selon la légende, aurait inventé la technique D.J. du scratching. Quoi qu'il en soit, à partir du Bronx, le rap s'étend à l'ensemble de la ville de New York. Il faudra attendre cependant 1979 pour que sorte la première production vinylique avec *Rapper's Delight*. Afrika Bambaataa dès 1976 impose son originalité en matière de Djing rap en mixant funk, rock blanc, musique japonaise ou musique classique. Il ouvre la voie électro avec *Planet Rock* paru en 1982. Il va influencer le West Coast Sound, les premiers rappeurs de la côte Ouest des États-Unis bien que le rap soit encore considéré à cette époque comme une spécialité new-yorkaise.

« Des gens comme Afrika Bambaataa, et surtout des D.J.'s comme D.J. Herc des précurseurs de musique, ont mélangé les sons, les rythmes, des trucs très sympathiques, ont mis une couleur différente du funk normal et j'ai été très surpris parce qu'on s'attendait toujours à écouter des basses ou des guitares, des instruments accoustiques et là tout a été synthétisé. Ils ont décidé de simplifier la façon d'enregistrer la musique car tout

---
2. CHAMOISEAU P., CONFIANT R., *Lettres créoles, tracées antillaises et continentales de la littérature*, *op. cit.*, p. 212.
3. Voir définition, p. 212.

était dans des boîtes à rythme, des machines et là les gens ne chantaient plus, ils se mettaient carrément à parler du début à la fin. C'était surprenant[4]... »

Les D.J.'s occupent une place centrale dans l'animation des rassemblements de cette époque. Il est difficile d'attribuer l'idée de « culture hip-hop » à un nom particulier mais il est certain que le terme est né dans les « street-parties ».

La France a connu dès le début des années 1980 une évolution identique. Les animations D.J.'s dans les terrains vagues, les « free-jams », les « Zulu parties », les soirées night-clubs, les émissions de radio, furent des hauts lieux de diffusion de la culture hip-hop. Encore aujourd'hui le Djing est le point de rassemblement et d'unité du Mouvement (voir illustrations « D.J.'s et rencontres hip-hop », p. XVI).

Ce n'est donc pas un hasard si le D.J. Dee Nasty est présenté à la fois comme le précurseur du hip-hop français (premier disque de rap en 1984), l'accompagnateur de son évolution (créateur et animateur musical) et le gardien de ses valeurs (cadre de la Nation Zulu qu'il cherche aujourd'hui à relancer). A côté de Dee Nasty citons parmi les principaux D.J.'s : Cut Killer, Faster Jay, Crazy B, Abdel...

La base sonore du D.J. est la funk, le jazz, le rap, la soul... L'art du D.J. (ou Djing) se révéla dans l'aptitude à mixer le son entre deux platines, ou à « scratcher ».

« Au début le rap était la suite de la funk, des groupes jouaient et un mec parlait dessus. Après, il y a eu l'arrivée des premières boîtes à rythme. Je pense à la Roland TR808 (« eight-o-eight ») qui a un peu chamboulé le monde du rap. Il y a eu des morceaux comme *Planet Rock* d'Afrika Bambaataa, des choses complètement électro. A l'époque le sampling n'était pas encore là. Là aussi, les rappeurs ont poussé à fond ce qu'on pouvait faire avec une boîte à rythme, en faisant un morceau entier avec, en se servant du pied de grosse caisse pour faire la basse. On arrivait à des trucs cohérents. Le scratch était un peu un instrument futuriste dans les années 1980. C'était détourner la platine de son usage normal et en faire un instrument de musique[5]. »

4. SIDNEY, *op. cit.*
5. DEE NASTY, interview in *Terminal*, n° 56, 1991, p. 35.

Le « scratch » utilise le disque comme un instrument de musique à part entière : le D.J. arrête le disque de ses doigts, sur un son, et, selon qu'il accélère ou ralentit, tout en le découpant sur sa table de mixage, il extrait des notes sur ce son. Ce son sera mixé avec des passages musicaux qu'il isolera d'une seconde platine et ainsi d'extrait en extrait, construit un autre morceau. La maîtrise de cette opération ne s'obtient qu'au prix d'années de travail. Le scratch devient alors musique à part entière. Les possibilités de combinaison sont illimitées. Les D.J.'s innovent perpétuellement en trouvant de nouvelles phrases musicales, de nouveaux sons. Ils ont constitué le relais de la diffusion musicale. En effet, de leur position, ils sont amenés à écouter toutes les nouveautés, à rechercher les nouveaux sons d'outre-Atlantique. Ils sont en avance sur les styles musicaux qui s'imposeront ensuite.

« En étant D.J., j'étais au courant de tout ce qui se passait. J'avais le côté connaissances musicales en tant que musicien mais aussi en tant que D.J. Parce qu'il est à côté de tout ce qui est en avance, surtout la musique. Des gens comme Dee Nasty ont découvert aussi cette culture-là, on était déjà une dizaine à Paris. On se connaissait, ils venaient à la radio. Tout a démarré vraiment en 1982 quand on a eu un point de rendez-vous, un point de chute tel qu'était Radio France. Ils ont commencé à venir me voir, on s'échangeait des idées, "tiens t'écoutes ça". Suite à ça le mouvement s'est élargi, les gens appelaient à l'antenne et c'est vraiment à la radio, par Radio 7, que les gens ont découvert le hip-hop en 1982[6]. »

Le mix et scratch vont ensemble. Le véritable D.J. sera celui qui maîtrisera également les deux composantes. La difficulté réside dans le fait de placer les scratchs sans casser le rythme de l'animation musicale d'une soirée. Car il existe comme pour le rap et la break-dance une interaction, une émulation réciproque entre l'artiste et l'assemblée. « Il n'est pas évident de placer une série de "passe-passe" sans que tout le monde arrête de danser ; ou alors il faut que cette série soit le commencement d'un show fort et court pour ne pas lasser[7]. »

6. SIDNEY, *op. cit.*
7. DEE NASTY, in *The Zulu's Letter* (fanzine polycopié non paginé), n° 9, 1988.

La disparition du disque vinyle au profit du disque laser réduit la base de travail des D.J.'s. Cependant le premier support sera toujours édité à des fins non commerciales pour la perpétuation de cet art, les rappeurs y veillent.

« Le CD est arrivé et de moins en moins de gens ont des platines, 5 % des gens achètent mon disque en vinyle, et le scratch devient petit à petit un instrument élitiste. Les rappeurs eux-mêmes vont pousser leurs maisons de disques à sortir des maxis, ça va être du recyclage interne au mouvement rap. De toutes les façons tu peux scratcher sur n'importe quoi, tu as toujours les disques des années 1970 et 1980. Il y a tellement de choses à faire avec tout ça, qu'il y a encore pas mal d'années avant que ça tourne en rond[8]. »

Platines, boîte à rythme, table de mixage sont les outils du D.J. Ce matériel doit être robuste pour résister aux différents maniements intensifs auxquels ils sont soumis. Ainsi seront cherchées la stabilité des platines, la robustesse des têtes de lecture qui doivent supporter le scratch sans creuser des sillons dans le disque. Le mixeur doit posséder un « crossfader » facilitant le passage d'une platine à l'autre. La table doit aussi répondre à des critères de robustesse.

Les nouvelles technologies ont contribué à faire évoluer le support musical du rap. Il existe une concordance entre l'évolution du style de rap et la maîtrise de ces nouvelles techniques.

« Le premier truc que j'ai fait, c'était ragga hip-hop, c'était fait avec basses, synthé, tu vois. Disons synthé et boîte à rythme. Ensuite, le deuxième truc que j'ai fait, ''dangereux'', c'était l'utilisation de sampler, donc là, ont était entré dans l'aire du sample. On travaillait vraiment avec les machines et puis j'ai fait ''je veux du cash'', j'ai mixé, travaillé avec les machines et puis être prêt à jouer avec des instruments quoi mélanger le son et le sample. Sur l'album que j'ai fait, c'est la même démarche en plus ouvert, plus poussé. Ça a évolué non seulement au niveau des textes mais de la voix. Comme la voix est un instrument, sur chaque musique que j'ai pu faire, j'ai changé de voix[9]. »

Le « sampling » est un échantillonnage numérique de son avec lequel on peut ensuite jouer à volonté. « Le sampler est vraiment la machine géniale pour un D.J., c'est comme s'il

---

8. DEE NASTY, interview in *Terminal*, n° 56, 1991, p. 33.
9. EJM, *op. cit.*

avait dix platines[10]. » Ainsi peut-on prendre des morceaux de musique sur un disque, pour les raccorder autrement des sons de piano, de saxophone ou de contrebasse.

« C'est-à-dire tout ce qui est similaire au jazz, le blues, le funk, la soul, le rock, la suite. Il suffit de puiser un peu partout. Mais quand je dis puiser, je veux parler "sampler", c'est-à-dire c'est pas on sample, on met en bouche, on a la musique. On écoute par exemple une basse mélodique et puis on se dit bon, celle-là elle est belle, mais on va pas la reprendre, on va la modifier : on a une musique[11]. »

« On sample pas beaucoup dans le jazz, plutôt dans le son funk et toutes les années 1970/80, James Brown jusqu'aux années 1980, en ramenant par rapport à des rythmiques actuelles. C'est-à-dire on sample dans des disques, ou alors on fait notre propre beat, par rapport à ça. Avec le sampleur, on travaille le son de telle manière qu'il puisse ressortir bien, qu'il puisse avoir une originalité ; ça peut être un son bizarre mais qui a été remis dans une bouche, qui fasse un son hip-hop[12]. »

Sons, rythme de synthèse, extrait, citation, riffs, échos, réverbération, remixage... créent la base sonore sur laquelle le rappeur parle et scande sa voix.

« C'est pour ça que le hip-hop est un mélange de toutes les musiques qui ont déjà été faites ou établies, après c'est toi, par ton imagination, ton concept musical qui arrive à le tourner de telle manière à ce que ça te fasse plaisir et que ça tourne bien et après tu peux poser ton lyrics qui dépend de ce que tu as envie de dire dessus et essayer de chercher l'originalité par rapport à ce que tu dis[13]. »

Soumises aux nouvelles techniques les formes musicales sont revivifiées ou réinventées, adaptées à un contexte de culture de masse influencée par les médias. D'autre part ces nouvelles techniques, tout en augmentant la capacité de créer, reste accessible au plus grand nombre.

« Il y a eu la période des premiers samplers pas chers, qui ne donnaient pas un son terrible. On osait pas sampler beaucoup, juste des pêches de cuivres, des choses comme ça. C'était le premier LL Cool J... Des grosses rythmiques bien métalliques et quelques effets.

10. DEE NASTY, *op. cit.*, p. 35.
11. DAOUD, *op. cit.*
12. PHILIPPE, *op. cit.*
13. *Id.*

Après, les mecs ont commencé à sampler des disques de soul. Les samplers devenaient un peu plus sophistiqués, tu avais plus de temps de sampling. Le son a radicalement changé, tu entendais des breaks de batterie de soul... Au début, ils n'osaient pas sampler plus que des batteries. Dès que tu as une basse, tu commences à avoir quelque chose qui ressemble à un vrai morceau... Tu te dis "si je pouvais envoyer au scratch une pêche de violon ou un cuivre", et petit à petit c'est devenu de plus en plus musical.

Et après, dans les années 1989, on sample carrément des passages entiers avec batterie, basse, clavier... Les gens se sont dit que c'était très musical. Ça a pris une autre direction, grâce à l'évolution des samplers.

La qualité des machines ouvre des horizons de plus en plus vastes, et on en arrive à des choses complètement extrémistes, comme Son of Bazerk. C'est l'équipe qui est derrière Public Enemy, Bomb Squad, qui fait les musiques. Si tu décortiques ce qu'ils font, ça devient la folie. Je ne sais pas combien de minutes de samples ils ont. Tu as quatre rythmiques qui tournent en même temps, là-dessus plein d'arrangements... Tu as l'impression que dix D.J.'s jouent en même temps.

Et si le sampling est aussi important dans le rap, c'est que les rappeurs ne passent pas des années en studio, ils n'ont pas beaucoup de budget. Le gros du travail est fait à la maison, et après tu cales juste la voix et les scratches par-dessus. C'est une manière d'optimiser le peu qu'on a[14]. »

A noter que des problèmes juridiques apparaissent avec le développement du sampling. Chaque morceau de sample emprunté à un autre auteur devrait être déclaré. Ce dernier est susceptible de toucher des droits même si la phrase musicale ne fait que quelques secondes !

« Le but du jeu est de camoufler. Tu as l'impression de quelque chose d'homogène. Mais qui est fait de tout petits bouts, comme un collage photo ou un puzzle. Le niveau sonore de chaque sample est dépendant de celui des autres. Ou alors si tu mets un truc vraiment en avant, reconnaissable, tu le fais comme un clin d'œil. Tout le monde va reconnaître un cri de

---

14. DEE NASTY, *op. cit.*, p. 35.

James [Brown], et s'il y a des droits à payer dessus, tu les payes[15]. »

Inspirations multiples

Le rap s'inspire de tout, puise dans tout et prend toutes les formes. Nous pourrions par ces propos présenter la formidable capacité d'évolution de ce genre musical dont les zones d'influence sont le jazz, le rythm'n blues, le rock-fusion, le reggae, le funk, la soul... jusqu'à la musique traditionnelle ou folklorique !
La racine africaine reste bien sûr omniprésente.

« On peut faire beaucoup de soul, l'acid-jazz et de la musique africaine. Mais bon, il y en a qui s'occupent de rythme africain, il y en a qui s'inspirent de l'Afrique. C'est sûr bon, on veut mettre de l'originalité. Chacun puise là où il pense. Et il sort quelque chose d'intéressant pour lui. De toute façon, le rap c'est mille influences[16]. »

Chacun, suivant ses attaches et son parcours, cherchera les styles musicaux qui lui correspondent le mieux. Les raggamuffin's défendront la spécificité du reggae.

« Le reggae est tiré d'un rythme appelé Nayabinghi. C'est un rythme qui vient d'Afrique, emmené par les esclaves, qu'on retrouve encore aujourd'hui dans les enterrements en Côte-d'Ivoire. On peut jouer tout les styles de reggae sur ce rythme. C'est la base du reggae et de tous ses dérivés, donc du toast précurseur du rap.
Le reggae, quelque part au fond de nous va plus loin que ça. Il y a la musique : classique, rock, blues, funk, jazz, hard-rock et puis il y a le reggae : le reggae funk, le reggae blues, le reggae jazz, le reggae classique, le reggae "requiem". IJahman fait du requiem, c'est du requiem rasta mais c'est du requiem, c'est de la musique religieuse[17]. »

Les reggae-men et raggamuffin's se réfèrent essentiellement à la culture anglo-saxonne entre Jamaïque et Angleterre tandis que le rappeur regardera vers les États-Unis même s'il possède des attaches insulaires.

---

15. DEE NASTY, *op. cit.*, p. 34.
16. B.LOVE, *op. cit.*
17. STÉPHANE, *op. cit.*

« Quand j'étais petit, c'était la musique antillaise, musique latino, ensuite moi, j'écoutais un peu de musique africaine. Bon, je suis plutôt rentré dans ce qu'on appelle la musique américaine, c'est-à-dire, j'écoutais un peu des trucs comme Deep purple, des trucs un peu rock ou heavy-metal. Dans la soul, des trucs Stenlay-Clarck, Georges-Duck, des trucs comme Steeve Wonder, *Tentation*. Et ensuite, je suis parti dans un truc un peu plus jazz. A partir de là, tu vois tu fais ton trip [voyage][18]. »

Le rap démontre qu'emprunt et création ne sont pas incompatibles. Il ne fait en cela que mettre en lumière une technique habituelle mais que « l'art noble » répugne à avouer.

Il puise dans le feeling extraordinaire du funk aux mélodies les plus recherchées et aux beats les plus travaillés. Dès le début des années 1970 James Brown, « pure émotion » sur scène, lance des messages par phrases courtes, martelées, impose son rythme et ses pas de danse endiablés.

« Le nouveau hip-hop est devenu très rythm'n blues dans les tempos, dans les beats, ça change, il évolue, comme une rivière qui va vers son chemin, élargit ses directives musicales d'une part mais dans l'optique droit de la musique et la culture hip-hop. La musique prend un passage très chanté maintenant, on chante beaucoup dans le rap parce qu'ils se sont aperçus qu'il y a une couleur rap à aller mettre dans la mélodie. Musicalement ça s'orchestre maintenant, c'est devenu beaucoup plus fort, j'ai encore plus d'engouement pour le hip-hop. Il y a le hardcore qui restera toujours le hardcore, mais même le hardcore a pris cette tendance, les tempos changent, les fonds changent, évoluent tout le temps, c'est vraiment bien, ça bouge le hip-hop c'est un truc qui bouge. Il y a des nouveaux rappeurs qui arrivent tous les jours, qui changent leur façon de rapper, qui éclaboussent tout le monde[19]. »

Et réciproquement les autres courants musicaux intègrent le rap.

« Le jazz devient de plus en plus électrique, c'est super, il s'inspire beaucoup acid jazz, ragga, il est plus ouvert qu'hier, il a évolué ; il a évolué dans le son, il a évolué dans le jazz, tout l'acid jazz américain. Ils instaurent tous du rap dans leur jazz, quand tu vois Quincy Jones aux States [États-Unis] qui monte un journal de rap aussi. Et le rap est né, il a grandi, il a dix ans en France maintenant il est dans toutes les mœurs, il est dans toutes les chaumières, mais dans toutes sortes de mœurs

18. EJM, *op. cit.*
19. SIDNEY, *op. cit.*

musicales on trouve un phrasé rap ce qui prouve qu'il est installé partout, là il ne peut pas arrêter d'évoluer[20]. »

Le rap puisera plus facilement sa force revendicative dans les musiques populaires de la « révolte ».

« C'est beaucoup plus facile de puiser dans le raï, ou dans le rock ou dans le jazz, dans le blues, ou dans la funk ou dans la soul. Parce que c'est ça la base, quelque chose de revendicatif, c'est quelque chose que tout le monde écoute[21]. »

« Il faut dire qu'aux États-Unis, la culture anglo-saxonne, la musique a toujours été le véhicule des révoltes. Tu vois c'est toujours véhiculé par la musique les révoltes ; tandis qu'en France pas du tout. C'est pas du tout la logique[22]. »

Le rap français trouve une voie originale entre l'influence américaine et la spécificité de sa langue.

« Le rap français, les paroles comptent beaucoup qu'ici c'est la culture française, la poésie française c'est quelque chose de traditionnel, donc tu ne peux pas faire du rap en copiant intégralement les Américains et faire n'importe quoi avec un tempo en syncopé les gens font plus attention aux paroles quoi[23]. »

« Le français c'est une langue fabuleuse, on peut arriver à faire, nous on essaie de faire des rimes tout en respectant le sujet sur lequel on rape. On peut swinguer sur le français et il y en a trop qui se retranchent sur le style américain et qui n'essaient pas de rechercher l'originalité française. Ici, le mouvement français il est bien propre à lui[24]. »

---

20. *Id.*
21. Daoud, *op. cit.*
22. B.love, *op. cit.*
23. *Id.*
24. Philippe, *op. cit.*

Conclusion

Le hip-hop en France n'aurait pas connu d'existence sans la contribution des immigrations (ou particularismes culturels) portée par des jeunes dans un contexte urbain. Mais il n'est pas simplement subordonné à l'attache d'un territoire, ni à la formation de groupes ethniques, ni à la spécificité d'une expression juvénile. Chacune de ces dimensions a contribué à sa création mais il n'est pas réductible à l'une d'elles.

Il était donc utile de dégager ces trois approches, jeunesse, immigration, ville — lieux où se polarise l'*imaginaire social*[1] — pour mieux souligner la nécessité d'aborder le hip-hop sous des angles nouveaux si nous voulions prendre en compte toutes ses richesses.

Trois approches complémentaires se dessinent alors suivant l'angle adopté. Nous en faisons dans cette conclusion la synthèse :

— un angle empiriste : il dessine, au fil des trajectoires individuelles, des *stratégies* et des parcours, qui signent la fin des modes classiques d'intégration au profit d'une *mobilité sociale et culturelle* accrue ;

— un angle structurel : il prend en compte le facteur temporel, et met en lumière la reproduction d'un *rapport* qui serait celui de minorités à une société dominante, ce rapport dressant les contours d'une nouvelle « ethnicité » ;

---

1. Pour accompagner la lecture transversale proposée dans cette conclusion nous faisons appel à l'*index thématique*, p. 287. Les mots en italique renvoient aux mots clés de l'index.

— un angle symbolique : il ouvre le champ de la postmodernité, il s'appuie sur les notions de tension, de *rythmes*, de *messianisme*, de religiosité contribuant à ouvrir un *espace social et symbolique*.

De multiples relations se tissent entre les membres de ce mouvement où chaque trajectoire est une histoire de vie particulière. Des *synergies* s'instaurent entre les expressions artistiques, chacune supportant ou renvoyant à une autre. Des niveaux de participation différents à la vie sociale, culturelle et économique sont possibles et procurent autant de lieux d'identification.

Le recul sur la décennie passée permet d'entrecroiser les différents fils de vie, qui dans l'instant n'avaient pas de sens. Il se tisse une trame historique du hip-hop en tant que culture à part entière. La *prise de conscience* de cette histoire collective permet aujourd'hui aux différentes trajectoires d'y trouver une inscription dans un espace social qui contribue à la création de nouvelles dynamiques. Elles favorisent un sentiment d'appartenance.

Ainsi pouvons-nous discerner des stratégies particulières. Certains iront plus vers une action de *médiation* (cf. « Mobilité sociale et culturelle), d'autres vers un pôle économique d'*autoproduction*, d'autres enfin trouveront dans le « jaillissement » d'une *expression artistique* la représentation de leur subjectivité ou l'affirmation d'une identité.

Le *maître* est le mot qui synthétise le mieux ces démarches, qualités et aptitudes par un état d'*esprit*. Il est celui qui contribue à la formation d'une *école* ouverte par les *pionniers*.

La construction d'un *message* donne aux expressions leurs richesses, leur direction et leur sens. Ce *message* est essentiellement moral. Il se base sur les notions de *responsabilités*, de *prise de conscience* (cf. « Esprit) individuelles et collectives, des *valeurs* universelles fondamentales. Il laisse le soin aux observateurs, acteurs sociaux, politiques... d'en percevoir l'existence et la qualité.

Le maillage de ces parcours en *réseaux* compose la *famille* du hip-hop, tisse de nouveaux liens solidaires. Mais en suivant la trame de ces trajectoires nous nous apercevons qu'elles ne répondent pas uniquement à des stratégies individuelles et que cette vision n'est pas suffisante à la compréhension du hip-hop. Si le hip-hop ne s'inscrit pas véritablement en rupture, il s'apparente par bien des aspects à un « *marronage* culturel », une *résistance*. Il se méfie d'une insertion dans l'industrie culturelle dont il perçoit parfaitement les tentatives de récupération. Face à l'*imaginaire social* sur les jeunes, la banlieue, l'immigration, il contrecarre les processus d'aliénation, de modélisation, de normalisation en élaborant des stratégies de *détournement* et un art de l'*esquive* (cf. « Résistance »). Il porte une analyse étonnamment lucide, sans détours ni complaisance sur le discours et le comportement politique dont il dénonce dans ses *explicit lyrics* (cf. « Résistance ») la médiocrité. Il dresse de façon réaliste un tableau de la société d'une très grande finesse où est décrite la désagrégation sociale et morale. D'une certaine manière il remet en cause le modèle classique d'intégration dont il perçoit trop l'aspect « assimilation », et en propose un autre que nous avons présenté dans l'approche « Mobilité et trajectoire ».

Cependant il n'oppose pas à cette perception et compréhension du monde un contre-projet susceptible de poser une alternative. Son analyse peut être reprise aussi bien par la rhétorique libérale ou socialiste. Elle ne se positionne pas dans l'espace et le temps, dans le déroulement d'une histoire et peut donc être récupérée par la vision « conservatrice » ou celle du « progrès social ».

Pourtant les formes élaborées et conscientes de *résistances* nous indiquent bien l'existence d'invariants dans le *rapport entre minorités et société dominante*. Les termes de « *marronage* culturel » ne sont pas usurpés. Il existe des concordances avec les mouvements de *résistances* culturelles. L'interface que jouent pour le hip-hop les mouvements des Caraïbes (*négritude*, *rastafarisme*, cf. « Messianisme ») et ceux des *Afro-Américains* (black power, *afrocentrisme*) semble confirmer nos propos. Qu'il s'agisse d'une filiation revendiquée ou reconstruite, l'influence de ces mouvements n'en demeure pas moins certaine.

L'existence de conflits, de *rapports* de force tend à prouver que le mouvement hip-hop possède une consistance, celle d'une minorité agissante. Car si cette « minorité » n'était qu'une construction de l'extérieur ou l'énoncé de l'exclusion, si le groupe n'était que l'enfermement de la différence dans des caractères immuables, comment expliquer la vivacité culturelle du mouvement hip-hop, sa capacité d'innover tout en affirmant une identité (ou plutôt des identités). La difficulté réside dans le fait que cette minorité ne se définit pas simplement sur une base territoriale, ethnique ou de classe.

Ce rapport entre « culture dominante » et « culture de *résistance* » dessinerait les contours d'une « ethnicité », un espace ouvert par les arts du hip-hop. C'est donc dans la *prise de conscience* de ce rapport de force avec le *système* que se délimite en elle-même des minorités et se développe une culture originale que les expressions artistiques du hip-hop mettent en lumière.

Si l'ethnicité correspond à un certain nombre d'indicateurs[2], elle se comprend aussi comme un processus dynamique. François Morin propose de restituer l'ethnicité dans « une dynamique interactionnelle avec une société dominante[3] ».

Ainsi il existerait en France une culture minoritaire qui, « en relation avec un passé historique ou mythique[4] » (voir plus haut *marronage*), s'est approprié les traits d'une culture de résistance et d'intégration, à travers des formes d'*expressions artistiques et culturelles* particulières, en réponse à une situation oppressive ou à un *rapport* de domination.

Les indicateurs de ces modes d'intégration et de résistance prendraient la forme d'une appartenance à une *famille*, un *mouvement*, de la capacité *d'une mobilité sociale et culturelle*, d'une *auto-production économique*, de l'élaboration d'un *message* et un *concept* propre, de la formation d'un *état d'esprit* et d'une *école*, de la défense de *valeurs*.

2. François RAVEAU propose comme définition : « conscience vécue — ou reconnue — d'appartenance collective en relation avec un passé historique ou mythique qui peut être projeté dans un avenir commun possible ou utopique. Elle s'exprime à travers sept indicateurs de participation — ou de reconnaissance — qui peuvent être : biogénétiques, territoriaux, linguistiques, économiques, religieux, culturels et politiques (Raveau, Galap, Lirus et Lecoutre, 1977). RAVEAU F., « Ethnicité, migrations et minorités », in *L'éducation multiculturelle*, Éd. Centre pour la Recherche et l'innovation dans l'enseignement, 1987, p. 109.
3. MORIN F., commentaire sur la communication de F. RAVEAU : « Ethnicité, migrations et minorités », in *L'éducation multiculturelle*, *op. cit.*, p. 127.
4. RAVEAU F., *op. cit.*

Après un regard sur la « mobilité et les trajectoires », le « rapport et l'ethnicité », nous proposons un troisième angle de compréhension, celui de l'*espace social et symbolique* qui révèle une résurgence du « sacré ».

Ici la notion de « rupture » (cf. « Marronage ») que nous abordions dans la précédente approche prend tout son sens. Nous comprenons alors la rupture comme un passage entre « Ciel et Terre », un seuil qui s'ouvre sur le « Cosmos », une « porte des Dieux ». C'est-à-dire le signe de la présence du « sacré ».

Cet espace « sacré » se manifeste grâce aux expressions artistiques. Ces expressions sont celles d'un *nouvel espace* (autre façon de nommer la « rupture »), un lieu de correspondances que nous avons décrit dans les chapitres sur la pensée du corps des danseurs, le symbole de graff, le sens du tag, la poésie urbaine du rap...

Ce n'est pas une résurgence du sacré, il a toujours existé, la modernité l'avait tout simplement caché. C'est par la forme d'un art « primitif contemporain » qui n'est ni simplement primitif ou contemporain, que se révèle « la présence de l'invisible (intérieur) dans le visible (extérieur)[5] ».

En cela le hip-hop ne s'appropie pas l'espace et le temps urbain, il se refuse à la réalité prosaïque (profane) et ouvre une nouvelle frontière. Il occupe d'une autre manière la *rue*. Elle se comprend comme un espace-temps où il est possible, à l'image du rite religieux, d'opérer de manière cyclique une « renaissance », une régénérescence (cf. « Énergie »), une « purification » (cf. « Valeur/Authenticité »), une recréation ou répétition rituelle de l'acte créateur.

Le « temps sacré » est non historique, il possède des « ruptures » et des « mystères ». Il est arrêté par des mythes rendus présent, des « intervalles sacrés » « qui ne participent pas à la durée temporelle qui les précède et les suit, qui ont une tout autre structure et une autre ''origine'', car c'est un temps primordial[6] ». D'une certaine façon, il abolit le temps.

Le tempo du rap construit sur des lignes mélodiques mises en boucle, les figures circulaires de la break-danse, la « faille

---

5. DOUSSAINT P., in *Bongo*, publication éditée par le Théâtre contemporain de la Danse, avril 1994, p. 26.
6. ELIADE M., *Le sacré et le profane*, *op. cit.*, p. 62.

spatio-temporelle » du graff offrant l'alternance entre société civile et son univers, sont des représentations d'un *rythme* conçu en « rond », qui acquiert son autonomie en se décrochant du rythme de la *ville* entièrement dirigé vers un but. « On a conçu le rythme comme étant quelque chose qui était en mouvement, on peut imaginer un rythme qui soit de l'ordre de la racine[7]. » Cette contraction du temps lui donne une conscience, une matérialité d'où le hip-hop puisera ses racines qui prendra la forme de la terre-mère, la terre nourricière. « Le classique [danse] veut toujours paraître léger, désincarné. On se refuse à taper le sol. Chez nous, c'est le contraire, la force, il faut la donner à la terre, c'est de là que vient la beauté[8]... »

Le *rythme*, « manifestation presque tangible de l'invisible[9] », permet d'unir l'art et le message dans un *concept*, ou en d'autres termes, donner à la fonctionnalité de l'art hip-hop, art incarné, cette force inégalée.

La création est une tension permanente, un équilibre précaire, l'oscillation d'un *appel-réponse*.

Si le hip-hop possède un rôle messianique, c'est autant dans l'espace qu'il ouvre que par le message qu'il procure.

---

7. MAFFESOLI M., sous la dir. de CIROBRUNI, *Danse et pensée, une autre scène pour la danse*, éd. Germ, 1933, p. 89.
8. BORO S., in *Bongo, op. cit.*, p. 27.
9. SCHOTT-BILLMANN F., *Le primitivisme en danse*, Chiron diffusion, coll. La recherche en Danse, 1989, p. 99.

Annexe

Principaux crews

Cette liste correspond à un recensement effectué par la Nation Zulu en 1990. Ce tableau est présenté à titre indicatif et ne prétend nullement regrouper l'ensemble des formations appartenant ou ayant appartenu au hip-hop depuis ses origines en France.

Sigle	Signification	Dpt	Lieu
236 Ganxta		75	Paris-18[e]
500 OMC	500 One M.C.'s	94	Villeneuve-Saint-Georges
ABC	Animators Beat Control	21	Dijon
ABS	les Artistes de la Banlieue Sud		
ACM	Action Contre le Mal		
AEF	Artistes En Force	78	Poissy
AF	Atomic Force		
AF	Aktuel Force	93	Saint-Denis
AFJ	Aktuel Force Juniorr		
AJMC	Asphalt Jungle M.C.'s	50	Argentan
ASSASSIN	Assassin	75	Paris-18[e]
ATN	Au Top Niveau	75	Paris-19[e]
BBC	Bad Boyz Crew	75	Paris-19[e]
BCK	B.Boy Criminal Kings	78	
BMC	Briser les Maîtres du Crime	93	Saint-Denis

Sigle	Signification	Dpt	Lieu
BTF	Black Tiger Force	13	Marseille
CDC	Chasseurs De Crime	93	Saint-Denis
CKS	City Kriminal System	76	Rouen
COA	Concept Of Art	91	Brétigny/Orge
COS	Colors Of Success	94	Bonneuil/Marne
CP	Color Posse		
CTO	Criminal Taste Out	27	Pont-Audemer
DAB	De Art Breakerz	75	Paris-19e
DEF	Dix-neuvième En Force	75	Paris-19e
DST	Deadly Style Team		
DYR	Da Young Renegades alias TRP Juniors		
EBP	Everything But Pure	92	Garches
EDC	État De Choc	94	Vitry
FBI	Fabulous Bomb Inability		
FLB	Friends Like Brothers ex Fuck Like A Beast	94	Nogent
FPC	Flower Power Crew	75	Paris-13e
GOP	Gangsters Of Peace	95	Montsoult
HDG	Haut De Gamme	94	Sucy en Brie
I AM	Imperial Asiatic Men	13	Marseille
IZB	Incredible Zulus B.Boyz	93	Saint-Ouen
KOP	Kingz Out Production	93	Blanc-Mesnil
KUMS		69	Vénissieux
LCZ	Les Chevaliers du Zodiaque	94	Vincennes
LMC	Little M.C.'s	94	Vitry
LN	Ladies Night		
LNP	La Nord Posse		
LTM	Les Trop Mortels	90	Territoire de Belfort
LTP	La Terrasse Posse	33	Toulouse
MDT!	Meilleurs de Tous!		Toute l'Europe
MSN	les Murs Sont à Nous	75	Paris-18e

Sigle	Signification	Dpt	Lieu
NGMC	New Generation M.C.'s	94	Vitry
NMC	New Masters Creators	91	Ste-Geneviève-des-Bois
NMI	Narration Murale illimitée	75	Paris-15e/17e
NPU	Nec Plus Ultra	75	Paris-19e
NRF	New Reckless Force	-	
NTC	Nos Talents Cachés ex Natural Tendancy Crew	91	Orsay
OMC	Original M.C.'s	75	Paris-18e/20e
PCP	Paris Charpentiers Painters		
PM 1	Peace Maker One Posse alias Banlieue Nord		
PS	Positif Syndicat	93	
RAPSONIC		78	
REN	Roundball Emprise Nation	76	Rouen
RICAINS		91	Ste-Geneviève-des-Bois
S.NTM	Suprême NTM	93	Saint-Denis
SDP	Symbole De Puissance	75	Paris-15e
SMC	System M.C.'s	94	Ivry-sur-Seine
SOS	Sons Of the Soul	78	
STM	Soupçonnés Trop Mortels	40/33	Labouheyre
TAA	Tuluz Art Angelz alias Tuluz Aérosol Artistes	31	Toulouse
TAB	The Atomic Boyz	59	Dunkerque
TAK	The Activist Komitee	93	Saint-Denis
TCA	The Chrome Angelz	75	
TCK	The Crazy Killer	27	Pacy/Eure
TCS	The Criminal Syndicat	76	Rouen
TFF	The Full Force		
TFG	The Funny Girls	75	Paris-1er
THP	The Hexagonal Posse		

Sigle	Signification	Dpt	Lieu
TKB	The Krazy Boys	75	Saint-Cloud
TKS	The Kriminal Starz	94	Vincennes
TLC	Traci Lords Crew	33	Toulouse
TNF	The New Force	63	Clermont-Ferrand
TOP	The Original Posse		
TOR	The Original Renegades		
TP	Trugoy Pos'	75	Paris-15ᵉ
TPC	The Physical Concept		
TPS	Tout Pour le Style	94/55	Vincennes/Dunkerque
TPS	The Psychedelik Squad	75 92	Paris-13ᵉ Châtenay-Malabry
TSB	The System Boyz	94	Vincennes/Champigny
TSBJ	The System Boyz Juniors		
TSC	Timide & Sans Complexes	75	Paris-18ᵉ
TSP	The Street Power	76	Rouen
TTC...	Toujours Très Cools...	75	Paris-19ᵉ
TUA	The Unknown Artists	78	
TUE	The Untouchable Enemyz	75	Paris-19ᵉ
TUF	The Unity Force		
TVA	The Vandalistik Artists	91	Montgeron
TWF	The Wolf Furious	76	Rouen
UBC	Unity Boyz Crew	93	Noisy-le-Sec
UBC	Unité Bombers de Choc	97	Guadeloupe
UMC	Unic M.C.'s		
USB	United Strasbourg B.Boyz		
VTF	Vraiment Trop Forts	90	Territoire de Belfort
WGA	Wild Girls Academy	93	Saint-Ouen, Paris-20ᵉ
WK	Woodstaw Kru		
WOW	Will O'the Wisp	92	Bagneux/Vanves/Malakoff

Groupes disparus ou refondus :

AFG (Alphabet Force Gang), **AF** (Atomic Force), **BFK** (Baby Face Killers), **BBG** (Breakers Boys Gang), **BBF** (B.Boys Family), **BIG** (Brigade Intervention Grafs), **COG** (Chil Out Gang), **CDS** (Compagnie Du Style), **COP** (Control Of Paris), **CGC** (Cool Graffers Crew), **CBA** (Créteil — Balard Association), **CTK** (Crime Time Kingz), **DBC** (Def Boys Crew), **DRC** (De Red Chiffons), **DPC** (Draw Professional Children), **ELITE** (Élite), **ESP** (Eeries-Shades-Pacifics), **FFB** (Fanatic Force Breakers), **FDM** (Féminin Dans le Mouv'), **FA** (Force Alphabétick), **IB** (Imperial Breakers), **LAU** (Les Artistes Urbains), **LLA** (Les Loups Affamés), **LRA** (Les Rap-As), **MST** (Mad Spirit Team), **MTA** (Marginal Te-Artists), **NCA** (New Crazy Artist), **OBF** (One Big Family), **PB** (Pretty Boys), **POC** (Prophets Of Crime), **RCM** (Real Cut Mixers), **ROB** (Release On Bail), **SOTG** (Sons Of The Gun), **SPHINX** (Sphinx), **SPG** (Spray Kingz Gug), **SK** (Street Kids), **TBK** (The Buster Killerz), **TCB** (The Cosmic Boys), **TCG** (The Crime Garg), **TCS** (The Criminal Squad), **TRP** (The Renegade Painterz), **TST** (The Second Time), **TSA** (The Stone Angels), **TWK** (The Wall Killerz), **TWA** (The Wonderful Artistz), **TRMD** (Time Rebels Moverz Division), **ZFB** (Zulu Funck Band).

Index thématique

AFRO-AMÉRICAIN
James Brown, 156, 157, 263, 268, 270, 271.
Malcolm X, 25, 52, 53, 92, 131.
Martin Luther King, 25, 92.
Noirs américains, 17, 24, 25, 26, 53, 54, 124, 143, 258.
Quincy Jones, 70, 271.
Spike Lee, 35, 52, 53.

AUTO-PRODUCTION
auto-production musicale, 66, 67, 68, 69, 70, 214, 215.
cinéma indépendant, 53, 56.
développement de la danse, 64, 160.
économie du graff, 64, 179.
labels indépendants, 54, 57, 59, 62, 67, 69, 70, 213, 214, 215.
médias indépendants, 57, 58, 59.

CONCEPT
concept, 20, 70, 71, 100, 156, 178, 222, 232, 251, 253, 255, 256, 268.
mode, 10, 121, 125, 126, 128.
rythme, 9, 17, 22, 43, 44, 46, 94, 124, 129, 145, 151, 152, 153, 157, 206, 218, 222, 227, 251, 253, 254, 256, 263, 264, 265, 266, 267, 268, 270, 271, 274, 278.
style, 10, 22, 46, 47, 48, 50, 54, 62, 69, 70, 96, 100, 101, 104, 121, 122, 124, 125, 126, 127, 128, 129, 139, 141, 143, 144, 145, 146, 147, 148, 157, 159, 171, 172, 173, 174, 175, 179, 181, 186, 187, 189, 196, 204, 251, 252, 254, 258, 259, 261, 264, 266, 267, 270, 272.

Voir aussi *Message*, *Mobilité-stratégies identitaires*.

ÉCOLE
école, 30, 39, 45, 46, 47, 65, 196.
formation, 39, 67, 69, 99, 140.
old school & new school, 46, 171, 172.

ESPACE SOCIAL & SYMBOLIQUE
banlieue, 25, 55, 61, 91, 92, 94, 99, 105, 112, 116, 118, 137, 140, 169, 183, 192, 196, 226, 234, 236, 239, 248.
espace public, 26, 41, 82, 208.
nouvel espace (ethnicité), 11, 110, 112, 119, 197, 233, 245, 277.
rue, 9, 10, 17, 19, 20, 22, 23, 33, 39, 40, 41, 43, 44, 45, 46, 47, 54, 56, 65, 67, 87, 88, 89, 115, 156, 158, 159, 165, 166, 168, 176, 178, 179, 183, 189, 203, 204, 220, 221, 236.
underground, 48, 57, 58, 59, 214, 259.
ville, 11, 39, 40, 42, 43, 113, 117, 119, 141, 167, 172, 184, 189, 192, 198, 203, 205, 237.

ESPRIT (ÉTAT D')
état d'esprit, 17, 29, 33, 51, 69, 78, 79, 93, 98, 101, 174, 177, 196.
prise de conscience, 29, 32, 119, 123, 184, 219, 226, 231, 238, 274.
responsabilité, 40, 54, 79, 91, 122, 127, 184, 229, 230, 238.

EXPRESSION ARTISTIQUE
& CULTURELLE
danse
  Aktuel Force. Voir *Pionniers*.
  Black Blanc Beur, 142, 158.
  break-dance, 9, 12, 20, 23, 29, 34, 46, 50, 53, 63, 77, 84, 99, 103, 137, 140, 141, 142, 147, 151, 152, 156, 157, 158, 159, 212, 266.
  double-dutch, 9, 85, 145, 146.
  GBF Lords Corporation, 142, 144, 160.
  hype, 9, 144, 145.
  Jean (danseur), 46, 139, 157.
  smurf, 9, 12, 34, 46, 137, 143, 156, 212.
  Traction avant, 151, 158.
graphisme
  Bando, Mode 2. Voir *Pionniers*.
  Beedib, 186, 188, 190, 193, 199.
  free style, 170, 173, 174, 178.
  Greg, 36, 38, 40, 41, 45, 50, 51, 52, 63, 98, 100, 101, 107, 167, 172, 175, 176, 178, 180, 181, 182, 190, 202, 204, 205, 207, 208.
  Hondo, 32, 42, 50, 52, 95, 102, 105, 171, 174, 175, 178, 179, 182, 190, 191.
  Jeax, 71, 98, 101, 172, 174, 175, 176, 177, 180, 181, 185, 187, 188, 192, 195, 206, 207.
  Kooce, 43, 112, 187, 188, 189, 191, 192, 196, 197, 198, 199, 205.
  lettrage, 42, 166, 171, 172, 180, 182, 186, 187, 191.
  Megaton, 29, 56, 169, 173, 176.
  personnage, 172, 173, 182.
  tag (style et outil), 188, 189.
habillement, 9, 49, 50, 51, 63, 101, 127.
langage, 9, 17, 20, 21, 46, 47, 48, 49, 58, 81, 85, 206, 218, 219, 243, 253, 260.

parole & musique
  Assassin, 70, 94, 214, 225, 242, 255.
  B.Love, 34, 63, 86, 90, 109, 123, 126, 235, 238, 248, 249, 270, 272.
  Daoud M.C., 31, 47, 90, 92, 114, 127, 128, 220, 229, 230, 232, 233, 234, 235, 236, 237, 239, 245, 246, 247, 253, 268, 272.
  EJM, 54, 69, 80, 82, 87, 88, 100, 112, 123, 129, 213, 233, 242, 267, 271.
  Gotin T., 53, 63, 94, 110, 131, 132, 237, 248, 249.
  I AM, 31, 33, 96, 223, 224, 227, 230, 231, 232, 234, 238, 241, 242, 244, 251, 253, 256, 257.
  KSBAV (Sylvain), 34, 82, 83, 86, 95, 230, 232, 239, 256.
  M.C. Solaar, 30, 45, 92, 213, 214, 223, 224, 251, 252, 254, 255, 256.
  Ministère A.M.E.R., 62, 104, 137, 258.
  NTM, 92, 137, 157, 186, 214, 222, 237, 251, 252, 253, 254, 255, 256.
  posse Antony (Arnaud, Vincent, Stéphane P.), 31, 36, 40, 48, 88, 92, 97, 98, 99, 108, 111, 123, 219, 230, 233, 243, 254.
  ragga, 9, 22, 69, 129, 132, 184, 213, 244, 256, 259, 267, 271.
  Sens Unik, 36, 70, 214, 227, 244.
  T.R.I.B.U. (Stéphane, Jean-Luc), 98, 102, 245, 246, 247, 256, 270.
  Timide et sans complexe, 112, 213, 221, 226, 227, 244.
  Tonton David, 133, 223, 225, 226, 231, 235, 241, 244.

Tout Simplement (Philippe), 26, 34, 62, 65, 69, 78, 86, 93, 95, 102, 116, 118, 127, 128, 138, 220, 238, 239, 244, 251, 253, 256, 268, 272.
Voir aussi *Pionniers*.

FAMILLE HIP-HOP
famille, 85, 88, 97, 101, 102, 104, 105.
old timer posse, 103, 105.
posse & crew, 49, 50, 88, 90, 92, 93, 97, 98, 99, 100, 101, 102, 103, 104, 105, 108, 175, 184, 207, 213, 254.
rassemblement, 41, 81, 102, 104, 265.
tribu, 102, 121.

IMAGINAIRE SOCIAL
bande de jeunes ou ethnique, 13, 89, 90, 91, 93, 97, 99, 117, 123, 193.
ghetto & banlieue, 12, 13, 25, 55, 78, 89, 90, 93, 96, 107, 114, 115, 116, 117, 118, 119, 127, 183, 253.
immigration, 13, 107, 108, 109, 110, 115, 116, 235, 236.

MAÎTRE
king & queen, 30, 79, 103.
maître de cérémonie (M.C.), 50, 217, 218, 219.
maître-artiste, 30, 45, 47, 102, 169, 178, 192, 196, 219, 220.
old timer, 40, 101, 103, 104.
Voir aussi *Pionnier*, *École*, *Esprit*.

MESSAGE
adresse, 43, 127, 199, 224, 225, 226, 239, 251.
appel-réponse, 43, 127, 153, 176, 207, 226.
explicit lyrics. Voir *Résistance*.
lyrics, 86, 137, 157, 212, 223, 237, 253, 268.

message, 21, 22, 25, 29, 33, 34, 37, 42, 44, 46, 63, 65, 81, 100, 104, 126, 127, 128, 129, 130, 132, 151, 167, 178, 180, 181, 187, 188, 197, 206, 212, 219, 220, 222, 224, 225, 226, 229, 235, 246, 251, 253, 254, 255.
sigle & logo, 42, 99, 189, 190, 191, 197, 255.

MESSIANISME
afrocentrisme, 26, 59, 84, 114, 247, 248, 258.
rastafarisme, 77, 128, 130, 131.
Voir *parole & musique ragga*.
terre-mère, 49, 119, 184, 218, 243, 244, 247.

MOBILITÉ SOCIALE & CULTURELLE
intégration, 19, 26, 108, 109, 110, 112, 126.
médiation, 25, 33, 113, 229, 234, 235, 238.
réseau de communication & relation, 39, 41, 65, 88, 97, 104, 119, 192, 193, 196, 206.
stratégies identitaires, 26, 47, 59, 68, 91, 100, 109, 110, 113, 114, 146, 199, 220, 223, 224, 248, 249, 251, 258, 259, 274, 276.
trajectoire & parcours, 27, 40, 45, 65, 91, 104, 113, 114, 184, 213, 274.

MOUVEMENT
B.boys, 51, 75, 79, 83, 84, 85, 93, 96, 137, 155.
Fly Girls, 51, 59, 84, 85, 86, 87, 88.
Nation Zulu, 20, 22, 24, 31, 37, 52, 77, 78, 79, 80, 81, 82, 83, 93, 98, 100, 103, 104, 125, 130, 131, 132, 140.
raggamuffin, 132, 218, 270.
rastas. Voir *Messianisme-rastafarisme*.

NÉGRITUDE
Césaire A., 219.
Chamoiseau P., 24, 220, 226, 232, 264.
Diop C.A., 132, 257.
Fanon F., 233.
Garvey M., 130, 131, 132.
négrité & négritude, 24, 25, 59, 233, 242, 247.
Noirs, 36, 48, 56, 84, 90, 107, 108, 114, 221, 232, 238, 248, 249, 260.

PIONNIERS
Aktuel Force, 34, 51, 55, 103, 140, 141, 142, 147, 148, 153, 155, 157, 158, 159, 160, 161.
Bambaataa A., 19, 20, 21, 22, 32, 37, 52, 77, 79, 80, 81, 82, 96, 127, 130, 264, 265.
Bando, 169, 171, 186, 192.
Candy, 68, 79, 81, 82, 103, 104.
Dee Nasty, 21, 22, 23, 30, 57, 68, 70, 82, 83, 103, 169, 212, 213, 214, 252, 263, 265, 266, 267, 268, 269, 270.
Grand Master Flash, 53, 212, 234, 264.
Jaïd, 79, 103.
Johny Go, 68, 103, 137, 212.
Kool Herc, 129, 264.
Last Poets, 111, 211, 212, 260.
Lionel D, 37, 44, 103, 212, 217, 219, 224, 225, 226, 227, 239.
Loukoum A., 68, 79.
Mode 2, 103, 173, 190.
Sidney, 21, 22, 23, 32, 34, 35, 67, 69, 94, 114, 139, 140, 141, 156, 213, 218, 225, 254, 255, 265, 266, 271, 272.

RAPPORT ENTRE MINORITÉS & SOCIÉTÉ DOMINANTE
crise, 19, 91, 110, 115, 116, 167, 198, 230, 238, 243.
minorité, 24, 25, 107, 108, 109, 124, 233, 235, 242.
rapport, 91, 118, 232, 233, 234, 235, 241, 249.
Voir aussi *Système*.

RÉSISTANCE
détournement, 122, 165, 180, 208.
esquive (art de l'), 40, 65, 128, 204, 208.
explicit lyrics (parler explicite), 219, 222, 230.
marronage, 232, 248.
Voir aussi *Négritude, Rapport*.

SYNERGIE
émotion, 30, 35, 43, 44, 152, 218, 271.
énergie, 26, 33, 35, 39, 43, 63, 64, 67, 88, 104, 126, 152, 156, 205, 219, 229, 243.
feeling, 44, 102, 153, 177, 217, 271.
jouissance, 43, 126, 222, 229.
plaisir, 32, 35, 43, 80, 99, 100, 101, 102, 112, 124, 125, 174, 175, 179, 188, 189, 196, 197, 222, 268.
rage, 23, 33, 34, 42, 84, 95.
sensation, 178, 205.
trip, 87, 179, 251, 271.
Voir aussi *Concept-Rythme*.

SYSTÈME
Babylone, 49, 130, 131, 218, 223, 244.
industrie culturelle, 32, 61, 62, 63, 64, 65, 67, 104, 122, 128, 160.
médias, 9, 10, 13, 23, 32, 56, 63, 69, 80, 90, 93, 94, 113, 115, 116, 118, 119, 122, 125, 126, 132, 207, 208, 232, 235, 236, 253, 268.
police, 19, 87, 90, 170, 179, 204, 227, 231, 234, 235, 236, 237, 238, 239, 256.
système, 32, 49, 180, 227, 234.

VALEURS
authenticité, 26, 33, 67, 81, 125, 146, 156, 161, 176, 179, 219, 221, 222, 229, 244, 256, 263.

défi, 17, 20, 30, 31, 34, 40, 44, 46, 100, 104, 139, 155, 175, 176, 193, 196.
drogue (lutte contre la), 24, 35, 78, 94, 117, 229, 232.

fresh, 32, 80.
non-violence, 29, 33, 34, 35, 77, 131.
respect, 30, 31, 32, 51, 77, 102, 178, 179.

Bibliographie

ANTHROPOLOGIE ET SOCIOLOGIE

BALANDIER G., *Anthropologie politique*, Paris, PUF, Quadrige, 1991.
— *Sens et Puissance*, Paris, PUF, Quadrige, 1986.
— *Le détour, Pouvoir et modernité*, Paris, Fayard, L'espace du politique, 1985.
BARTHES R., *Mythologies*, Paris, Seuil, Points, 1957.
— *Système de la mode*, Paris, Seuil, Points Essais, 1967, 1976.
BASTIDE R., *Le prochain et le lointain*, Paris, Cujas, 1970.
— *Les Amériques noires, Les civilisations africaines dans le nouveau monde*, Paris, Payot, 1967.
BAUDRILLARD J., *L'illusion de la fin*, Paris, Galilée, 1992.
BOURDIEU P. (sous la dir. de), *La misère du monde*, Paris, Seuil, 1993.
DURKHEIM E., *De la division du travail social*, Paris, PUF, Quadrige, 1893.
— *Les règles de la méthode sociologique*, précédé de *Les règles de la méthode sociologique ou l'instauration du raisonnement expérimental en sociologie par J.-M. Berthelot*, Paris, Flammarion, Champs, 1894.
ÉLIADE M., *Le sacré et le profane*, Paris, Gallimard, 1967.
FOUCAULT M., *Surveiller et punir, Naissance de la prison*, Paris, Gallimard, coll. Bibliothèque des Histoires, 1975.
GIRARD R., *La violence et le sacré*, Paris, Grasset, 1972.
GOFFMAN E., *La mise en scène de la vie quotidienne, 1 - La présentation de soi. 2 - Les relations en public, The presentation of Self Every Day Life*, Paris, éd. de Minuit, Le sens commun, 1973.
— *Stigmate, Les usages sociaux des handicaps*, Stigma. *Notes on the Management of Spoiled Identity*, trad. de l'anglais par Alain Kihm (1975), Paris, éd. de Minuit, Le sens commun, 1963.
HARRISON R., *Forêts, Essai sur l'imaginaire occidental*, Paris, Flammarion, 1992.
LAPASSADE G., *La transe*, Paris, PUF, coll. Que sais-je?, 1990.
LÉVI-SRAUSS C., *L'identité*, Paris, PUF, Quadrige, 1987.
— *Race et histoire*, suivi de *L'œuvre de Claude Lévi-Strauss par J. Pouillon* (1956), Paris, Denoël, Folio/essai, 1952.
MAFFESOLI M., *Au creux des apparences, Pour une éthique de l'esthétique*, Paris, Plon, Livre de poche, 1990.
— *Le temps des tribus, Le déclin de l'individualisme dans les sociétés de masse*, Paris, Méridiens Klincksieck, 1988.
MALINOWSKI B., *Une théorie scientifique de la culture, et autres essais, A Scientific Theory of Culture and Others Essays*, trad. de l'anglais par P. Clinquart, Maspero, Points, 1944.

MAUSS M., *Sociologie et Anthropologie*, Paris, PUF, Quadrige, 1991.
TOURAINE A., *La voix et le regard : sociologie des mouvements sociaux*, éd. LGF, coll. Le Livre de Poche, Biblio essais, 1978.
XIBERRAS M., *Les théories de l'exclusion, Pour une construction de l'imaginaire de la déviance*, préface de J. Freund, Paris, Méridiens Klincksieck, Sociologie au quotidien, 1993.

HIP-HOP

Culture hip-hop

CHAPOUTOT A., LACLOCHE F., *Rencontres avec des citadins extraordinaires, Douze expériences culturelles, artistiques et sociales en milieu urbain*, Paris, Le Monde éditions, 1992.
DANSONS MAGAZINE, *Le rap et la culture hip-hop*, sous la dir. de Remi Hess, n° 7, Toulouse, Dansons Magazine, 1992.
DESSE, SBG (interviews réalisées par), *Free style*, Paris, Florent Massot & François Millet Éditeurs, 1993.
GILROY P., *There ain't no black in the Union Jack*, Londres, éd. Hutchinson, 1987.
GOLDSTEIN J., PERROTTA A., *Let's Move Let's Tag! ou la rage du Spray*, Genève, Institut d'études sociales, n° 31, 1992.
HAGER S., *Hip-hop : the illustred story of Break dancing, rap music and graffiti*, New York, éd. St Martin's Press, 1984.
MABIALA D., *DEA d'approche multiréférentielle culture de la rue : tentative d'institutionnalisation*, sous la dir. de R. Hess et G. Lapassade, Paris, Université de Paris VIII, 1990.
PEPS, *Les cultures de la rue*, n° 36, janv./mars 1991, éd. De l'association Paroles Et Pratiques Sociales, 163, rue de Charenton, 75012 Paris.
SHUSTERMAN R., *L'art à l'état vif, la pensée pragmatique et l'esthétique populaire*, Paris, éd. de Minuit, Le sens commun, 1992.
TERMINAL, *Hip-hop et Informatique off*, n° 56, nov./déc. 1991, Paris, Terminal, p. 24-37.
VIVIER J.-P., *Culture Hip-hop et Politique de la Ville*, Paris, Centre d'études et d'actions sociales de Paris, 1991.

Danse

ACHIRI S. (propos recueillis par Cadoux B. et Petrequin A.), « Danser la vie, L'art des marginaux, Exclusion/Création », in *Art et Thérapie*, n° 46-47, juin 1993, p. 56 à 61.
BACHMANN C., BASIER L., « Junior s'entraîne très fort, ou le smurf comme mobilisation symbolique », in *Langage & Société*, n° 34, décembre 1985, Paris, p. 57-68.
Bongo - avril 1994, *Sobedo un conte hip-hop*, 1994.
SIDNEY, *Hip-hop*, Paris, Hachette jeunesse, 1984.
MORGADO V., « "B" comme Bronx », in *Fous de danse, Autrement*, n° 51, juin 1983, p. 59 à 66.

SCHOTT-BILLMANN F., *Le primitivisme en danse*, Paris, Chiron diffusion, coll. La recherche en danse, 1989.
COROBRUNI (sous la dir. de), *Danse et pensée, une autre scène pour la danse*, Paris, Germ, 1933.
Bongo - avril 1992, *L'esprit rap et la parole aux danseurs hip-hop*, Paris, Théâtre contemporain de la danse, 1992.

Graff et tag

BAUDRILLART J., *Kool-Killer ou l'insurrection par les signes*, Paris, Gallimard, 1976.
CONTE R. (présentation de), « L'ordre du graffiti », Toulouse, *Tribu*, n° spécial 10, 1985.
COOPER M., CHALFANT H., *Subway Art*, Londres, Thames and Hudson Ltd, 1984.
HOEKSTRA F. (sous la dir. de), *Coming From the Subway, Histoire et développement d'un mouvement controversé*, exposition New York Graffiti Art, oct. 1992/janv. 1993, Groninger Museum, New York, 1992.
KOKOREFF M., *Le lisse et l'incisif, les tags dans le métro*, Paris, Institut de recherche et d'information socio-économique, 1990.
LAFORTUNE J., *Le muralisme à l'université*, Paris, Université Vincennes-Saint-Denis, 1993.
LANI-BAYLE M., *Du tag au graff art, Les messages de l'expression murale graffitée*, Paris, Hommes & Perspectives, le journal des psychologues, 1993.
MAILER N., *Graffiti de New York (The faith of graffit Trad de Nicole Tisserand)*, Paris, éd. Du Chêne, 1974.
MERLE F., *Le graffiti à Paris en 1989, étude ethnologique d'un groupe de graffiti-artistes et du symbolisme associé au graffiti*, Mémoire de maîtrise d'ethnologie sous la dir. de P. Dibie, Paris, 1989.
RACINE E., « Mégapole, tag et mégalomanie », in *PEPS*, n° 44, éd. De l'association Paroles Et Pratiques Sociales, Paris, 1994.
RIOUT D., GURDJIAN D., LEROUX J.-P., *Le livre du graffiti*, Paris, éd. Alternatives, 1985.
SAVIGNAC J.-P., *Les Gaulois, leurs écrits retrouvés : Merde César*, éd. et trad. J.-P. Savignac, Paris, La Différence, 1994.
SIDNEY JANIS GALLERY, *An-Exhibition of Graffiti Art by Crash, an Exhibition of Graffiti Art by Daze*, Sidney Janis 110 W. S7 NY, 1984.
VULBEAU A., *Du tag au tag*, préf. Lapassade G., Paris, Desclée de Brouwer, 1992.
YAKHILEF T., DORIATH S., *Paris Tonkar*, Paris, Florent Massot et Romain Pillement Éditeurs, 1991.

Rap, reggae et musique

ATTALI J., *Bruits, Essai sur l'économie politique de la musique*, Paris, PUF, 1981.
CISSE S.H., CALLENS J., *Rap en Nord*, Lille, Miroirs Éditions, 1992.
CLARKE S., *Les racines du reggae, évolution de la musique populaire en Jamaïque*, trad. de l'anglais par C. Fivel-Démoret, 1re éd. 1980, Paris, PUF, 1981.

CONSTANT D., *Aux sources du reggae, musique, société et politique en Jamaïque*, Paris, Parenthèses, 1982.
DUFRESNE D., *Yo! Révolution rap*, Paris, Ramsay, 1991.
KONATE Y., *Alpha Blondy, reggae et société en Afrique noire*, Paris, Karthala (coéd. CEDA), 1987.
LAPASSADE G., ROUSSELOT P., *Le rap ou la fureur de dire*, Paris, Loris Talmart, 1990.
SCP communication, *Rap, marginalité et discours politique*, sondage, étude Conseil, SCP communication, Maison Alfort, 23 p.

Fanzines rap et graff

400 ML (graff), distribution : voir boutiques.
DA NIOUZ, 16, av. Nationale, 91300 Massy.
DOWN WITH THIS, 49, rue François-Aragot, 93100 Montreuil.
EXPLICIT GRAFIX, C/O F. Massot, BP 438, 75327 Paris cedex 07 (graff).
FBS (Fuckin Bull Shit), BP 19, 78601 Maison-Lafitte cedex (Fanzine vidéo).
FROM DA UNDERGROUND C/O Da Lausz, 7, av. de la Commune-de-Paris, 94400 Vitry/Seine (Mafia Underground).
GET BUSY, 25, rue Danielle-Casanova, 93200 Saint-Denis.
HORS LIMITES (rap, graff), distribution : voir boutiques.
KALASH IS BLACK, C/O Explicite, 3, Promenade-de-la-Basilique, 93200 Saint-Denis.
RACINES, 194, Bd Chemin-Saint-Sébastien, 06692 Tourette-Levens.
RAPRESENT, 25, rue du Couvent, 91470 Limours.
THE SOURCE, P.O. Box 586, Mont-Morris, IL 61054, United States (Magazine hip-hop musical et politique).
TUFF TIME, 24, côte de Montbenon, 1003 Lausanne, Suisse (graff).
V.V.P. (Violence Verbale et Picturale), C/O Stollihac FM, 45, rue du général-Leclerc, 89100 Sens.
YOURS, BP 369, 75969 Paris Cedex 20.

Revues

(musicales ou culturelles publiant régulièrement des articles sur le hip-hop. Ces revues sont disponibles en kiosque sauf*)
BEST, *magazine rock, mensuel* ; 23, rue d'Antin, 75002 Paris.
BLACK NEWS, *Actualité culturelle noire, mensuel* ; 8, rue Madeleine, 93400 Saint-Ouen.
KEYBOARDS, *Home studio recording, mensuel* ; 10, rue de la Paix, 92100 Boulogne.
L'AFFICHE, « *Le magazine des autres musiques* », *mensuel* ; 32, rue Sainte-Marthe, 75010 Paris.
*PEPS**, Paroles et pratiques sociales, trimestriel ; 163, rue de Charenton, 75012 Paris.
RAGE, « *Revue assourdissante de la génération électrique* », *bimestriel* ; 15, rue de Douai, 75809 Paris.
UP, *Unlimited Pop magazine, mensuel* ; 8, rue de la Fraternité, 92700 Colombes.
YEAH, *magazine rock, bimestriel* ; 38, rue Servan, 75544 Paris cedex 11.

Boutiques

(où il est possible de se procurer sur la région parisienne des revues et autres éléments de la culture hip-hop)
DOBBLE SOURCE, 29, rue de La Ferronerie, 75001 Paris.
EQUIVOK SHOP, 45, bd Sébastopol, 75001 Paris.
LTD, 79, rue Rambuteau, 75001 Paris.
MJ SPRAY, 61, bd Ménilmontant, 75011 Paris (spécialisée dans le graff).
NEW YORK STORE, 23, rue Saint-Denis, 75010 Paris.
SCHOTTY, 98, av. de Fontainebleau, 94270 Kremlin-Bicêtre.
TICARET, 52, rue du Château-Landon, 75010 Paris.

ETHNICITÉ ET IMMIGRATION

Ethnicité

AMSELLE J.-L., M'BOKOLO E. (sous la dir.), *Au cœur de l'ethnie. Ethnie, tribalisme et État en Afrique*, Paris, La Découverte, 1985.
BLERALD A.P., *Négritude et politique aux Antilles*, Paris, éd. Caribéennes, Parti-pris, 1981.
CHAMOISEAU P., CONFIANT R., *Lettres créoles, tracées antillaises et continentales de la littérature, 1635-1975*, Paris, Hatier, coll. Brèves Littérature, 1991.
DACY E. (textes introduits par), *L'actualité de Frantz Fanon, Actes du colloque de Brazzaville*, Paris, Karthala, 1986.
DEPESTRE R., *Bonjour et adieu à la négritude*, suivi de *Travaux d'identité*, Paris, Seghers, Chemin d'identité, 1980.
DIOP C.A., *Nation, nègres et culture*, Paris, Présence africaine, 1954.
— *L'unité culturelle de l'Afrique noire*, Paris, Présence africaine, 1959.
FANON F., *Peau noire masques blancs*, Paris, Seuil, Points, 1952.
GARVEY M., *Marcus Garvey, un homme et sa pensée*, textes réunis par Amy Jacques Garvey, Éditions Caribéennes, Paris, 1983.
HALBWACHS M. (préf. J. Duvignaud & M. Alexandre), *La Mémoire collective*, Paris, PUF, Biblio de Socio. Contemp., 1969.
HELLY D., *Idéologie et ethnicité*, Montréal, Presses de l'université de Montréal, 1979.
MALCOLM X, *Le pouvoir noir*, textes politiques réunis et présentés par Georges Breitman, Paris, L'Harmattan, 1965.
MALCOLM X, HALEY A., *L'autobiographie de Malcolm X*, Paris, Presses Pocket, 1964.
MEMMI A., *Négritude et judéité, contribution à la sociologie de la connaissance*, Paris, Anthropos, 1967.
— *L'homme dominé, Le Noir - le colonisé - le prolétaire - le juif - la femme - le domestique*, Paris, Gallimard, 1968.
MORIN F., *Identité ethnique et ethnicité. Analyse critique des travaux anglo-saxons*, in *Identité collective et champs sociaux. Production et affirmation de l'identité*, Toulouse, Privat, 1980.
POUTIGNAT P., STREIFF-FENART J., *Théorie de l'ethnicité*, suivi de Barth F., *Les groupes ethniques et leurs frontières*, coll. Le sociologue, PUF, 1995.

RAVEAU F., *L'autre et l'ailleurs, Hommage à Roger Bastide, ethnicité et mécanisme de défense*, Paris, Institut d'études et de recherches interethniques et interculturelles VII, 1976, p. 476-479.
— *L'éducation multiculturelle, ethnicité, migration et minorités*, Paris, CERI, 1987, p. 106-128.
RAVEAU F., VALLANTIN, VELAY G., *Ethnicité et presse antillaise*, Cahiers d'anthropologie, Laboratoire associé 220 CNRS et EHESS, Paris, 1976, p. 53-72.
SOWELL T., *L'Amérique des ethnies*, trad. de l'américain par Michel Deutsch, Paris, L'âge de l'homme, 1983.
TAGUIEFF P.A., *La force du préjugé, essai sur le racisme et ses doubles*, Paris, éd. de La Découverte, coll. Tel.
WIEVIORKA M., *La démocratie à l'épreuve, nationalisme, populisme, ethnicité*, Paris, La Découverte, Essais, 1993.

Immigration

BOUAMAMA S., *Dix ans de marche des Beurs, Chronique d'un mouvement avorté*, Paris, Desclée de Brouwer, Habiter, 1994.
— *De la galère à la citoyenneté, les jeunes, la cité, la société*, Paris, Desclée de Brouwer, Habiter, 1993.
BOUZID, *La Marche, traversée de la France profonde*, Paris, Sindbad, 1984.
H. ABDALLAH Mogniss, *Jeunes immigrés hors les murs*, préf. Laval Michel et Mignard J.-P., Études et documentation internationales, *Questions Clefs*, n° 2, Paris, 1982.
— « Le face à face jeunes-police & justice, Une histoire mouvementée », supplément au n° 1, in *IM'média*, Agence IM'média, Paris, 1984, p. 2-5.
JAZOULI A., *L'action collective des jeunes maghrébins de France*, Paris, L'Harmattan, Migration et changement, 1986.
— *Les années banlieues*, Paris, Seuil, L'histoire immédiate, 1992.
KEPEL G., *Les banlieues de l'Islam, Naissance d'une religion en France*, Paris, Seuil, Points actuels, 1987.
KETTANE N., *Droit de réponse à la démocratie française*, Paris, La Découverte, Cahiers libres, 1986.
LAPEYRONNIE D., *L'individu et les minorités : la France et la Grande-Bretagne face à leurs immigrés*, Paris, PUF, 1993.
NOIREL G., *Le creuset français, histoire de l'immigration aux XIXe-XXe siècles*, Paris, Le Seuil, 1988.
SCHNAPPER D., *La France de l'intégration : sociologie de la nation en 1990*, Paris, Gallimard, 1991.
STORA B., *La gangrène et l'oubli, La mémoire de la guerre d'Algérie*, Paris, La Découverte, Cahiers libres/essais, 1991.

LANGAGE ET COMMUNICATION

AMIEL V., « Des images de mondes superposés », *Esprit*, n° 182, Paris, 1992, p. 95-101.
BACHMANN C., BASIER L., *Le Verlan : argot d'école ou langue des keums*, Mots, 1984.

BACHMANN C., LINDENFELD J., SIMONIN J., *Langage et communication sociale*, Paris, Hatier-Credif, 1981.
BOURDIEU P., *Ce que parler veut dire, l'économie des échanges linguistiques*, Paris, Fayard, 1982.
BRETON P., *L'utopie de la communication, L'émergence de « l'homme sans intérieur »*, Paris, La Découverte, 1992.
DEBORD G., *La société du spectacle*, Paris, Gallimard, 1967.
GOFFMAN E., *Façon de parler*, Paris, éd. de Minuit, Le sens commun, 1987.
LABOV W., *Le parler ordinaire, La langue dans les ghettos noirs des États-Unis*, Language in the Inner City. Studies in the Black English Vernacular; trad. de l'américain par A. Kihm (1978), Paris, éd. de Minuit, Le sens commun, 1972.
LAZARD J., *Sociologie de la communication de masse*, Paris, Armand Colin, collection U, 1991.
WOLTON D., *Les contradictions de l'espace public médiatisé, Espaces publics, traditions et communautés*, Paris, Éditions du CNRS, Hermes, n° 10, 1991.

JEUNES ET MOUVEMENTS

BARREYRE J.Y., *Les loubards, Une approche anthropologique*, Paris, L'Harmattan, Logiques sociales, 1992.
BECKER Howard S., *Outsiders. Étude de sociologie de la déviance*, préf. J.-M. Chapoulie, trad. de l'américain par J.-P. Briand et J.-M. Chapoulie, E.-M. Métailié, 1963.
BOLLON P., *Morale du masque, Merveilleux, Zazous, Dandys, Punk, etc.*, Paris, Le Seuil, 1990.
CFEPJJ, *L'actualité des bandes, Journées d'études 4, 5 et 6 février 1991 - Vaucresson*, Centre de Formation et d'Étude de la Protection Judiciaire de la Jeunesse, Vaucresson, 1991.
DUBET F., *La Galère : jeunes en survie*, Paris, Fayard, 1987.
ESTERLE M., *Les bandes de jeunes, processus d'acculturation de jeunes issus de l'immigration algérienne à travers la formation en bande*, EHESS, DEA, Anthropologie sociale et sociologie comparée sous la dir. de Raveau F., Paris, 1989.
GIUDICELLI A., *La caillera, La racaille*, Paris, Jacques Bertoin, 1991.
HARRE R., *The rules of disorder*, Londres, Routledge and Kegan Paul, 1978.
HURSTEL J., *Jeunes au bistrot, Cultures sur Macadam*, Paris, Syros, 1984.
La lettre de l'Idef n° 50, *Jeunes en culture : repères et repaires*, Paris, Institut de l'enfance et de la famille, 1990.
LAGREE J.C., *Les jeunes chantent leur culture*, Paris, L'Harmattan, 1982.
— « Y a-t-il une culture jeune ?, Pratiques culturelles des jeunes, âges de la vie et générations », in *Jeunes d'aujourd'hui - Regards sur les 13-25 ans en France*, Paris, La Documentation française, Notes et Études documentaires, 1987, p. 96-107.
LAGREE J.C., LEV FAI P., *La galère, Marginalisation juvénile et collectivité locale*, Paris, éd. du CNRS, 1985.
LOUIS P., PRIMAZ L., *Skinheads, Zulus, Taggeurs et Cie*, Paris, La Table ronde.

MEAD M., *Le fossé des générations, Les années 70*, Denoël/Gonthier, coll. Femme, éd. revue et augmentée, 1971-1979.
MONOD J., *Les Barjots, Essai d'ethnologie sur les bandes de jeunes*, Paris, Julliard, 1968.
POIGNANT S., *La baston, ou les adolescents de la rue*, postface Latour R.-Tonnelier H., Paris, L'Harmattan, Logiques sociales, 1992.
Publication de l'Institut national de la jeunesse, *La culture des jeunes de banlieues, Colloque de la fédération française des Maisons de Jeunes et de la Culture*, Marly-le-Roy, Institut national de la jeunesse, 1989.
ROSENMAYR L., « Introduction : nouvelles orientations théoriques de la sociologie de la jeunesse », in *Revue internationale de sociologie*, vol. XXIV, 1972, p. 227-271.
TOUCHE M., *Les tags et la ville, Journée d'études 14 juin 1990 organisée par le service d'étude du CFEPJJ*, Centre de recherche interdisciplinaire Vaucresson, Revue de Presse, Vaucresson, 1990.
VIVIER J.P., *« Bandes de Zoulous » et Culture Hip-hop (mai 1990-mars 1991)*, Paris, Centre d'études et d'actions sociales de Paris, Revue de Presse, 1991.
— *« Malaise » des jeunes et politique de la ville (octobre 1990-août 1991)*, Paris, Centre d'études et d'actions sociales de Paris, Revue de Presse, 1991.
VULBEAU A., BARREYRE J.Y. (sous la dir. de), *La jeunesse et la rue*, Paris, Desclée de Brouwer, 1994.

VILLE ET ESPACE URBAIN

BACHMANN C., BASIER L., *Mise en images d'une banlieue ordinaire, stigmatisations urbaines et stratégies de communication*, Paris, Syros, Alternatives sociales, 1989.
BEGAG A., DELORME C., *Quartiers sensibles*, Paris, Seuil, Point Virgule, 1994.
BURGEL G., *La ville aujourd'hui*, Paris, Hachette, Pluriel, 1993.
CASTELLS M., *La question urbaine*, Maspero, 1972.
CHEVALLIER E., *L'enfant et la ville, urbanisme, santé et socialisation*, Paris, Syros, 1993.
CHOMBART DE LAUWE Ph. *La fin des villes, mythe ou réalité*, Paris, Calmann-Lévy, 1982.
DUBET F., LAPEYRONNIE D., *Les quartiers d'exil*, Paris, Seuil, 1992.
GRAFMEYER Y. et JOSEPH I. (présentation et trad.), *L'école de Chicago*, Paris, Aubier, Champ Urbain, 1979.
HANNERZ U., *Explorer la ville*, Paris, Éd. de Minuit, 1980.
Hommes & Migrations, « La ville en mouvement », *Hommes & Migrations*, n° 1147, oct. 1991, Paris, p. 2 à 50.
JOSEPH I., *Le passant considérable. Essai sur la dispersion de l'espace public*, Librairie des Méridiens, 1984.
ROMAN J. (sous la dir. de), *Ville, exclusion et citoyenneté, Entretiens de la ville II*, Esprit, Société, Paris, 1993.
ROULLEAU-BERGER L., *La ville intervalle, jeunes entre centre et banlieue*, Paris, Méridiens Klincksieck, 1991.

Discographie

Disques de rap et ragga hip-hop français (liste non exhaustive)

ALLIANCE ETHNIK, *Respect*, Delabel, 1995.
AS, *Incontrôlables*, CD 521 786 2, PG 1994.
ASSASSIN, *Le futur que nous réserve-t-il ? / vol. 1*, CD 787 002 2, VIR 1993.
— *Le futur que nous réserve-t-il ? / vol. 2*, CD 787 001 2, VIR 1993.
— *Non à cette éducation*, Assassin prod. Delabel 72438 921672 1, 1993.
AZROCK DC, Met'ça ô Top, CD 93 3691900 05224, Velda Music, 1992.
CLAUDIO POUPA, *Mistral en poupe*, CD 743211 7874 (épuisé), BMG 1994.
— *Sur la version*, CD 848 743 2 (épuisé), PG 1991.
CLIQUA (La), *Freaky flow - Les jaloux*, LP ARS 0001, NAD 1994.
COMPILATION, *Ghetto Youth Progress*, CD GYP/media7, 1994.
— *Nomad*, nomad production, 1994.
— *Raptitudes 1*, 50767 PM 432, Labelle Noir, 1990.
— *Raptitudes 2*, 050942 PM 462, Labelle Noir, 1993.
CUT KILLER, *Freestyle*, K7 (distribution : voir bibliographie hip-hop/boutique).
DADDY LORD CLARCK et la Cliqua, ARS 001, 1994.
DADDY NUTTE A, CD 7 243 8 927 2222, Delabem, 1994.
DADDY YOD, *Incorruptible*, CD 79550 2, MEL.
— *Survivant*, CD 526 754 2 PG 1995.
DEE NASTY, *Dee Nasty*, CD 849 260 2 (épuisé), PG 1991.
— *Le Dee nastyle*, CD 521 395 2, PG 1989.
DEMOCATES D., *Le crime*, Unik records, 1994.
DESTROY MAN, *Nouvelle classe*, CD 513 012 2 (épuisé), PG 1992.
E.J.M., *État de choc (6 titres)*, CD 261 818 (épuisé), BMG 1991.
— *La rue et le biz (10 titres)*, CD 743211 3947, BMG 1993.
FABE, *Je n'aime pas*, CD UN GMX, NAD 1994.
FABE, IDEOSOUL, SLEO, *Chaque fois (que la mélodie s'emploie*, CD NDCD 007, NAD 1994.
FABULOUS TROBADORS, *Era pas de faire*, CD 562 813, WM 1992.
HMF, *Le sens du devoir*, CD 302 258, ARCA 1994.
I AM, *... De la planète Mars*, CD 786 895 2, VIR 1991.
— *Ombre est lumière / vol. 1 et vol. 2*, CD 839 215 2, VIR 1993.
JOHNY GO, *Réalités (11 titres)*, CD 473 871 2 (épuisé), Sony 1993.
JIMMY JAY, *Jimmy Jay présente les Cool Sessions*, CD 787 791 2, VIR 1993.
LEGITIME PROCESSUS, *L'emprise de la nuit/En harmonie avec la basse*, Cosmos Records, 1995.
LIONEL D, *Y'a pas de problème*, K7 466 820 4, 1991.

LITTLE, *Les vrais*, CD 510 997 2 (épuisé), PG 1992.
M.C. SOLAAR, *Prose combat*, CD 521 289 2, PG 1994.
— *Qui sème le vent récolte le tempo (15 titres)*, CD 511 133 2, PG 1990.
MASSILIA SOUND SYSTEM, *Babilonia e poesia*, CD 562 477, WM 1994.
— *Chourmo! (16 titres)*, CD 562 365, WM 1993.
— *Parla patois*, CD 562 812, WM 1992.
MINISTERE A.M.E.R., *95200*, CD 1992.
— *Pourquoi tant de haine?*, CD 109 172, MU 1992.
— *Traîtres*, CD 108 052 (épuisé), MU 1991.
MISTER GANG, *Mister Gang*, CD MG 1293, NAD 1994.
NEW AFRICAN POETS, *Trop beau pour être vrai*, Dees Nutz.
PHENOMENAL, *Est-ce que le son est bon?*, CD 3229261 11296 Musidisc, 1994.
SAGES POÈTES DE LA RUE, *Qu'est-ce qui fait marcher les sages?*, WMD 1995.
SAHILA, *Résolument féminin*, CD 475862 2, Sony 1994.
SCHKOONK, *Après la pluie*, CD 1220 SS, WM 1994.
SENS UNIK, *Le 6ᵉ sens*, CD 562 816, WM 1991.
— *Les portes du temps*, CD 562 356, WM 1992.
— *Chromatic*, CD 743212 1763, BMG 1994.
SILENT MAJORITY, CD 7 61 9954 344 288, Unik, 1993.
SLEO, *Je lance les dés*, Unik Records, 1994.
— *Seul le lyrisme excite l'opinion*, CD 122 093, WM 1995.
SOON E MC, *Atout... point de vue (18 titres)*, CD 828 115 2, PM 1993.
— *Rap jazz soul*, CD 781 041 2 (épuisé), PM 1992.
SOPHIE ASHER, CD AX 014 ND, 1993.
STÉ STRAUSZ, *Sté real*, CD 122 053, WM 1994.
STYLEE, *Morvan*, CD 450994 7132, WEA 1994.
SUPREME N.T.M., *Authentik*, CD 467 994 2, CBS 1991.
— *Boogie Man*, Épic 658093-6, 1992.
— *1993 j'appuie sur la gâchette*, CD 473 630 2, CBS 1993.
— *Paris sous les bombes*, CD 478 432 2, SONY 1995.
T.R.I.B.U., *Dans un monde de tarbas*, CD DANCD 9403, M7 1994.
— *9Respect*, CD DANCD 9405, M7 1994.
TIMIDE ET SANS COMPLEXE, *Le feu dans le ghetto*, CD 592 278, WM 1994.
— *Lyrics explicites (13 titres)*, CD 562 247 (épuisé), WM 1992.
TONTON DAVID, *Allez leur dire*, CD 839 406 2, VIR 1994.
— *Le blues des racailles*, CD 786 983 2, VIR 1991.
TRIBAL JAM, *Tribal Jam*, CD 828 341 2, PM 1994.

Table

Introduction 9

Une culture de la rue

Les débuts du hip-hop	19
Aux États-Unis	19
En France	21
Entre la France et les États-Unis	24
Un « état d'esprit »	29
Attitudes positives	30
Les valeurs universelles	33
École de la rue	39
Les espaces	39
L'art de la rue	44
Langages	47
Mode vestimentaire	49
Cinéma	52
Les médias hip-hop	56
Système économique et contre-production culturelle...	61
Industries culturelles	61
Liberté créatrice et spécificité culturelle	64
Auto-production	66

Un mouvement

Les Zulus et les B.boys	77
L'Universal Zulu Nation	77
La Nation Zulu française	79
Les B.boys	83
La place des filles	85
Un réseau	89
Discours sur les bandes	89
Confusions et médiatisation	93
La famille et le réseau	97
Les trajectoires individuelles et collectives	104

Des appartenances sociales et culturelles multiples 107
   Immigration et intégration 108
   L'imaginaire de la « banlieue » et le « ghetto » 114

Phénomènes de mode et hip-hop 121
   Correspondances entre mode et hip-hop 122
   Différences entre mode et hip-hop 125
   Rastas et Zulus 128

L'expression corporelle

Le rôle précurseur de la danse 139

Techniques et styles de danses 143
   Le smurf et la hype (danse debout) 143
   Le double-dutch (danse avec cordes à sauter) 145
   Le break (danse au sol) 147

La pensée du corps 151

La danse et la culture hip-hop 155
   La philosophie 155
   Danse et musique 157
   La création 158
   La danse et l'industrie culturelle 160

L'expression graphique

Le graff 167
   Les techniques et les styles du graff 170
   Le graff et la culture hip-hop 175
   L'économie du graff 179
   Le livre ouvert du graff 180
   Le symbole du graff 183

Le tag 185
   L'écriture du tag 186
   Sigle et logo : naissance d'un nom 189
   Le réseau : tags et transports 192
   Tag et culture hip-hop 195
   Le sens du tag 197

L'univers commun au graff et au tag 201
   Illégalisme et pratiques artistiques 201
   Une faille du temps et de l'espace 205

L'expression parlée et musicale

Le message	217
Du paroleur au rappeur	217
L'arme des mots	220
Les conditions du message	224
Le médiateur	229
Chroniqueur social	230
La prise de conscience	231
Rapport de minorités à la société globale	234
Messianisme	241
Mémoire vive	241
Terre-mère	243
Afrocentrisme	247
Le concept	251
Rythme et musique	252
Sigles et slogans	255
Styles, créations et identités	257
La base sonore du rap	263
Le Human Beat-Box	263
Technologie et animations D.J.'s	264
Inspirations multiples	270
Conclusion	273
Annexe	279
Index thématique	287
Bibliographie	293
Discographie	301

4ᵉ édition

Achevé d'imprimer en France
le 7 janvier 2008
sur les presses de

52200 Langres - Saints-Geosmes
Dépôt légal : janvier 2008 - N° d'imprimeur : 7063

Groupe Elidia

10, rue Mercœur - 75011 Paris
9, espace Méditerranée - 66000 Perpignan

www.elidia.fr

Imprimé en France
FROC03n1031210218
18575FR00024B/203/P